パッと
わかる

信託用語・法令コンパクトブック

一般社団法人
民事信託活用支援機構 監修

第一法規

はしがき

信託の勉強を始めたのは、大改正があった平成18年の直後、新井誠先生の講演を聴いてからのことですから、10年以上も前になります。恥ずかしい話ですが、基本書を読んでも用語の意味が分からず、サッパリ頭に入りませんでした。特に、信託財産責任負担債務と信託財産限定責任負担債務の区別がつくようになるまでには、５年間くらいはかかりました。

知人から勧められて『キーワードで読む信託法』（新井誠、有斐閣、2007年）を買ってからは、比較的楽に用語の意味がつかめるようになりましたが、同書は絶版になっており、苦労して探し出したことを覚えています。

また、東京弁護士会の信託法研究部（旧名：遺言信託研究部）に入り、信託協会から出版されている大きくて重い「信託主要法令資料」を入手して、ようやく信託法を持ち歩くようになりました。他士業との差別化の点で、弁護士は、法令から考えることが大切です。

今回、機会をいただき、あの頃に自分が欲しかった書籍を作ることができました。手軽に持ち歩けて、用語の意味をサクッと調べ、サッサと法文を確認できる本、まさにコンパクトブックです。皆様が、この本で、私のあの５年間をパッと飛び越えていただければ幸いです。

最後に、本書籍の執筆・監修をいただいた一般社団法人民事信託活用支援機構の会員の皆様に、深く感謝を申し上げます。また、この機会を与えていただき、最後まで熱いご支援をいただいた河田愛様・三ツ矢沙織様をはじめとする第一法規株式会社の皆様にも、厚く御礼を申し上げます。

2020年11月

一般社団法人民事信託活用支援機構　理事　山口正徳（弁護士）

執筆者一覧（2020年11月現在）

編集委員

高橋倫彦　一般社団法人民事信託活用支援機構　代表理事

山口正徳　弁護士（一般社団法人民事信託活用支援機構　理事）

伊東大祐　弁護士（一般社団法人民事信託活用支援機構　理事）

執筆者（50音順）

石脇俊司　株式会社継志舎　代表取締役

伊庭　潔　弁護士（下北沢法律事務所）

菊永将浩　弁護士（弁護士法人井上・菊永法律事務所）

坂本拓也　株式会社 The UNIBEST Group　代表取締役

清水　晃　弁護士（ネクセル総合法律事務所）

戸島潤吏　税理士（ペンデル税理士法人）

中田義直　税理士（中田義直税理士事務所）

根本雄司　弁護士（弁護士法人港大さん橋法律事務所）

増井洋平　司法書士（司法書士増井洋平事務所）

松﨑さくら　税理士（MAC ミッドランド税理士法人）

三宅遼太郎　弁護士（弁護士法人西村綜合法律事務所）

凡　　例

1．法律の内容現在について

令和２年７月１日現在の内容によった。

2．法令名略語

信託則	信託法施行規則
措置法	租税特別措置法
兼営法	金融機関の信託業務の兼営等に関する法律
公益信託法	公益信託ニ関スル法律

3．通達名略語

所基通	所得税法基本通達
相基通	相続税法基本通達
財基通	財産評価基本通達

本書の使い方

本書は２部構成になっています。

第１編は、信託に関する用語（113語）の意味とその用語に関連して実務に必要な知識の解説、第２編は、信託法・信託業法をはじめとした信託法に関する条文を掲載しています。

用語と用語に関連する条文をこの１冊でパッと確認できるように構成しており、各用語解説の冒頭に記載の「関連する条文」中、第２編に掲載のある条文はアイコンと下線を付して示しています。

例）

この場合、「信託法」が第２編に掲載されています。
※信託則２条以下は掲載がありません。

No.007 自《じ》己《こ》信《しん》託《たく》

関連する条文	信託法３条３号・23条２項、信託則２条１号・３条・25条 2編
関連・類似用語	信託宣言（No.006）

委託者と受託者が同一人である信託をいう。

信託は、自己（委託者）の財産を他（受託者）に移転する方法で

第１編の用語は、信託法の条文に沿った掲載順としていますが、巻末に50音索引も掲載していますので、あわせてご活用ください。

目　次

第1編　用語解説 ※巻末の50音索引も参照

第2編　信託関連法令

第1編

用語解説

1 総　則

No.001 信《しん》託《たく》法《ほう》

関連する条文	信託法１条 2編
関連・類似用語	信託業法（No.102）

信託法は、信託の要件、効力等について定める法律であり（信託法１条）、信託に関する私法上の法律関係の通則を定めた基本法である。

現行の信託法は（以下「現行法」という）、平成18年（2006年）12月８日に成立し、翌平成19年９月30日に施行された。現行法は、旧信託法（以下「旧法」という）を全面的に見直したものであるが、立法形式としては新たな法律を制定したものである。

旧法は、大正11年（1922年）に制定されて以来、80年以上も実質的な改正がなかった。しかし、信託制度は、戦後に商事信託（No.025参照）を中心に発展し、近年は民事信託（No.024参照）の分野でも高齢化社会の到来を背景に信託に対する期待が高まってきた。そこで、多様なニーズへの対応が困難になっていた旧法を見直し、信託法の現代化を図るために信託法と信託業法（No.102参照）の全面改正（新法制定）が行われた。

現行法は、民事信託と商事信託を包括的に規律するものであり、信託に関する私法的な規律を定める法律として任意規定を基礎としつつ、信託の基本的な仕組みの維持などの観点から強行法規とされる規定も存在する。

現行法は、①総則、②信託財産等、③受託者等、④受益者等、⑤委託者、⑥信託の変更、併合及び分割、⑦信託の終了及び清算、⑧受益証券発行信託の特例、⑨限定責任信託の特例、⑩受益証券発行限定責任信託の特例、⑪受益者の定めのない信託の特例、⑫雑則並びに⑬罰則の13章からなる。

現行法の付属法令として、信託法施行令、信託法施行規則、信託計算規則がある。

なお、現行法は、最近の民法改正等に伴い、若干の改正があった。

No.002 信《しん》託《たく》の設《せっ》定《てい》

関連する条文	信託法2条2項・3条・4条 2編
関連・類似用語	信託行為（No.003）

1. 信託の設定

「信託」とは、下記の各号に掲げる方法により、特定の者が一定の目的に従い財産の管理または処分及びその他の当該目的の達成のために必要な行為をすべきものとすることをいう（信託法2条1項）。この信託の定義から、信託の設定は一定の方法により行わなければならない。また信託行為には、特定の受託者、信託目的、信託業務の内容、信託財産の受託者への帰属が明記されなければならない。

(1)信託の設定方法（同法3条）

①信託契約を締結する方法

②遺言をする方法

③公正証書その他の書面または電磁的記録で当該目的、当該財産の特定に必要な事項その他の法務省令で定める事項を記載しまたは記録したものによってする方法

⑵信託の効力の発生（同法４条）

①信託契約を締結する方法による信託は、その締結による

②遺言をする方法による信託は、当該遺言の効力の発生による

③公正証書その他の書面又は電磁的記録によってする方法による信託は、当該公正証書等の作成または受益者となるべき者として指定された第三者に対する確定日付のある証書による当該信託がされた旨及びその内容の通知による

　ただし、信託行為に停止条件または始期が付されているときは、当該停止条件の成就又は当該始期の到来によってその効力を生ずる（同法４条４項）。

⑶次の信託の設定は禁止される

①受益者ではなく、専ら受託者が利益を享受する信託（同法２条１項・８条）

②法令によりある財産権を享有することができない者が、その権利を有するのと同一の利益を受益者として享受する信託（同法９条）

③訴訟行為をさせることを主たる目的とする信託（同法10条）

⑷信託行為に記載すべき項目

①受託者の特定（同法２条５項）

　未成年者を受託者とすることはできない（同法７条）。なお、令和元年の改正で同法７条から「成年被後見人」「被保佐人」等が削除された（成年被後見人等の権利の制限に係る措置の適正化等を図

るための関係法律の整備に関する法律59条）。

②信託目的

当該信託により実現しよう、到達しようと目指す事柄であり、受託者の業務に関しては信託事務を行ううえでの指針である（道垣内弘人『信託法（現代民法別巻）』有斐閣（2017年）45-46頁）。

③信託業務

信託財産に属する財産の管理または処分及びその他の信託の目的の達成のために必要な行為である（同法２条５項）。

④信託財産

受託者に属する財産であって、信託により管理または処分をすべき一切の財産をいう（同条３項）。

2. 信託設定時の税務

⑴所得税／法人税

受益者課税信託の受益者は当該信託の信託財産に属する資産及び負債を有するものとみなされるので、自益信託の場合は資産の譲渡または取得にならない（所基通13-5）。しかし、委託者が個人で、受益者が法人の場合は、個人から法人への贈与により信託に関する権利にかかる資産の譲渡が行われたものとみなして譲渡所得について課税される（所得税法59条１項・67条の３第３項）。また、法人は受贈益について課税される。

⑵贈与税

自益信託の設定は非課税であるが、他益信託の設定により適正な対価を負担せずに受益者となる者は、委託者から受益権を贈与または遺贈により取得したしたものとみなされる（相続税法９条の２第１項）。

No.003 信《しん》託《たく》行《こう》為《い》

関連する条文	信託法2条2項・3条・4条 ☞2編
関連・類似用語	信託契約・契約信託（No.004)、遺言信託・信託遺言（No.005)、信託宣言（No.006)、自己信託（No.007)

信託法では、2条2項で、「信託行為」として、3条1号に掲げる方法による信託である信託契約、3条2号に掲げる方法による信託である遺言、3条3号に掲げる方法による信託である同号の書面または電磁的記録によってする意思表示を挙げている。

このうち、信託契約は、委託者が、受託者との間で、受託者に対し財産の譲渡、担保権の設定その他の財産の処分をする旨並びに受託者が一定の目的に従い財産の管理または処分及びその他の当該目的の達成のために必要な行為をすべき旨の契約を締結する方法によって行うと規定している（信託法3条1号)。

遺言による信託は、受託者に対し財産の譲渡、担保権の設定その他の財産の処分をする旨並びに受託者が一定の目的に従い財産の管理または処分及びその他の当該目的の達成のために必要な行為をすべき旨の遺言をする方法によって行う（同条2号）とされている。

信託宣言による信託は、委託者が一定の目的に従い自己の有する一定の財産の管理または処分及びその他の当該目的の達成のために必要な行為を自らすべき旨の意思表示を公正証書その他の書面または電磁的記録で当該目的、当該財産の特定に必要な事項その他の法務省令で定める事項を記載しまたは記録したものによってする方法によって行う（同条3号）とされている。

それぞれの信託の効力発生が4条に規定されている。信託契約は、委託者となるべき者と受託者となるべき者との間の信託契約の締結によってその効力を生ずるとされ（同法4条1項）、遺言による信託は、当該遺言の効力の発生によってその効力を生ずるとされ（同条2項）、信託宣言による信託は、公正証書または公証人の認証を受けた書面若しくは電磁的記録によってされる場合は当該公正証書等の作成によって（同条3項1号）、公正証書等以外の書面または電磁的記録によってされる場合は受益者となるべき者として指定された第三者（当該第三者が2人以上ある場合にあっては、その1人）に対する確定日付のある証書による当該信託がされた旨及びその内容の通知によって（同項2号）効力が生じるとされる。

No.004 信託《しんたく》契約《けいやく》・契約《けいやく》信託《しんたく》

関連する条文	信託法2条2項1号・3条1項・4条1項、信託業法25条・26条 2編
関連・類似用語	信託行為（No.003）

信託は、契約、遺言、信託宣言によって設定することができるが、このうち信託を設定する契約を信託契約、契約を締結する方法によって成立する信託を契約信託という。

具体的には、信託は、財産の所有者である委託者が、受託者との間で、受託者に対し、財産の譲渡、担保権の設定その他の財産の処分をする旨並びに受託者の者が一定の目的に従い財産の管理または処分及びその他の当該目的の達成のために必要な行為をすべき旨の契約を締結する方法によってすることができる（信託法３条１項）。

なお、受益者は、信託の設定当事者ではないので、信託の設定時に特定している必要はないが、信託の重要な構成要素であり、確定できる程度に明示される必要がある（神田秀樹＝折原誠『信託法講義〈第２版〉』弘文堂（2019年）32頁）。

そして、この信託は、委託者となるべき者と受託者となるべき者との間の信託契約の締結によってその効力を生ずる（同法４条１項）。

この信託は、停止条件または始期を付することができる。信託行為に停止条件または始期が付されているときは、当該停止条件の成就または当該始期の到来によってその効力を生ずる（同条４項）。

信託契約により信託を設定する場合、委託者は受託者に無償で財産の移転等を行い、受託者も無償で信託事務の処理を行うのが原則であるから、片務・無償契約となり、受託者に報酬が認められている場合は、片務有償契約となる（神田＝折原・前掲32頁）。

信託契約は、書面による必要はなく、口頭で成立する不要式契約である。また、旧信託法においては、要物契約説も有力であったが（神田＝折原・前掲33頁）、現行信託法においては、財産の引渡しを要件としない諾成契約である。

信託会社が、信託契約の受託者になる場合、あらかじめ、委託者に対し、信託目的、信託財産に関する事項などの一定の事項を説明しなければならないとし（信託業法25条）、受託者として信託の引受けを行った場合には、委託者に対し、当該一定の事項を記載した書面を交付しなければならないとされている（同法26条）。

No.005 遺言信託《いごんしんたく》・信託遺言《しんたくいごん》

関連する条文	信託法３条～６条・147条 2編
関連・類似用語	遺言代用信託（No.074）、遺言信託における委託者の相続人

信託をするのに委託者が一定の内容を遺言する方法による信託を遺言信託といい、当該遺言を信託遺言という。信託遺言においては、特定の者（受託者）に対し、①財産の譲渡、担保権の設定その他の財産を処分する旨と、②受託者が一定の目的に従い財産の管理または処分及びその他の当該目的達成のために必要な行為をすべきことを遺言するものとされる（信託法３条２項）。信託遺言は遺言の要式性（民法967条以下）を満たすことが必要である。

遺言の効力の発生によって、遺言による信託の効力が発生するが（信託法４条２項）、受託者となるべき者が指定されているときは、信託の効力が発生しているとしても、受託者が承諾するか否かまでも拘束するわけではないため、利害関係人は、信託の引受けをするかどうかを確答すべき旨を催告することができる（同法５条）。

受託者となるべき者として指定された者が信託の引受けをしないときは、裁判所が受託者を選任する（同法６条）。委託者である遺言作成者は事前に受託者の内諾を得ておくべきである。

実務上、遺言による信託の場合に、「信託」という文言が用いられる必要は必ずしもないが（道垣内弘人『信託法（現代民法別巻）』有斐閣（2017年）59頁）、遺言の解釈問題となることは、委託者の利益とならないため、遺言による信託であることが遺言上明らかであることが望ましい（東京高判平成28年10月19日判例時報2325号41頁）。

なお、他の信託行為と同様に信託の設定により遺留分の問題を免れるわけではないが、遺留分侵害行為は何か、遺留分侵害額請求の相手方は誰かについては諸説がある（道垣内・前掲62頁）。

信託銀行実務においては、「遺言信託」と称する業務があるが、これはこの遺言信託とは異なり、遺言書作成の支援、遺言書の保管、当該遺言の執行等に関する業務をいう。

No.006 信《しん》託《たく》宣《せん》言《げん》

関連する条文	信託法２条２項・３条・４条 2編
関連・類似用語	信託行為（No.003）

信託宣言または自己信託は、委託者が一定の目的に従い自己の有する一定の財産の管理または処分及びその他の当該目的の達成のために必要な行為を自らすべき旨の意思表示を公正証書その他の書面または電磁的記録で当該目的、当該財産の特定に必要な事項その他の法務省令で定める事項を記載しまたは記録したものによってする方法によって行う（信託法３条３号）とされている。

この法務省令（信託則）によって定める事項とは、信託の目的（信託則３条１号）、信託をする財産を特定するために必要な事項（同条２号）、自己信託をする者の氏名または名称及び住所（同条３号）、受益者の定め（受益者を定める方法の定めを含む）（同条４号）、信託財産に属する財産の管理または処分の方法（同条５号）、信託行為に条件または期限を付すときは、条件または期限に関する定め（同条６号)、信託法163条９号の事由（信託行為において定めた信託の終了事由）（当該事由を定めない場合にあっては、その旨）（信託則３条７号)、前各号に掲げるもののほか、信託の条項（同条８号）とされている。

信託宣言による信託は、公正証書または公証人の認証を受けた書面もしくは電磁的記録によってされる場合は当該公正証書等の作成によって（信託法４条３項１号)、公正証書等以外の書面または電磁的記録によってされる場合は受益者となるべき者として指定された第三者（当該第三者が２人以上ある場合にあっては、その１人）に対する確定日付のある証書による当該信託がされた旨及びその内容の通知によって（同項２号）効力が生じるとされる。

公正証書等は、その作成日が公証されるため、作成によって直ちに効力が生じるが、公正証書等以外の書面又は電磁的記録の場合には、必ずしもその作成が公証されないため、書面等の作成によって直ちに効力が生じることとはせず、受益者として指定された第三者に対し、確定日付ある証書によって信託がされた旨及びその内容が通知されたときに効力が生じることとされている（神田秀樹＝折原誠『信託法講義〈第２版〉』弘文堂（2019年）36頁)。

No.007 自己信託《じこしんたく》

関連する条文	信託法3条3号・23条2項、信託則2条1号・3条・25条 2編
関連・類似用語	信託宣言（No.006）

委託者と受託者が同一人である信託をいう。

信託は、自己（委託者）の財産を他（受託者）に移転する方法で一定の目的を達する手法として発祥したが、信託がされた後は、受託者は受益者のために信託財産を管理処分し、その段階では委託者の存在は必須ではない。

そこでこれを一歩進めて、受託者と受益者の二者関係で成り立つ信託の存在を許し、委託者が一定の自己の財産を受益者のための信託財産として切り分ける形で信託をすることを認めたのが自己信託である（道垣内弘人『信託法（現代民法別巻）』有斐閣（2017年）66-67頁）。

信託法３条３号は、委託者が「一定の目的に従い自己の有する一定の財産の管理又は処分及びその他の当該目的の達成のために必要な行為を自らすべき旨の意思表示」をすることを、信託をする方法の１つとして掲げる。この意思表示を信託宣言といい、その意思表示により成立する信託が自己信託である。

財産の移転等がないため、信託の成立があやふやにならないよう、同号は、この意思表示を、①公正証書その他の書面、②法務省令で定める電磁的記録で行うものとし、また、その記載・記録の内容について、信託則３条各号に定める事項の記載・記録を要求している。

自己信託は、委託者の執行回避に濫用されるおそれがあるため、委託者に詐害意思があれば詐害信託の取消しを要せず債権者の権利行使を可能としている（信託法23条２項）。

また、受益者の定めのない信託（目的信託）を自己信託によりすることを認めると、委託者の執行回避に濫用されるおそれがさらに高まるため、目的信託は自己信託の方法によりすることは認められていない（同法258条１項）。

自己信託の利用については、親が障害のある子のためにその財産に信託を設定する場合、会社が特定の事業部門の資金調達のためにその部門の資産に信託を設定する場合、会社が資産を流動化するためにその資産に信託を設定する場合等が考えられる（新井誠『信託法〈第４版〉』有斐閣（2014年）139頁）。

No.008 公《こう》益《えき》信《しん》託《たく》

関連する条文	公益信託ニ関スル法律
関連・類似用語	私益信託（No.009）

受益者の定めのない信託のうち、学術、技芸、慈善、祭祀、宗教その他公益を目的とする信託をいう（公益信託法１条）。主務官庁の許可を受けなければ効力を発しない（同法２条１項）。

旧信託法においては、受益者の定めのない信託（目的信託）一般は許容されず、公益を目的とする信託のみが認められていたが、現信託法において受益者の定めのない信託一般が許容された結果、公益を目的とする信託は受益者の定めのない信託の一類型として規定された。

公益信託ニ関スル法律は、現信託法の制定に伴い、旧信託法を全部改正する形で最小限の規定が設けられた。これは、現信託法制定後引き続いて公益信託に関する見直しが予定されていたためである。法務省法制審議会は、平成30年12月18日「公益信託法の見直しに関する要綱案」を決定し、令和２年現在、法改正の準備が進められている。

公益信託法は、公益信託の受託者の範囲について規定していないが、税法により公益信託の受託者は信託会社（信託兼営金融機関を含む）であることが税制優遇の要件とされていることから、現在の公益信託の受託者はほとんどが信託銀行となっている。それを踏まえ、公益信託法の見直しにおいても受託者を一定の法人に限定するかどうかが議論されたが、要綱案においては、公益信託事務の適正な処理をするのに必要な経理的基礎及び技術的能力を有するものでなければならないとしたうえで、法人に限定することはされなかった。

類似の機能を果たす制度に公益財団法人があるが、①法人の設立が不要で主務官庁への許可申請等で足り、より簡便に公益活動を始められる、②公益法人と違って事務所・職員等を置く必要がない、③信託した財産を取り崩して公益目的のために短期間での助成等を行うことができ、弾力的な運営ができる、などのメリットが指摘されている。

No.009 私《し》益《えき》信《しん》託《たく》

関連する条文	信託法 ☞2編
関連・類似用語	公益信託（No.008）

公益信託に対する概念で、公益信託が学術、技芸、慈善、祭祀、宗教その他公益を目的とする受益者の定めのない信託である（公益信託法１条）のに対し、それ以外の信託をいう。

公益信託は受託者が主務官庁の許可を受けなければ効力を生じないが、私益信託の設定は自由であり、信託法３条各号に定める信託契約、遺言又は信託宣言により設定することができる。

公益信託ではないが、公益を目的とした私益信託もある。

No.010 自《じ》益《えき》信《しん》託《たく》

関連する条文	信託法 ☞2編
関連・類似用語	他益信託（No.011）、受益者の定めのない信託（目的信託）（No.101）

委託者と受益者が同一者である信託をいう（道垣内弘人『信託法（現代民法別巻）』有斐閣（2017年）27頁）。

信託関係は、委託者、受託者、受益者の三者からなるが、信託に関する利益は受益者に帰属するので、信託の効力が発生した時点において、委託者から受益者に経済的利益の移転が生ずると観念される。その結果、例えば個人の委託者が個人の受益者のために信託を組成した場合には、受益者が委託者から贈与を受けたとみなして課税がされる（相続税法９条の２第１項）。

この税負担を嫌って、信託組成時には委託者自身を受益者とする自益信託を組成することが通常である。

No.011 他益信託《たえきしんたく》

関連する条文	信託法２条１項 2編
関連・類似用語	自益信託（No.010）

自益信託とは、委託者と受益者が同一者である信託であり、他益信託とは、委託者と受益者が異なる者である信託である。設定時に自益信託であっても、受益権の譲渡等により他益信託となる（道垣内弘人『信託法（現代民法別巻）』有斐閣（2017年）27頁）。

他益信託は、民法上の第三者のためにする契約（民法537条）に類似するが、信託の受益者は、受益の意思表示なしで当然に受益権を取得する（信託法88条本文）点が異なる。

他益信託の活用例としては、親亡き後の問題を解決するため、親が委託者となり、障害を持つ子を受益者として信託を組成するスキームが挙げられる。このスキームでは、子に財産を所有させて後見制度等を利用するスキームとは異なり、子に相続人が存在しない場合にも、適宜に財産の承継を実現できるメリットがある。

ただし、他益信託が開始される時点で、受益者に贈与税（遺言による場合は相続税）が課される（相続税法９条の２第１項）ことに注意を要する。

なお、特定障害者（重度の心身障害者（特別障害者）、中軽度の知的障害者及び障害等級２級または３級の精神障害者等）を受益者とする特定贈与信託では、特別障害者の場合6,000万円、特別障害者以外の特定障害者の場合3,000万円を限度として贈与税の課税価額に算入されず、非課税となる（同法21条の４）。ただし、特定贈与信託の受託者は、信託会社や信託銀行でなければならず、民事信託で非課税措置を受けることはできない。

No. 012 追《つい》加《か》信《しん》託《たく》

関連する条文	信託法16条 2編
関連・類似用語	信託の変更（No.088）

既存の信託に対して、委託者から財産を追加的に支出することをいう（道垣内弘人『信託法（現代民法別巻）』有斐閣（2017年）397頁）。法的な性質については、委託者の出資義務を時期的・量的に分割したものとする見解や、新たな信託設定行為と信託の併合を同時に行うものとする見解、信託の変更とする見解などが議論されている（能見善久＝道垣内弘人編『信託法セミナー３』有斐閣（2015年）276頁）。ケースによっては、追加信託ではなく、委託者を観念せずに第三者による費用負担として信託財産化する場合もあり得る。委託者の出資義務を分割したとする見解の場合には義務の特定性が問題となる。

いずれにしても、追加信託は、委託者と受託者の合意などの法律関係に起因するものであるから（信託目的に反しないこと及び受益者の利益に適合することが明らかであるとき（信託法149条２項２号）に該当するものとして、委託者と受託者の合意による変更とすることが多いように思われる）、追加信託時にも委託者の意思能力を要するものと解される。特に（自己信託を除き）追加信託時に新たな公正証書を作成しない場合も多いことから、追加する財産が高額である場合には、委託者の意思能力があることを事後的に立証できるように備えておくことが望ましい。

また、当初信託の信託目的に反するものは許されないなど、既存の信託との関係で、追加できる財産の種類や性質などに一定の制約が生じる場合もあるものと考えられる（特に追加信託について信託の変更とする見解に立った場合には追加信託の限界という問題に注意を要する）。

さらに、自己信託の場合には、追加信託時の財産の特定のために公正証書とすることの要否や詐害信託の防止の観点からの検討も要することになる（道垣内・前掲398頁）。

実務上、当初の信託契約の中で追加信託ができる旨の条項を定めておくことや、遺言信託を用いて追加信託を行う方法などが行われている。信託契約の中で、追加信託ができる旨の条項を定める場合に、追加できる信託財産の種類を特定するケースもある。

No.013 信《しん》託《たく》目《もく》的《てき》

関連する条文	信託法2条1項・5項・26条本文・149条2項1号・163条1号など 2編
関連・類似用語	信託目的の機能（No.014）、信託の本旨（No.018）

信託においては、信託目的が定められなくてはならない（道垣内弘人『信託法（現代民法別巻）』有斐閣（2017年）44頁）。この点で、信託の設定は、目的を定めることが要求されている法人の設立に近い法律行為である。

信託目的とは、信託の基本的な性格を定めるものである。それはまた、受託者の権限の範囲を示すものであり（信託法26条本文）、受託者がどのような行動をとるべきかを決定する基準となる（同法2条1項）。これには、信託財産をどのように管理・処分などするかというだけでなく、受益者にどのように利益を与えるかということも含まれる（神田秀樹＝折原誠『信託法講義〈第2版〉』弘文堂（2019年）2頁）。

信託は、信託目的達成のために行われるものであるから、信託目的の達成または達成不能により、信託は終了する（同法163条1号、No.093参照）。

信託目的は、信託関係の成立、存続、消滅にかかる基本的要素となるものであるから、信託関係者にとって明確かつ一定でなければならず、受託者がその趣旨に沿って義務を履行できる程度に明定される必要がある。

「信託の目的」という語は、信託法上、さまざまなところで使われているが、必ずしも同一の意味ではない。まず、受託者の指針・受託者権限の範囲を示す「信託の目的」として、信託法２条５項や同法26条本文など、次に、信託の存続可能性の判断基準として、同法149条２項１号や同法163条１号などが挙げられるが、完全に二分できるわけではない。さらに、同法２条１項かっこ書や同法10条の「目的」は、「実現しよう、到達しようとして目指す事柄」という日常用語に近い意味で用いられており、信託の存続可能性の判断基準となる「信託の目的」の多くも同様である（道垣内・前掲45-46頁）。

なお、「専らその者（受託者）の利益を図る目的」の信託は、同法２条１項により、そもそも成立せず、設定後に、当該信託が専ら受益者の利益を図る目的のものとなったときは、同法８条に反するため、その目的は達成すべき目的とは観念されず、同法163条１号の信託目的の達成不能に該当し、当該信託は即時に終了するものと解される（道垣内・前掲47頁）。

また、信託目的に関して、公序良俗による制限、脱法信託・訴訟信託の禁止がある（民法90条、信託法９条・10条）。

No.014 信《しん》託《たく》目《もく》的《てき》の機《き》能《のう》

関連する条文	信託法２条１項・５項・26条本文・149条２項１号・163条１号など 2編
関連・類似用語	信託目的（No.013）

信託の目的という概念は、信託法上さまざまなところで使われて

おり、その使われる場面において意味合いが異なる形で使われている（No.013参照）。

信託の目的の機能については、①「受託者が信託事務を行ううえでの指針となり、その権限の外延を画する機能」と、②「信託の存続可能性を判断する際の基準」としての機能があるとされている（道垣内弘人『信託法（現代民法別巻）』有斐閣（2017年）45頁）。

前者については、受託者の権限は「信託の目的達成のために必要な行為をする権限を有する」と定めている信託法26条がその一例であり、後者については、信託の終了事由として「信託の目的を達成したとき、又は信託の目的を達成することができなくなったとき」（No.093参照）を定める同法163条１号がその例である（その他の例については、道垣内・前掲45頁を参照のこと）。

No. 015 意《い》思《し》凍《とう》結《けつ》機《き》能《のう》

関連する条文	民法643条～656条
関連・類似用語	倒産隔離機能（No.035）、受益者連続信託（No.075）

意思凍結機能とは、信託を設定した当時の委託者の意思を、委託者の死亡や意思能力の喪失という主観的事情の変化に抗して長期間にわたって維持するという機能である。信託は、委託者が死亡したり、意思能力を喪失したとしても終了することはなく、信託開始当初に委託者によって設定された信託目的に基づく持続的な財産管理を実現することができる（新井誠『信託法〈第４版〉』有斐閣（2014

年）86頁）。

信託は、他人に財産を管理してもらう手法の１つであるが、この意思凍結機能に裏打ちされた信託の特質（安全性、確実性、持続性）は、信託が高齢化社会における財産管理制度として極めて有用なものであることを示している。

同じく他人による財産管理の制度としては、私法の一般法である民法に委任の制度がある。委任や準委任は、当事者の一方が一定の法律行為や事務処理を相手方に委託する契約（民法643条・656条）であり、他人による財産管理という点では、信託と類似する。

このような類似点に対して、相違点もある。委任では、委任者が死亡すれば契約は終了する（同法653条）が、信託では、委託者の死亡は、信託法が明記する終了事由とはされておらず、信託行為において終了事由と定めることができるにすぎない（信託法163条）。

No. 016 信《しん》認《にん》関《かん》係《けい》

関連する条文	信託法29条２項・30条 2編
関連・類似用語	受託者の善管注意義務（No.046）、受託者の忠実義務（No.047）

受託者が、信託を設定する委託者、それに信託の利益を受ける受益者に対して忠実かつ誠実に事務処理する義務を信認義務（フィデュシャリー・デューティ）といい、信認義務で結ばれた両者の関係を信認関係（フィデュシャリー・リレイション）という（遠藤英嗣『全訂 新しい家族信託』日本加除出版（2019年）5-6頁）。

信託は、自分の信頼できる人に財産を託し、管理、運用や処分を任せる制度である。そのため、託す側と託される側の間には、強い信頼関係が不可欠とされる。

フィデュシャリー・デューティとは、もともと信頼関係を重視する法概念として、英米法において発展してきた。日本においては、受託者責任あるいは信認義務として理解されており、一方が他方を全面的に信認する法律関係（信認的法律関係）において、信認を受けた者が信認した者に対して負う高度の誠実義務をいうものと解されている（「特集３フィデューシャリー･デューティー」信託フォーラム Vol.7（2017年）74頁）。

信託法上の信認義務の具体的な内容としては、公平義務（信託法33条）、分別管理義務（同法34条）などさまざまなものがあるが、その中心的なものは、善管注意義務（同法29条２項）と忠実義務（同法30条）と考えられる。

善管注意義務とは、受託者が信託事務を処理するにあたって、払うべき注意義務の水準を画するものである。受託者が、委託者や受益者との信認関係をもとに信託事務を行うことを考えると、受託者に求められる注意義務の水準は、当該信託目的に鑑みて決定される客観的な水準が求められる（道垣内弘人『信託法（現代民法別巻）』有斐閣（2017年）168-169頁）。

忠実義務とは、受託者は、自己のためではなく、専ら受益者の利益のために信託事務を行うべきであるという、受益者に対する義務であり、ここから派生したものとして、利益相反行為と競合行為の制限がある。

No.017 名《めい》義《ぎ》信《しん》託《たく》

関連する条文	信託法2条1項・3条3号 2編
関連・類似用語	自己信託（No.007）

名義信託という文言は、信託法・信託業法等の法律には存在しない。

信託が設定されると、受託者（No.042参照）は積極的に信託財産の管理または処分等をすることになるが（能働信託）、積極的に管理または処分等をすべき権利・義務を負わない信託を受働信託といい、受働信託のうち、受益者が管理または処分等を行い、受託者はそれを容認する義務を負うにとどまる信託を、名義信託という（神田秀樹＝折原誠『信託法講義〈第2版〉』弘文堂（2019年）11頁）。

名義信託は、信託法の信託ではなく（四宮和夫『信託法〈新版〉』有斐閣（1989年）9頁）、無効とする学説もあった（道垣内弘人編著『条解信託法』弘文堂（2017年）21頁）。

しかし、受託者が、信託財産を積極的に管理または処分しなくても、信託財産に損失が生じたときは損失のてん補責任等を負うのだから、無効とする必要はないと考えられる。したがって、委託者または受益者の指図によって管理または処分等を行う場合（証券投資信託など）はもちろん、受託者の役割が保全機能にとどまる信託であっても、正しく仮装とみられる場合を除き、有効な信託とみてよいと解される（神田＝折原・前掲11頁）。

問題は自己信託（No.007参照）との関係である。確かに、自益信託として名義信託が設定されたときは、委託者は受益者として実質上は受託者の役割も併せ持ち、実質的には委託者兼受託者となっているから、自己信託の規律が適用されるべきではないかとも考えられる。しかし、自己信託に関する規律といっても、特に信託法３条３号の規律は、委託者とは別個の受託者が存在し、その者に対して名義の移転が生じていれば、同号が求める意思表示の方式など求める必要はないと思われる（道垣内・前掲23頁）。

No.018 信《しん》託《たく》の本《ほん》旨《し》

関連する条文	信託法29条１項 2編
関連・類似用語	信託目的（No.013）、受託者の善管注意義務（No.046）

受託者は、信託の本旨に従い、信託事務を処理しなければならない（信託法29条１項）。この「信託の本旨に従い」とは当該信託によって達成しようとした目的であり、個々の信託ごとにその具体的内容が決定される（道垣内弘人『信託法（現代民法別巻）』有斐閣（2017年）167頁）。

旧信託法では受託者は「信託行為ノ定ムル所ニ従ヒ」となっていたところ、新信託法において「信託の本旨に従い」と変更されたのは「信託目的の達成のためには、受託者は信託行為の定めに形式的に従っているだけでは足りず、信託行為の定めの背後にある委託者の意図、すなわち信託の本旨に従って事務処理をすることが求められている」（信託法改正要綱試案 補足説明「第17 信託事務遂行義務について」）からとされる。すなわち、「信託の本旨」という言葉が用いられたのは、信託行為の文言の形式的解釈によるのではなく、当該信託の目的を達成するように信託事務を処理する義務を負うことを強調するためだと解される（道垣内・前掲168頁）。

受託者は、信託事務を処理するにあたっては、善良な管理者の注意をもって、これをしなければならない（同条１項・２項本文）。ただし、信託行為に別段の定めがあるときは、その定めるところによる注意をもって、これをしなければならない（同条２項ただし書）。この善良な管理者の注意義務についてはNo.046受託者の善管注意義務を参照のこと。

No.019 信《しん》託《たく》財《ざい》産《さん》のためにする意《い》思《し》

関連する条文	信託法27条・32条 2編
関連・類似用語	受託者の信託事務処理義務（No.045）

1. 受託者の権限と義務

受託者は、信託財産に属する財産の管理または処分及びその他の信託の目的の達成のために必要な行為をする権限を有する。ただし、信託行為によりその権限に制限を加えることを妨げない（信託法26条）。また、受託者は、信託行為の定めに従い、信託財産に属する財産の管理または処分及びその他の信託の目的の達成のために必要な行為をすべき義務を負う（同法２条５項）。

2. 受託者の「信託財産のためにする意思」

受託者の行為が信託財産に帰属するためには、その行為がその権限内であり、かつ「信託財産のためにする意思」に基づくものでなければならない。その権限外の行為は「信託財産のためにする意思」に基づくとしても、受益者による取消しの対象になる（同法27条）。

受託者は、「信託財産のためにする意思」に基づき権限内の行為をする義務があるから、その不作為は禁止される。

「信託財産のためにする意思」がない場合は信託財産に帰属しないことになるが、受益者による介入権の対象になる。

なお、道垣内弘人『信託法（現代民法別巻）』有斐閣（2017年）では「信託のためにする意思」としているが、同一の意味と思われる。

3. 受託者の権限違反行為の取消し（同法27条）

受託者が信託財産のためにした行為がその権限に属しない場合において、①当該行為の相手方が、その行為が、信託財産のためにする意思によることを知っていて、かつ、②受託者の権限に属しないことについて悪意または重過失であった場合は、受益者は、当該行為を取り消すことができる。

なお、受託者が信託の登記または登録がされている信託財産に属する財産について権利を設定しまたは移転した行為がその権限に属しない場合には、①信託財産のためにする意思に関する相手方の善意・悪意にかかわらず、②受託者の権限に属しないことについて悪意または重過失であった場合は、受益者は、当該行為を取り消すことができる。

4. 受託者の競合行為の禁止・受益者の介入権（同法32条）

受託者は、受託者として有する権限に基づいて信託事務の処理としてすることができる行為であってこれをしないことが受益者の利益に反するものについては、これを固有財産または受託者の利害関係人の計算でしてはならない。ただし、信託行為にこれを許容する旨の定めがあるとき、またはこれについて重要な事実を開示して受益者の承認を得たときは（信託行為にこの禁止規定がない場合に限る）、これをすることができる。これをした場合には、受益者に対し、当該行為についての重要な事実を通知しなければならない。ただし、信託行為に別段の定めがあるときは、その定めるところによる。

受託者が、競合行為の禁止に違反して、競合行為を行った場合には、受益者は、当該行為の時から１年以内に限り、これを信託財産のためにされたものとみなすことができる。ただし、第三者の権利を害することはできない。

No.020 裁《さい》量《りょう》信《しん》託《たく》

関連する条文	信託法89条 2編
関連・類似用語	受益者指定権（No.077)、受益者変更権(No.078)

裁量信託とは、受益者や、その受益内容が定まっておらず、受託者が裁量に基づいてそれを定める信託をいう。受託者に受益者指定権等（信託法89条）があるときがその一例とされる（道垣内弘人『信託法（現代民法別巻）』有斐閣（2017年）299頁)。

ただし、受託者が全く自由に受益者を定めることができるような場合は、信託目的が定まっていないことになり信託の設定自体が無効と解されるので、裁量権行使の基準について信託行為に定めがあるか、信託目的に照らして裁量権に一定の限界があると解釈できることが必要とされる。

受益者や受益権の内容が不確定である場合は、課税上の扱いが問題となる。

相続税・贈与税の課税上は、適正な対価を負担せずに受益者となった者に相続税・贈与税を課すこととされている（相続税法９条の２第１項）が、みなし受益者として「特定委託者」もこの課税対象とされている。特定委託者は、「信託の変更をする権限（軽微な変更をする権限として政令で定めるものを除く。）を現に有し、かつ、当該信託の信託財産の給付を受けることとされている者（受益者を除く。）」と定義されている（同条５項）ので、例えば裁量信託の受託者が帰属権利者とされているような信託の受託者は、この特定委託者に該当し、信託の効力が生じた段階で贈与税を課税されるおそれがあるので注意が必要である。

所得税においても、信託の受益者は「当該信託の信託財産に属する資産及び負債を有するものとみなし、かつ、当該信託財産に帰せられる収益及び費用は当該受益者の収益及び費用とみなして、この法律の規定を適用する」（所得税法13条１項）とされ、信託において生じた所得については受益者に課税されるが、「信託の変更をする権限（軽微な変更をする権限として政令で定めるものを除く。）を現に有し、かつ、当該信託の信託財産の給付を受けることとされている者」は受益者とみなされる（同条２項）ので、帰属権利者として指定されている裁量信託の受託者もこのみなし受益者として所得税が課税される。受託者が法人の場合は、法人税が課税される

（法人税法12条１項・２項）。

No.021 詐《さ》害《がい》信《しん》託《たく》

関連する条文	信託法11条・12条 2編
関連・類似用語	信託財産の独立性（No.036）

信託財産は委託者から受託者に移転するので、委託者の債権者の責任財産から逸出する。その結果委託者の債権者を害することがあるが、このような信託を詐害信託といい、委託者の債権者が詐害行為取消請求（民法424条）をしたり、委託者が破産したりした場合に破産管財人が否認権を行使できる場合がある（信託法11条・12条）。

信託の場合、受託者は固有の利害を有しないので、詐害性についての受託者の善意悪意は問題とされないが、反面受益者の利益を害しない必要があるので、受益者の全部が悪意でなければ取消しはできない（同法11条１項）。ただし、個別の悪意の受益者に対しては、信託財産の給付の取消請求や、受益権の譲渡し請求をすることができる（同条４項・５項）。

また、取消しの結果、信託財産責任負担債務の債権者を害するおそれもあるので、取消しの判決が確定した場合は、委託者が当該債権者への弁済の責任を負うものとされる（同条２項）。

委託者が破産した場合は、委託者の破産債権者を害する行為は破産管財人により否認されることがある（破産法160条以下）が、信託については受益者の全員が悪意である場合に限定される（信託法

12条１項）。個別の悪意の受益者に対しては、受益権の破産財団への返還を訴えをもって請求することができる（同条２項）。委託者についての民事再生手続の場合・会社更生の場合にも、信託行為の否認や受益権の返還請求の制度が定められている（同条３項～５項）。

No. 022 脱《だっ》法《ぽう》信《しん》託《たく》

関連する条文	信託法２条１項・９条 2編
関連・類似用語	訴訟信託（No.023）

信託法９条は、「法令によりある財産を享有することができない者は、その権利を有するのと同一の利益を受益者として享受することができない」と定め、脱法信託を禁止している。

法令上その享有が禁止される財産権を、信託を利用して受託者に所有させ、自らは受益者となって、受益権という形で享有することは、実質的には当該法令の脱法であるため、このような信託は禁止されるのである（神田秀樹＝折原誠『信託法講義〈第２版〉』弘文堂（2019年）45頁）。

例えば、鉱業法17条本文は、外国人・外国法人が鉱業権者となることを禁じている。それゆえ、鉱業権を信託財産とし、外国人・外国法人を、鉱業権と同一の利益を享受する受益者とする信託の設定は、鉱業法17条本文には違反しないが、信託法９条により禁止されるのである。

「その権利を有するのと同一の利益を受益者として享受すること

ができない」とされる脱法信託の効果については、一方で、信託自体が無効となるとする見解、さらにいえば、いったん有効に信託が成立した後に脱法信託に該当する事由が発生した場合は、信託目的の達成不能（No.093参照）により、信託は終了する（同法163条１号）と解する見解もあるが（神田＝折原・前掲45頁）、他方で、当該信託の私法上の効力までもが否定されるわけではなく、信託法９条と抵触する限度で受益権の享受が否定されると解すれば足りるとする見解もある（道垣内弘人編著『条解信託法』弘文堂（2017年）60頁）。

脱法信託に該当するか否かは、財産権の享有を禁止している法令の趣旨、信託の目的、受益権の内容等を総合的に勘案して判断される（神田＝折原・前掲45頁）。

No.023 訴《そ》訟《しょう》信《しん》託《たく》

関連する条文	信託法２条１項・10条 2編
関連・類似用語	脱法信託（No.022）

信託法10条は、「信託は、訴訟行為をさせることを主たる目的としてすることができない」と定め、訴訟信託、すなわち受託者に対して訴訟をさせることを主たる目的とする信託を禁止している。これは、弁護士でなければ本来は行うことができない訴訟代理行為（弁護士代理の原則。民事訴訟法54条１項本文）を、信託を利用することによって、権利義務の本人として潜脱的に行うことを認めない趣旨であり、同条違反の効果は無効である（道垣内弘人編著『条解信託法』弘文堂（2017年）61、63頁）。その結果、受託者による

訴訟は請求棄却になる。

ここで禁止されるのは、受託者に対して訴訟行為をさせることを主たる目的とする信託であり、受託者が信託事務の処理をするにあたり、正当な権利行使として訴訟行為をすることを禁止するものではない。

訴訟信託にあたるか否かは、信託行為の定めを形式的に判断するのではなく、信託事務に占める訴訟行為の割合、信託されてから訴訟提起に至るまでの時間、訴訟行為が必要となる蓋然性の高さ等を判断材料として実質的に判断されるべきである（神田秀樹＝折原誠『信託法講義〈第２版〉』弘文堂（2019年）45頁）。

No. 024 民《みん》事《じ》信《しん》託《たく》

関連する条文	信託法２条１項 ☞2編
関連・類似用語	商事信託（No.025）

民事信託は、信託法に規定されている文言ではなく、講学上の用語である。

従来、受託者（No.042参照）が営業として引き受ける信託を「営業信託」あるいは「商事信託（No.025参照）」といい、受託者が営業としてではなく引き受ける非営業信託が「民事信託」といわれてきたが、これは、信託実務上、受託者が信託業法または兼営法の適用を受ける信託会社・信託銀行である信託を商事信託といい、受託者が信託業の免許や登録を有しない個人や法人である信託を民事信託という分類と重なるものである。なお、近時、信託の実質関係に着目して、信託の実質関係が委託者の受益者に対する贈与（gift）である信託を民事信託といい、信託の実質関係が受託者と受益者（兼委託者）との取引（deal）である信託を商事信託という見解も有力である（神田秀樹＝折原誠『信託法講義〈第２版〉』弘文堂（2019年）14頁）。

委託者が自己の有する財産を受託者に信託し、受託者がそれを信託財産として受益者のために管理または処分等を行い、信託が終了したら残余財産受益者等にその財産を引き渡すことによって、財産の管理と承継を行っていくのが民事信託の典型的な姿であるが、受益者が委託者の家族である場合には、家族信託と呼ばれることもある（遠藤英嗣『新しい家族信託　遺言相続、後見に代替する信託の実際の活用法と文例 増補』日本加除出版（2014年）10頁）。

No.025 商《しょう》事《じ》信《しん》託《たく》

関連する条文	信託法54条 2編
関連・類似用語	民事信託（No.024）

商事信託とは、信託会社や信託銀行などの専門業者が受託者となって、その営業として財産を引き受け（信託財産とする）、当該信託財産の管理・運用を行う信託の形態をいう。つまり、信託の引受けを業として行う信託であるといえよう。

このとき受託者たる信託会社や信託銀行は、営利目的で信託事務を行い、その対価として信託報酬を受け取る。

これに対して民事信託は、専門業者が営業として引き受ける信託ではない。信託行為に信託報酬を受ける旨の定めがなく（あるいは無報酬と定められ）、受託者が無報酬であることも多い（信託報酬は信託行為に規定が必要である。信託法54条１項参照）。

商事信託の具体例については、資産流動化のために組成され販売される受益証券発行信託から障害者を受益者とする他益信託である特定贈与信託まで、幅広く多種・多様である。

まず商事信託は営利目的で行われるものであるため、その信託の引受け対象財産については、その業的運用上自ずと制限がかかることも多い（法律上の制限ではない）。

また、商事信託はその受益権が不特定多数に売却されることも多い。そこで受益者集会の規律等の普通の民事信託では必要としない規律が新信託法に盛り込まれた。

さらに、商事信託では営業受託者とその顧客となる委託者又は受益者との間において、交渉力や情報の格差があるので、顧客保護の観点から、信託業法に基づき営業受託者の規制が行われる。

No.026 投《とう》資《し》信《しん》託《たく》

関連する条文	信託法185条～215条（受益証券発行信託の特例）☞2編
関連・類似用語	商事信託（No.025）

投資信託は、多くの人から資金の拠出を得て、それをプールし、投資の専門家が専門的判断の下に有価証券や不動産などに投資・運用して、その利益を分配する仕組みである（新井誠編『キーワード

で読む信託法』有斐閣（2007年）25頁)。

投資信託は、信託契約によって設定される。投資信託には、委託者指図型投資信託と委託者非指図型投資信託とがある。

委託者指図型投資信託では、委託者（投資信託委託業者）が運用の指図を行う。この信託は、投資信託委託業者と受託者との間で締結された信託契約によって設定される他益信託であり、投資家（受益者）は、投資信託委託業者に対して申込金を支払い、受益証券を取得する。

委託者非指図型投資信託は、受託者が委託者の指図に基づかずに運用を行う。この信託は、１個の信託約款に基づいて、受託者が複数の委託者（兼受益者）との間で締結する信託契約（自益信託）により受け入れた金銭を合同して運用する。

投資信託を規律する法律は、投資信託及び投資法人に関する法律（以下「投信法」という）である。投信法は、昭和26年に証券投資信託法として制定され、平成10年改正で証券投資信託及び証券投資法人に関する法律に名称変更され、平成12年改正で現在の名称になった。投信法は、投資信託における受託者等の行為準則、信託の変更、受益証券などに関して、信託法や信託業法に対する多くの特則を定めている。

No.027 福《ふく》祉《し》信《しん》託《たく》

関連する条文	信託法2条1項 2編
関連・類似用語	他益信託（No.011）、民事信託（No.024）

福祉信託という文言は、信託法・信託業法等の法律には存在しない。

とはいえ、平成18年の信託法改正において、福祉という観点から、衆議院法務委員会では「二　来るべき超高齢化社会をより暮らしやすい社会とするため、高齢者や障害者の生活を支援する福祉型の信託について、その担い手として弁護士、NPO等の参入の取扱い等を含め、幅広い観点から検討を行うこと」、参議院法務委員会では「二　高齢者や障害者の生活を支援する福祉型の信託については、特にきめ細やかな支援の必要性が指摘されていることにも留意しつつ、その担い手として弁護士、社会福祉法人等の参入の取扱いなどを含め、幅広い観点から検討を行うこと」という付帯決議がされており、超高齢化社会を迎える現代において、信託（特に民事信託（No.024参照））が福祉の分野で大きな役割を果たすことが期待されている。すなわち、信託の有する長期的管理機能や倒産隔離機能を最大限生かすことで高齢者や障害者の幸福で安定した豊かな生活を実現することが求められている。

したがって、福祉型信託ないしは、福祉信託は、高齢者や障害者等社会的な弱者の生活支援を目的とする信託ということができ、成年後見制度を補完する機能を果たすものとみることもできる。

例えば、親亡き後の問題を解決するために障害者を受益者とする他益信託（No.011参照）は福祉信託であるし、高齢者の財産管理を目的としてその親族を受託者とする自益信託（No.010参照）も福祉信託といえる。

2 信託財産等

No. 028 当《とう》初《しょ》信《しん》託《たく》財《ざい》産《さん》

関連する条文	信託法16条 2編
関連・類似用語	信託財産（No.033）

信託設定時点における信託財産に属する財産をいう。

信託契約または遺言による信託設定の場合、当初信託財産が委託者から受託者に対して処分される。これに対し、自己信託の場合には、財産処分は存在しない（道垣内弘人『信託法（現代民法別巻）』有斐閣（2017年）30頁）。

信託財産に属する財産には、当初信託財産のみならず、追加信託によって信託財産となった財産や信託事務処理の結果信託財産となった財産も含まれている（信託法16条）。

当初信託財産に関し、2004年（平成16年）の信託業法の改正まで、信託銀行等が営業として行う信託では、当初信託財産が、金銭、有価証券、動産、土地及びその定着物などに限定されていた。しかしながら、2004年（平成16年）の信託業法の改正によって、上記の制限は撤廃された（道垣内・前掲31頁）。

No.029 金銭《きんせん》の信託《しんたく》・物《もの》の信託《しんたく》

関連する条文	信託法34条 2編
関連・類似用語	信託財産（No.033）、受託者の分別管理義務（No.051）

信託法２条３項によれば、「信託財産」とは、受託者に属する財産であって、信託により管理または処分をすべき一切の財産をいう、とされている。

信託法上は、信託財産の対象に関して、特に制限を設けることなく、金銭であっても、物であっても、信託することができるものとされている。

受託者が信託事務を処理するについての費用の支出のため、または受益者に対する生活費等の給付のため、一般的に、金銭を信託財産に組み入れることが行われている。また、収益用不動産を信託不動産とした場合、収益用不動産から得られる賃料収入も信託財産となるが（信託法16条１号）、この場合も、金銭が信託財産となる。金銭を信託財産とした場合、受託者は、信託財産に属する金銭と固有財産及び他の信託に属する信託財産を、その計算を明らかにする方法によって、分別して管理しなければならない（同法34条１項２号ロ）。なお、預金債権については、譲渡制限特約が付されていることが一般的であるため、その譲渡を金融機関に対抗できない結果（民法466条の３第１項）、信託財産とすることが制限される。

物の信託とは金銭又はそれと同視しうる小切手等以外の財産の信託をいう（道垣内弘人『信託法（現代民法別巻）』有斐閣（2017年）

27頁)。このうち、不動産については、その管理及び承継を目的として、これを信託財産に組み入れることが広く行われている。不動産については、受託者は、信託の登記をする方法によって、信託財産に属する不動産と固有財産及び他の信託に属する信託財産を、分別して管理しなければならない(信託法34条1項)。なお、農地については、農地法の制限から、信託財産とすることができない(農地法3条2項3号)。動産については、金銭と同様、受託者は、信託財産に属する動産と固有財産及び他の信託に属する信託財産を、その計算を明らかにする方法によって、分別して管理しなければならない(信託法34条1項2号ロ)。

No.030 不《ふ》動《どう》産《さん》管《かん》理《り》信《しん》託《たく》

関連する条文	信託法14条 2編
関連・類似用語	信託財産(No.033)

新井誠教授によれば、不動産管理信託とは、「不動産の管理を目的とする信託であり、正式には、「土地及び其ノ定着物」(改正前信託業法施行前の旧信託業法4条5号)の1つの類型である」とされている(新井誠『信託法〈第4版〉』有斐閣(2014年)492頁)。そして、典型例では、まず信託の開始にあたり信託財産となる土地及び建物の所有権移転登記が行われ、同時に、信託の登記がなされたうえで、受託者である信託銀行が信託財産である土地及び建物の地代、家賃の取立て、その保全・補修等を行うものとされている(新井・前掲492頁)。

近時は、法定後見や任意後見制度を代替・保管するスキームとして、または民事信託の活用方法の１つとして、不動産管理信託が用いられている。すなわち、例えば、収益用不動産を所有する高齢者が、賃料の収受や、賃貸借契約の更新などの不動産管理業務の煩雑さを回避したい場合や、加齢に伴う判断能力の低下に備えたいという場合がある。このような場合、収益用不動産を所有する高齢者を委託者とし、子などの次世代を受託者とし、当該収益不動産を信託財産として信託契約を締結することが考えられる。このような不動産を信託財産とした信託を活用すると、新規入居者との賃貸借契約の締結、既存入居者との賃貸借契約の解除、修繕の場合のリフォーム業者との請負契約の締結などを、判断能力に問題がない受託者が行うことが可能となる。また、法定後見制度や任意後見制度では難しいとされていた、被後見人への融資も、信託を用いたスキームでは可能になる。この場合、金融機関は、受託者に対して融資を行うことになる。

No.031 議《ぎ》決《けつ》権《けん》信《しん》託《たく》

関連する条文	会社法154条の２
関連・類似用語	―

議決権信託とは、受託者に議決権を行使させることを目的とした株式の信託をいう。これは議決権だけの信託でなく、株式の信託であり、議決権は株主の地位と切り離せないから、議決権のみの信託は無効であるとされる（道垣内弘人『信託法（現代民法別巻）』有

斐閣（2017年）36頁）。

この議決権信託は、「信託を活用した中小企業の事業承継円滑化に関する研究会における中間整理」（平成20年９月）においても、「第１の２．他益信託」として、「他益信託を利用した事業承継スキームとは、経営者（委託者）がその生前に、自社株式を対象に信託を設定し、信託契約において、後継者を受益者と定めるものである」という事例として紹介されている。

ここでは、この他益信託による方法が、拒否権付種類株式（会社法108条１項８号）による方法と比較し、どのような特徴があるかが検討されている。

すなわち、他益信託による方法の特徴として、経営者が議決権行使の指図権を保持することで、経営者は、引き続き経営権を維持しつつ、自社株式の財産的部分のみを後継者に取得させることができる、とされている。また、信託契約において、信託終了時に後継者が自社株式の交付を受ける旨を定めておくことで、後継者の地位を確立することができ、後継者は、安心して経営にあたることができる、とされている。さらに、信託終了時について、信託設定から数年経過時、あるいは、経営者（委託者）の死亡時など、経営者の意向に応じた柔軟なスキームを構築することができる、とされている。拒否権付種類株式を発行する方法は種類株式発行のための定款変更が必要であり、また、拒否権付株式は、後継者の意思で行った株主総会の決議を拒否することができるにとどまり、積極的に会社の意思決定をすることができない、という限界があるが、議決権信託による場合は定款変更は不要であり、議決権行使への指図により、より広い意向の反映が可能となる。

No.032 セキュリティトラスト

関連する条文	信託法３条１号・２号・55条 2編
関連・類似用語	信託財産（No.033）

民法369条は、抵当権者が被担保債権の債権者と同一であることを原則としているが、抵当権者が抵当権を実行して回収した金銭が被担保債権にかかる債務の弁済に充当されるというスキームができていれば、抵当権を債権者以外の者に帰属させても問題はない。例えば、シンジケートローンにおいて、多数の債権者が同一の債務者に共同で融資をしているとき、代表者または第三者が全ての債権者のために担保権を有している方が便利である。また、債権が譲渡されたときも、債権者が受益者、債務者が委託者・担保権設定者、受託者が担保権者であれば、担保権の移転手続きをせず、受益者の譲渡ですむ。

そこで、信託法は信託の設定において、「担保権の設定その他の財産の処分をする」ことを認めている（信託法３条１号・２号）。なお、自己信託においても当初信託財産として担保権を設定することができるとする見解もある（道垣内弘人『信託法（現代民法別巻）』有斐閣（2017年）41頁）。

担保権の信託に関しては、債務者が債権者に担保権を設定したうえで、その債権者が受託者に担保権を信託譲渡する場合と、債務者が当初から担保権を受託者に信託する場合があり、後者がセキュリティトラストといわれるものである（神田秀樹＝折原誠『信託法講義〈第２版〉』弘文堂（2019年）39頁）。委託者は、受託者に財産を譲渡するのではなく、担保権を設定して受託者が担保権を有するようにするのである（いわゆる設定的移転）。

セキュリティトラストでは、本来同一人に帰属すべき担保権と被担保債権が受託者と受益者に分属することになる。そこで、被担保債権者による担保権実行等を前提とする民事執行法との関係を明確にするため、信託法は、被担保債権者ではない受託者が「信託事務として、当該担保権の実行の申立てをし、売却代金の配当又は弁済金の交付を受けることができる」と規定している（同法55条）。

No.033 信《しん》託《たく》財《ざい》産《さん》

関連する条文	信託法２条３項 ◁2編
関連・類似用語	信託財産に属する財産

「信託財産」とは、受託者に属する財産であって、信託により管理又は処分をすべき一切の財産をいう（信託法２条３項）。信託は財産管理のための法律制度であり、「信託財産」はその目的財産である。信託財産は形式的には受託者の所有になるが、実質的には受託者の固有財産から独立したものとして取り扱う必要がある。これを信託財産の独立性という。受託者には信託財産に属する財産と受託者の固有財産とを分別して管理する義務がある（同法34条）。独立性の制度的な保障として、受託者の相続財産からの排除（同法74条１項）、受託者の破産財団に属しないこと（同法25条）、信託財産に対する強制執行等の制限（同法23条）、信託財産に属する債権等についての相殺の制限（同法22条）、信託財産に属する財産の混同

の特例（同法20条）がある。信託財産の独立性から第三者を保護するための制度的な保障として信託の公示制度がある（同法14条）。

信託財産は積極財産でなければならないといわれている。例えば、信託前に生じた委託者に対する債権に係る債務は、消極財産であるから、これを信託財産責任負担債務とする旨の信託行為の定めがなければ、信託債務にはならない（同法21条1項3号）。積極財産で、金銭的価値に見積り得るものは、知的財産権であっても信託財産になる。金銭的価値に見積り得ない人格権、身分権等は信託財産にならない。同様に性質上または法律上譲渡が禁止されるものも同様である。ただし、譲渡が特約により禁止又は制限されている債権であってもその譲渡は有効とされるので（民法466条2項）、自己信託の方法による信託設定では信託財産になると解されている（道垣内弘人『信託法（現代民法別巻）』有斐閣（2017年）35頁）。営業信託では特則がある。新信託業法では、受託する信託財産の種類についての制限はなくなったが、各信託会社等はその信託業の業務方法書において取り扱うことのできる信託財産の種類を制限している。

信託財産の管理、処分、滅失、損傷その他の事由により受託者が得た財産は、信託財産のいわゆる価値代替物であるので、これも当然、信託財産とされる（信託法16条1号）。

また、信託法は、信託の特殊性に鑑み民法の付合等の特則に当たる規定を設けているが、それらの規定により信託財産とされる財産も当然信託財産の範囲に含まれる（同条2号）。

一　信託財産に属する財産の管理、処分、滅失、損傷その他の事由により受託者が得た財産

二　信託財産に属する財産と固有財産若しくは他の信託の信託財産に属する財産との付合等があった場合（同法17条）、信託財産に属する財産と固有財産に属する財産とを識別することができなくなった場合（同法18条）、信託財産と固有財産等とに属する共有物の分割の場合（同法19条）等により信託財産に属することとなった財産

信託財産についての破産手続開始の決定があったときは信託が終了する（同法163条７号）。

No.034 固《こ》有《ゆう》財《ざい》産《さん》

関連する条文	信託法２条８項・17条〜20条・22条・49条・217条 2編
関連・類似用語	信託財産（No.033）

固有財産とは、受託者に属する財産であって、信託財産（No.033参照）に属する財産でない一切の財産をいう（信託法２条８項）。信託財産とは、受託者に属する財産であって、信託により管理又は処分をすべき一切の財産をいう（同条３項）。

固有財産と信託財産は、ともに受託者の財産に属するが、信託財産は、受託者の固有財産や他の信託の信託財産とは別なものとして取り扱われる（信託財産の独立性。No.036参照）。

受託者が信託財産のためにする意思（信託財産に利益・不利益といった効果を帰属させる意思）を有してした行為であっても、信託財産自体に独立の法人格はないので、その行為の法的効果の帰属主

体は、あくまで受託者になる。したがって、信託事務に基づく債務は、原則として、信託財産と固有財産とが、ともに責任財産となる。よって、当該債務の債権者は受託者の固有財産に対しても強制執行できることになる（同法21条２項の反対解釈）。

ただし、信託財産限定責任負担債務（No.039参照）に係る債権の場合には、固有財産は責任財産とはならず、債権者は固有財産に対して強制執行することができない（同条同項）。例えば、受益債権（No.072参照）に係る債務は信託財産限定責任負担債務であり、受託者は固有財産による履行責任を負わない。また、限定責任信託（No.099参照）においては、信託財産責任負担債務（受託者が信託の事務の処理についてした不法行為によって生じた債権に係る債務を除く）にかかる債権に基づいて固有財産に対する強制執行等をすることはできない（同法217条１項）。

No.035 倒《とう》産《さん》隔《かく》離《り》機《き》能《のう》

関連する条文	信託法23条・25条 2編
関連・類似用語	意思凍結機能（No.015）、詐害信託（No.021）、受益者連続信託（No.075）

信託は、受託者を信じて財産を託す仕組みであり、「信認」と「財産」からなる制度であって、信託を「信認」（債権債務関係）の側面からみたのが「受託者責任（信認義務）（フィデュシャリー・デューティ）」であり、「財産（物権関係）」の側面からみたのが「信託財産の独立性（倒産隔離性）」であるということができる（神

田秀樹＝折原誠『信託法講義〈第２版〉』弘文堂（2019年）３頁）。

倒産隔離機能とは、信託財産は、委託者の固有財産からも受託者の固有財産からも独立しており、委託者や受託者が倒産したり、それらの債権者から差押えを受けたりしても影響を受けない機能をいう。

信託が設定され、信託財産の名義が委託者から受託者へ移ることによって、もはやその財産は委託者の財産ではないため、委託者の債権者は信託財産への強制執行を行うことはできないし、委託者が破産しても信託財産が破産財団に組み込まれることはない。

また、受託者の債権者は信託財産に対して強制執行を行うことはできないし（信託法23条１項）、受託者が破産したとしても信託財産が破産財団に組み込まれることはない（同法25条１項）。

このような信託財産の独立性によって信託財産が保護され、その結果、受益権を有する受益者が保護されることになる。

これに対して、受益者が有するのは受益権であるため、受益者の債権者は、受益権に対して強制執行を行うことはできる。

また、信託のこのような機能を利用し、自己の債務を免れるためや、債権者からの差押えを免れるために信託の設定を行った場合、詐害信託として取消しの対象になることがある。

No.036 信《しん》託《たく》財《ざい》産《さん》の独《どく》立《りつ》性《せい》

関連する条文	信託法23条 2編
関連・類似用語	—

信託の倒産隔離の機能は近時委託者の資産を流動化する仕組みとして利用されてきた。委託者の資産を受託者に信託譲渡してしまえば、この資産は、もはや委託者の財産ではないので、原則としてその倒産から隔離され、委託者の債権者から追及されないからである。さて、信託財産は信託譲渡の結果受託者に帰属することになるが、受託者の固有財産から独立した存在として管理されなければならない。これを信託財産の独立性という。この独立性は第三者との関係で特に問題となる。

1. 受託者に対する債権者との関係

⑴信託財産に対する強制執行等の禁止

信託財産責任負担債務にかかる債権に基づく場合を除き、信託財産に属する財産に対しては、強制執行、仮差押え、仮処分もしくは担保権の実行もしくは競売（担保権の実行としてのものを除く。以下同じ）または国税滞納処分をすること（以下「強制執行等」という）ができない（信託法23条１項）。ただし自己信託の場合において、委託者がその債権者を害することを知って当該信託をしたときは、例外として、信託財産責任負担債務にかかる債権を有する債権者のほか、当該委託者（受託者であるものに限る）に対する債権で信託前に生じたものを有する者は、当該信託がされた時から２年間を経過しない間は、信託財産に属する財産に対し、強制執行等をすることができる（同条２項・４項）。上記の規定に違反してされた強制執行等に対しては、受託者または受益者は、異議を主張することができる（同条５項）。

⑵信託財産の受託者の破産財産に不帰属

受託者が破産手続開始の決定を受けた場合であっても、信託財産に属する財産は、破産財団に属しない。この場合には、受益債権は、破産債権とならない。信託債権であっても受託者が信託財産に属する財産のみをもってその履行の責任を負うものも、同様とする（同法25条１項・２項）。再生手続開始の決定を受けた場合であっても、更生手続開始の決定を受けた場合であっても、同様である（同条７項）。

2. 委託者に対する債権者との関係

委託者がその債権者を害することを知って信託をした場合には、受託者が債権者を害することを知っていたか否かにかかわらず、委託者の債権者は、受託者を被告として、民法424条１項の規定による取消しを裁判所に請求することができる（信託法11条１項）。ただし、受益者が現に存する場合においては、当該受益者（当該受益者の中に受益権を譲り受けた者がある場合にあっては、当該受益者及びその前に受益権を譲り渡した全ての者）の全部が、受益者としての指定を受けたことを知った時において債権者を害することを知っていたときに限る。

この場合、信託財産責任負担債務に係る債権を有する債権者（委託者である者を除く）が当該債権を取得した時において債権者を害することを知らなかったときは、委託者は、当該債権を有する債権者に対し、当該信託財産責任負担債務について弁済の責任を負う。

ただし、同項の規定による詐害行為取消請求により受託者から委託者に移転する財産の価額を限度とする。

受益者が受託者から信託財産に属する財産の給付を受けたときは、債権者は、受益者を被告として、前述の詐害行為取消請求またはその受益権を委託者に譲り渡すことを訴えをもって請求することができる。ただし、当該受益者（当該受益者が受益権を譲り受けた者である場合にあっては、当該受益者及びその前に受益権を譲り渡した全ての者）が、受益者としての指定を受けたことを知った時において債権者を害することを知っていたときに限る。

3. 信託財産に対する権利の第三者との関係

登記または登録をしなければ権利の得喪及び変更を第三者に対抗することができない財産については、信託の登記または登録をしなければ、当該財産が信託財産に属することを第三者に対抗することができない（信託法14条）。このような財産以外の財産については、受託者が信託財産に属する財産と固有財産及び他の信託の信託財産に属する財産とを、次の各号に掲げる財産の区分に応じ、当該各号に定める方法により、分別して管理することにより第三者に対抗することができる。

イ　動産（金銭を除く）　信託財産に属する財産と固有財産及び他の信託の信託財産に属する財産とを外形上区別することができる状態で保管する方法

ロ　金銭その他のイに掲げる財産以外の財産　その計算を明らかにする方法（同法34条）

なお、受益証券の発行されない受益権についての対抗要件には特例がある（信託法４条）。

4. 信託財産に属する債権等についての相殺の制限

①受託者が固有財産または他の信託の信託財産（信託法22条１号において「固有財産等」という）に属する財産のみをもって履行する責任を負う債務（同条１号及び２号において「固有財産等責任負担債務」という）に係る債権を有する者は、当該債権をもって信託財産に属する債権に係る債務と相殺をすることができない。ただし、固有財産等責任負担債務に係る債権を有する者が善意無過失の場合及び利益相反行為が許容される場合についてはこの限りでない。

②信託財産責任負担債務（信託財産に属する財産のみをもってその履行の責任を負うものに限る）にかかる債権を有する者は、当該債権をもって固有財産に属する債権にかかる債務と相殺をすることができない。ただし、固有財産等責任負担債務にかかる債権を有する者が善意無過失の場合についてはこの限りでない。また受託者がこの相殺を承認したときはこれをすることができる（同法22条）。

No. 037 信託《しんたく》の公示《こうじ》

関連する条文	信託法14条 2編
関連・類似用語	信託財産の対抗要件

　信託財産に属する財産は受託者に帰属しているが、受託者個人に対する債権者はこれに強制執行することができない（信託法23条１項）。受託者個人に対する債権者が信託財産に属する財産を受託者

の固有財産と誤認しないように信託の公示制度がある。そこで、受託者は、信託財産を分別管理する（同法34条）に際し、登記または登録をしなければ権利の得喪及び変更を第三者に対抗することができない財産については、信託の登記または登録を必要とし、受託者個人に対する債権者等の第三者を保護することとされている（同法14条）。

1. 不動産の信託の登記

⑴信託の登記

信託の登記の申請は、当該信託に係る権利の保存、設定、移転または変更の登記の申請と同時にしなければならない（不動産登記法98条１項）。信託の登記は、受託者が単独で申請することができる（同条２項）。自己信託による権利の変更の登記は、受託者が単独で申請することができる（同条３項）。

⑵信託の登記の登記事項の特則

信託の登記の登記事項は、一般の権利に関する登記事項のほか、次のとおりとする（同法97条１項）。

一　委託者、受託者及び受益者の氏名または名称及び住所

二　受益者の指定に関する条件または受益者を定める方法の定めがあるときは、その定め

三　信託管理人または受益者代理人があるときは、その氏名または名称及び住所

四　受益証券発行信託、受益者の定めのない信託または公益信託であるときは、その旨

五～七　略

八　信託の目的

九　信託財産の管理方法

十　信託の終了の事由

十一　その他の信託の条項

登記官は、１項の各号に掲げる事項を明らかにするため、法務省令で定めるところにより、信託目録を作成することができる（同条３項）。

2. 不動産以外の財産の信託の登録・記載

株式・新株予約権・社債については、株主名簿・新株予約権原簿・社債原簿に信託財産に属する旨を社債原簿に記載し、または記録しなければ信託財産に属することを会社その他の第三者に対抗することができない（会社法154条の２・272条の２・695条の２）。振替された社債・国債・受益証券発行信託の受益権・株式・新株予約権付き社債は、それぞれ振替口座簿に信託財産に属する旨を記載し、または記録しなければ第三者に対抗することができない（社債、株式等の振替に関する法律75条・100条・127条の18・142条・207条）。

3. 登記又は登録が不要な財産

⑴その他の財産の信託の対抗要件

金銭、動産、金銭債権、現物の有価証券等のその他の財産については格別の対抗要件を具備しなくても分別管理により第三者に対抗できる。実務的には保管口座、保管場所、明認方法等により分別管理が行われている。

⑵建物の登記が行われている場合

建物の所有を目的とする地上権、土地の賃借権の場合は、当該地上権、賃借権の登記がなくても第三者に対抗できる。

(3)動産及び債権の譲渡の対抗要件に関する民法の特例等に関する法律による登記制度

動産及び金銭債権は登記または登録をしなければ権利の得喪及び変更を第三者に対抗することができない財産ではないので、この特例による登記がなくても第三者に対抗できる（道垣内弘人『信託法（現代民法別巻）』有斐閣（2017年）136頁）。

No.038 信《しん》託《たく》財《ざい》産《さん》責《せき》任《にん》負《ふ》担《たん》債《さい》務《む》

関連する条文	信託法２条９項・21条１項・23条など 2編
関連・類似用語	信託行為（No.003)、信託財産限定責任負担債務（No.039)

受託者が信託財産に属する財産をもって履行する責任を負う債務をいう（信託法２条９項。道垣内弘人『信託法（現代民法別巻）』有斐閣（2017年）114頁）。信託財産に対する強制執行等は禁止されているが（信託財産の独立性。No.036参照）が、信託財産責任負担債務にかかる債権の債権者は信託財産に対する強制執行等を行うことができる（同法23条１項）。

信託財産責任負担債務には、受託者の固有財産まで責任財産となる債務と受託者の固有財産が責任財産にならない信託財産限定責任負担債務（同法21条２項。No.039参照）がある。

信託法21条１項では、①受託者の信託事務執行に伴い発生した債務（５号～９号)、②受益権に関連する債務（１号・４号)、③信託設定前に生じた権利に係る債務（２号・３号）が列挙されている。例えば、受託者（信託行為による特段の制限がない限り金銭を借り入れる権限を有する）が信託財産である土地の上に信託財産となるアパートを建てるために金融機関からアパートローンを借りた場合、このアパートローンは同項５号に基づき信託財産責任負担債務になる。

また、同項１号の受益債権は、信託財産から給付を受ける債権であり、受益債権に係る債務は信託財産責任負担債務であって、かつ、受託者が固有財産による履行責任を負わない信託財産限定責任負担債務である。

さらに、アパートローンを被担保債権とする抵当権が設定されているアパートを信託する場合、信託行為（No.003参照）において、委託者が信託前から負担しているアパートローンを信託財産責任負担債務とする定めがあれば、このアパートローンは同項３号に基づき信託財産責任負担債務になる。

No.039 信託《しんたく》財産《ざいさん》限定《げんてい》責任《せきにん》負担《ふたん》債務《さいむ》

関連する条文	信託法21条２項・23条・154条・216条 2編
関連・類似用語	信託財産責任負担債務（No.038）、限定責任信託（No.099）

信託財産限定責任負担債務とは、受託者が信託財産に属する財産のみをもって履行する責任を負う信託財産責任負担債務をいう（信

託法154条)。

「信託財産責任負担債務」とは、受託者が信託財産に属する財産をもって履行する責任を負う債務をいう(同法2条9項)。信託財産と受託者の財産は内部的に分別管理されていても、外部的には両財産の名義は同じ受託者であり、信託財産に法人格はない。そこで、信託財産責任負担債務にかかる債権者は、信託財産を構成する資産からだけではなく、受託者の固有財産からの弁済を受けることができる。これに対して、受託者の固有財産責任負担債務にかかる債権者は、信託財産の独立性の原則から、信託財産を構成する資産から弁済を受けることはできない。しかし、「信託財産限定責任負担債務」は責任財産が信託財産に限定されるので、この債務にかかる債権者は、信託財産に属する財産からしか弁済を受けることはできない。「信託財産限定責任負担債務」は次に掲げる権利にかかる債務である(同法21条2項)。

①受益債権(同法2条7項・100条)

②限定責任信託の信託債権(同法216条、受益債権でないもの)

③前2号に掲げる場合のほか、信託法の規定により信託財産に属する財産のみをもってその履行の責任を負うものとされる場合における信託債権(同法75条6項・76条2項・83条2項本文・104条11項・122条2項・127条4項)

④信託債権を有する者(以下「信託債権者」という)との間で信託財産に属する財産のみをもってその履行の責任を負う旨の合意がある場合における信託債権

信託財産限定責任負担債務にかかる債権を有する債権者は、当該債権をもって固有財産に属する債権にかかる債務と相殺をすることができない。ただし、当該信託財産限定責任負担債務にかかる債権を有する者が、当該債権を取得した時または当該固有財産に属する債権にかかる債務を負担した時のいずれか遅い時において、当該固有財産に属する債権が信託財産に属するものでないことに善意無過失であった場合は、この限りでない（同法22条３項)。この禁止規定は、受託者がこれを承認したときは、適用されない（同条４項)。

また、限定責任信託の信託財産責任負担債務は「信託財産限定責任負担債務」であり、その債務にかかる債権者は、固有財産に属する財産に対し強制執行、仮差押え、仮処分もしくは担保権の実行もしくは競売または国税滞納処分をすることはできない（同法217条)。ただし、受託者が信託事務を処理するについてした不法行為によって生じた権利にかかる債務はこの限りではない。

No.040 信託債権《しんたくさいけん》

関連する条文	信託法21条２項２号・101条・177条 ☞2編
関連・類似用語	信託財産責任負担債務（No.038)、信託債権者（No.041)、受益債権（No.072)

信託債権とは、信託財産責任負担債務（No.038参照）に係る債権であって、受益債権（No.072参照）でないものをいい（信託法21条２項２号)、信託債権を有する者を信託債権者という（同項４号)。この点、受益債権が信託財産から給付を受けることを内容とする権利であることと対比して、信託債権を信託事務処理に基づいて生ずる債権とする学説もある（寺本昌広『逐条解説　新しい信託

法〈補訂版〉』商事法務（2008年）504頁)。

例えば、受託者が信託財産である建物の修繕を依頼した場合に修繕を行った業者が取得する代金請求権は、信託債権である。

信託債権は信託財産限定責任負担債務に係る債権に該当しなければ、その発生原因により受託者の固有財産も責任財産となり得る。上例であれば、修繕業者と請負契約をしたのは受託者であるので、受託者は当然当該請負契約の注文者として請負代金債務を負い、受託者の固有財産もその責任財産となる。

受益債権と信託債権は、それぞれ、信託財産を責任財産とする債権であるが、受益債権は信託債権に劣後する（同法101条)。その理由については、①受益債権が信託財産からの給付を内容とする権利であるのに対し、信託債権は、基本的に信託財産の価値の維持・増加を目的とする行為に基づき生じるものであること、②受益者は、信託債権者と異なり、受託者に対する種々の監督的権利や信託の変更等に関与する権利を有すること、③信託債権と受益債権を同順位とすると信託債権者のリスク管理に重大な影響を及ぼすこと、④受益債権には株式の配当制限のような規制がないため、信託債権者を保護する必要があること、などが挙げられている（道垣内弘人編著『条解信託法』弘文堂（2017年）505頁)。

No.041 信《しん》託《たく》債《さい》権《けん》者《しゃ》

関連する条文	信託法21条２項・22条・23条 2編
関連・類似用語	信託財産責任負担債務（No.038）

信託債権とは、信託財産責任負担債務に係る債権であって、受益債権でないものをいう（信託法21条２項２号）。信託財産に属する債権のことをいうのではない。信託債権者とは、この信託債権を有する者をいう（同項４号）。「信託財産責任負担債務」は、受託者が信託財産に属する財産をもって履行する責任を負う債務をいう（同法２条９項）が、信託債権者に対しては、受託者は信託財産のみならず固有財産をもってもその履行の責任を負うので、受託者の固有財産からこの債務の返済をした場合には、信託財産からその償還を受けることができる（同法48条１項）。

しかし、信託財産に属する財産のみをもってその履行の責任を負う場合もあり、受益債権、限定責任信託の信託債権者その他信託法に規定のある場合及び信託債権者との合意をもってその旨を定めた場合には、受託者は信託財産に属する財産のみをもって履行の責任を負う（同法21条２項）。これらの債権に係る債務を信託財産限定責任負担債務（No.039参照）という。この債権を有する者は受託者の固有財産からこの債務の返済を受けることができない。そのため、当該債権をもって受託者の固有財産に属する債権に係る債務と相殺をすることができない。ただし、当該信託財産限定責任負担債務に係る債権を有する者が、当該債権を取得した時または当該固有財産に属する債権に係る債務を負担した時のいずれか遅い時において、当該固有財産に属する債権が信託財産に属するものでないことに善意無過失であった場合は、この限りでない（同法22条3項）。この禁止規定は、受託者がこれを承認したときは、適用されない（同条4項）。

信託財産責任負担債務にかかる債権に基づく場合を除き、信託財産に属する財産に対しては、強制執行、仮差押え、仮処分もしくは担保権の実行もしくは競売（担保権の実行としてのものを除く）または国税滞納処分（その例による処分を含む）をすることができない（同法23条）。

受益債権は信託債権に後れる（同法101条）。信託財産について破産手続開始の決定があった場合には、信託債権を有する者及び受益者は、破産手続の開始の時に有する債権の全額について破産手続きに参加することができるが（破産法244条の7第1項）、信託債権は受益債権に優先する（同条2項）。

3 受託者等

No.042 受《じゅ》託《たく》者《しゃ》

関連する条文	信託法2条5項・26条～87条 2編
関連・類似用語	委託者（No.087)、受益者（No.070)

受託者とは、信託法の定めに従い、信託財産に属する財産の管理又は処分及びその他の信託の目的の達成のために必要な行為をすべき義務を負う者をいう（信託法2条5項)。

未成年者は、受託者となることはできない（同法7条)。成年後見人又は被保佐人でも受託者になれるが、信託行為において受託者の任務の終了事由から後見開始又は保佐開始の審判を除外する等の必要がある（同法56条1項)。受託者は、受益者のために信託財産を管理または処分等をする者なので、受益者として信託の利益を享受する場合を除いて、何人の名義を問わず、信託の利益を享受することはできない（同法8条)。

また、信託の引受けを行う営業は、内閣総理大臣の免許又は登録を受けた者でなければ営むことはできない（信託業法3条・7条1項)。ここでの営業とは、営利の目的をもって反復継続して行うことをいう。

「受託者は、信託財産に属する財産の管理又は処分及びその他の信託の目的の達成のために必要な行為をする権限を有する」（信託法26条本文)。具体的には、受託者は、主に、①管理行為、②処分行為、③権利取得・債務負担行為、④訴訟行為を行うことができる（神田秀樹＝折原誠『信託法講義〈第2版〉』弘文堂（2019年）75頁）。

また、このような受託者の権限は、信託行為によって制限することができる（同条ただし書）。例えば、子への信託不動産の承継を目的とする信託では、信託不動産に関する受託者の処分権限を制限することなどが考えられる。

No.043 受《じゅ》託《たく》者《しゃ》の権《けん》限《げん》外《がい》行《こう》為《い》

関連する条文	信託法14条・26条・27条 2編
関連・類似用語	受託者の損失てん補責任（No.060）、受託者の原状回復責任（No.061）、受託者の行為の差止め（No.062）

受託者は、信託財産に属する財産の管理または処分及びその他の信託の目的の達成のために必要な行為をする権限を有する（信託法26条本文）。ただし、信託行為によりその権限に制限を加えることを妨げない（同条ただし書）。

そして、受託者は権利の主体として法律行為をなすところ、受託者の行為の効果が受託者固有の財産ではなく信託財産に帰属するのは、受託者が信託財産のためにする意思を有し、かつ、その行為が受託者の権限内の行為であるからである。

受託者がその権限の外にある行為をした場合、信託法は、その行為の相手方との取引の安全性を考慮しつつ、受益者に当該行為の取消権を認めている。

信託法27条は受託者の権限違反行為の性質・態様に応じて、次のようにその取扱いを分けている（同条１項・２項）。

1. 受託者の権限外行為が、例えば金銭の借入行為の場合

この場合、取引の相手方が受託者の意思を知らなければ、当該行為は受託者固有の財産に帰属することになる（同法21条１項６号イかっこ書）。

これに対して相手方が受託者の信託財産のためにする意思を知っていた場合には、信託財産が責任財産となることを信じ取引関係に及んでいるので、その行為が受託者の権限内の行為であると信じているのであれば、その信頼は保護に値する。逆に、受託者の権限外の行為であることにつき相手方が悪意または重過失であれば、相手方を保護する必要はなく、受益者保護の要請が働き、受益者は当該行為を取り消すことができる（同法27条１項）。

2. 受託者の権限外行為が、例えば信託不動産の売却のような場合

一般に信託財産に属する財産を目的とした行為については、受託者はその行為の効果を信託財産に帰属させる意思を有していることは明白であり、相手方が当該権限外行為につき悪意または重過失であれば上記 1. と同じく受益者は取消権を行使できることになるが、例外がある。

不動産のように信託財産であることについて、登記または登録をしなければ当該財産が信託財産であることを第三者に対抗できない財産（同法14条）はこの例外である。相手方が受託者の権限外行為につき悪意または重過失であっても、その行為の対象となった信託財産についての登記または登録を備えていなければ取消しを主張で

きないのである（同条2項）。

また、複数の受益者がいる場合、取消権の効果は他の受益者のためにも効果が及ぶ（同条3項）。

さらに、取消権は、取消しの原因があることを知った時から3か月または行為の時から1年で時効によって消滅する（同条4項）。

No.044 受託者《じゅたくしゃ》の義務《ぎむ》

関連する条文	信託法29条～39条 2編
関連・類似用語	受託者の信託事務処理義務（No.045）、受託者の善管注意義務（No.046）、受託者の忠実義務（No.047）、受託者の利益相反行為の制限（No.048）受託者の競合行為の禁止（No.049）、受託者の公平義務（No.050）、受託者の分別管理義務（No.051）、受託者の報告義務（No.053）、受託者の帳簿等作成義務（No.054）

信託では、強力な権限を有する受託者に関し、いかに適正に権限を行使させるかが課題となる。そのため、信託法では、以下のとおり、受託者には各種の義務を課している。

受託者は、信託目的達成のために、信託財産の管理又は処分等を行う任務を負っている。この受託者の義務を信託事務遂行義務という（信託法29条1項）。

受託者は、信託事務を遂行する際には、善良な管理者としての注意をもって、これを行わなければならない。これを受託者の善管注意義務という（同条２項）。

受託者は、受益者のために信託事務処理を行わなければならず、受益者の利益を犠牲にして自己または利害関係人の利益を図ってはならない。これを受託者の忠実義務という（同法30条）。この受託者の忠実義務に違反する行為の典型例として、受託者による利益相反行為及び競合行為の制限が規定されている（同法31条・32条）。

信託法特有の義務として、受益者が複数存在する場合には、受託者はいずれの受益者のためにも公平に職務を行わなければならないという公平義務（同法33条）、受託者は、信託財産と固有財産またはその他の信託の信託財産とを分別して管理しなければならないという分別管理義務（同法34条）が存在する。

受託者は、信託事務処理を第三者に委託する権限を有するが（同法28条）、その際には、第三者の選任・監督義務を負う（同法35条）。

受託者は、委託者または受益者の求めに応じて、信託事務処理並びに信託財産に属する財産及び信託財産責任負担債務の状況について報告する義務を負っている（同法36条）。

さらに、受託者は、信託帳簿及び財産状況開示資料の作成義務、財産状況開示資料の受益者への報告義務並びに信託帳簿、信託事務処理関係書類及び財産状況開示資料の保存義務が課せられている（同法37条）。

信託法では受託者の義務の多くは任意規定とされているが、信託業法では受託者の義務は強行規定とされている（小出卓哉『逐条解説　信託業法』清文社（2008年）139頁）。営業受託者がこの義務に違反した場合は、信託法は損失てん補責任等が生じ、信託業法上は業務改善命令等の監督処分の対象となる。

No.045 受託者《じゅたくしゃ》の信託事務処理義務《しんたくじむしょりぎむ》

関連する条文	信託法29条1項 2編
関連・類似用語	受託者の義務（No.044）

受託者は、信託の本旨に従い、信託事務を処理しなければならないとされている（信託法29条1項）。

信託の本旨とは、信託行為の定めの背後にある委託者の意図をいうとされ、受託者は、信託行為の定めに形式的に従っているだけでは足りず、この信託の本旨に従って信託事務を処理することが求められる（寺本昌弘『逐条解説　新しい信託法〈補訂版〉』商事法務（2008年）111頁）。

この委託者の意図の理解は、信託契約を例にとるならば、契約の解釈の問題となる。さらに、その他に慣習、任意規定、信義則、条理などから、契約に基づく権利義務が導かれることもある（道垣内弘人編著『条解信託法』弘文堂（2017年）168頁）。

受託者がこの信託事務遂行義務に違反した場合には、損失のてん補責任及び原状回復責任の問題となる（同法40条）。さらに、受託者が信託実務処理としてすべきでないことを行おうとする場合には、受益者による差止請求の対象ともなる（同法44条）。

受託者の信託事務処理は自己執行が原則ではあるが、一定の場合は第三者への委託が許容される（同法28条）。ただし受託者には委託先の選任及び監督義務がある（同法35条）。

No.046 受託者《じゅたくしゃ》の善管注意義務《ぜんかんちゅういぎむ》

関連する条文	信託法29条２項 2編
関連・類似用語	受託者の義務（No.044）

受託者は、信託事務遂行義務を負うとともに（信託法29条１項）、その信託事務を処理するには、善良な管理者の注意をもって行わなければならない（同条２項）。

「善良な管理者の注意」とは、その職業や地位にある者として通常要求される程度の注意を意味する。受託者が専門家である場合には、その専門家として通常要求される程度の注意をもって信託事務を処理しなければならない（寺本昌弘『逐条解説　新しい信託法〈補訂版〉』商事法務（2008年）112頁）。

信託法29条２項ただし書では、受託者の善管注意義務に関し、信託行為によって別段の定めを設けることを許されている。これは、私的自治を尊重する観点から、受託者の善管注意義務を信託行為に基づいて軽減または加重することを認めたものである。例えば、民事信託において、家族の間の財産管理ということから、受託者の善管注意義務を「自己の財産に対するのと同一の注意」に軽減することはあり得る。

ただし、信託が委託者及び受益者の受託者に対する信任関係を基礎とする財産管理制度であることを鑑みると、受託者の善管注意義務を完全に免除することは、信託の本質に反し許されない（寺本・前掲113頁（注３））。

営業信託では善管注意義務は強行規定とされている（信託業法28

条２項。小出卓哉『逐条解説　信託業法』清文社（2008年）143頁）。

受託者がこの義務に違反した場合は、信託法は受託者の損失てん補責任等が生じ、信託業法上は業務改善命令等の監督処分の対象となる。

No.047 受託者《じゅたくしゃ》の忠実義務《ちゅうじつぎむ》

関連する条文	信託法２条９項・30条・31条など 2編
関連・類似用語	受託者の利益相反行為の制限（No.048）、受託者の競合行為の禁止（No.049）

受託者は、委託者から信託を受け受益者のために信託財産の管理または処分等を行うのであるから、受益者の利益を犠牲にして、自己または第三者の利益を図ってはならない。このように受益者のために忠実に信託事務処理を行う義務を忠実義務という。

信託法では、30条で受託者の一般的忠実義務を定め、忠実義務の具体的な内容として利益相反行為の制限（同法31条）、競合行為の制限（同法32条）について定めている。つまり、利益相反行為及び競合行為に該当しない行為であっても、忠実義務に違反する行為については同法30条に定める一般的忠実義務違反に該当することになる。

一般的忠実義務の定めは概括的であり、その具体的な内容は、当該信託の趣旨に照らして判断されることになる。一般的忠実義務違反に該当し得る行為の類型としては、①受託者の固有財産と信託財産の利益衝突、②第三者の信託財産との利益衝突、③信託財産間の利益衝突、④受託者と受益者の利益衝突が挙げられる（道垣内弘人『信託法（現代民法別巻）』有斐閣（2017年）232-234頁）。

受託者の行為が忠実義務違反にあたると評価されるかについては、受託者が受益者の利益の犠牲のもとに自己又は第三者の利益を図る意思をもってそれらの行為を行ったか否かにより判断されることになる。

例えば、信託財産の取引において受託者が相手方からリベートを受け取り、それを固有財産に帰属させることは一般的に忠実義務違反に該当し得る。もっとも、社会通念上許容される範囲で取引相手から歳暮、中元を受け取ることは直ちに受益者の利益を犠牲にしているとはいえず、忠実義務違反とは評価されないと考えられる。

信託法30条の忠実義務に対する違反があった場合の効果として、受託者は信託財産の損失てん補義務を負う（同法40条２項）。

信託業法にも一般的忠実義務の定めがある（28条１項）。信託業法違反を行った営業受託者は金融監督当局の監督処分の対象になる。

No.048 受託者《じゅたくしゃ》の利益《りえき》相反《そうはん》行為《こうい》の制限《せいげん》

関連する条文	信託法30条～32条 ☞2編
関連・類似用語	―

1. 利益相反行為の原則禁止

受託者は、受益者のために忠実に信託事務を遂行する忠実義務を負う。この忠実義務を具体化した定めの１つとして受託者の利益相反取引の制限が定められている。

信託法31条１項各号では、受託者の利益相反行為の類型として①信託財産を固有財産に帰属させ、または固有財産を信託財産に帰属させる行為（自己取引）（１号)、②信託財産を他の信託の信託財産に帰属させる行為（信託財産間取引）（２号)、③第三者との間において信託財産のためにする行為であって、受託者自らが第三者の代理人となってする行為（双方代理的行為）（３号)、④信託財産について固有財産のみをもって履行する責任を負うべき債務にかかる債権を被担保債権とする担保権の設定や、その他第三者との間で信託財産のためにする行為であって受託者またはその利害関係人と受益者の利益が相反する行為（間接取引）（４号）の４類型を定めている。

2. 利益相反行為が許容される場合

これらの利益相反行為が禁止される趣旨は受益者の保護のためであり、受益者の利益が害されるおそれのない場合は例外的に許容される。信託法31条２項各号では、禁止の例外として①信託行為で許容されている場合（１号)、②受託者が当該行為に関する重要な事実を受益者に開示し承諾を得た場合（２号)、③相続その他の包括承継により信託財産が固有財産に帰属した場合（３号)、④受託者の行為が信託の目的達成のために合理的に必要であり、受益者の利益を害しないことが明らかである場合または当該行為の信託財産に与える影響、行為の目的及び態様、受託者と受益者の実質的な利害関係の状況その他の事情に照らし正当な理由がある場合（４号）が定められている。

3. 禁止された利益相反行為の効果

⑴自己取引及び信託財産間取引は、無効となる（同法31条４項)。

ただし、受益者が追認した場合は、行為時に遡って効力を生ずる(同条５項)。

⑵自己取引または信託財産間取引の対象となった財産について受託者が第三者に処分をしている場合または双方代理的取引、間接取引により受託者が第三者と取引をした場合については、第三者が利益相反行為について悪意・重過失である場合にのみ取消しをすることができる（同条６項・７項)。第三者が取引に関与する場合は、受益者の保護に加え、第三者の取引の安全も保護する必要があるためである。

4. 受益者の救済

受益者は、利益相反行為により損失を被った場合は、上記の行為の無効、取消しの請求の他その損失のてん補を求めることができる(同法40条)。

営業受託者については信託業法に特則がある（29条)。信託業法違反があった場合は、金融監督当局の監督処分の対象になる。

No.049 受託者《じゅたくしゃ》の競合《きょうごう》行為《こうい》の禁止《きんし》

関連する条文	信託法30条〜32条 2編
関連・類似用語	受託者の義務（No.044)、受託者の忠実義務（No.047)、受託者の利益相反行為の制限（No.048)

受託者は、受益者のために信託事務処理をする者であり、受益者の利益を犠牲にして自己または利害関係人の利益を図ってはならな

い。これを受託者の忠実義務という（信託法30条）。

この受託者の忠実義務に違反する行為の典型例として、受託者による競合行為の制限が規定されている（同法32条）。

これは、受益者の利益を確保するために、受託者が信託事務処理として行うことができる行為を固有財産または利害関係人の計算で行うこと（競合行為）を禁止したものである（同条１項）。

ただし、受託者の競合行為が一切許されないとすることは相当ではないため、受託者による競合行為を許容する定めが信託行為にある場合、競合行為について重要な事実を開示して受益者の承認を得たときは、受託者が競合行為を行うことが許容されている（同条２項）。

この場合にも、受益者が受託者の競合行為を事後的にチェックすることができるように、受託者が競合行為を行った場合には、当該行為についての重要な事実を受益者に通知しなければならない（同条３項）。

受託者が同条１項及び２項に違反した行為を行った場合には、受益者は、当該競合行為は信託財産のためにされたものとみなすことができる（同条４項）。この介入権の行使の効果は、受託者のした行為が信託財産のためにしたものとみなされるということであり、物権的効力が認められているとされている。

また、受託者が競合行為の禁止に違反した場合には、受託者は、当該競合行為によって受託者または利害関係人が得た利益の額と同額の損失を信託財産に生じさせたものと推定される（同法40条３項）。その結果、受託者の反証が成功しない限り、受益者は、受託者に対し、当該損失のてん補を請求することができる（同条１項）。

No.050 受《じゅ》託《たく》者《しゃ》の公《こう》平《へい》義《ぎ》務《む》

関連する条文	信託法33条 2編
関連・類似用語	受託者の義務（No.044）

受託者は、受益者が2人以上ある信託においては、各受益者のために公平に職務を行わなければならない（信託法33条）。

旧信託法では、受託者の公平義務は規定されていなかったが、新信託法では、受託者が各受益者を公平に扱うことを明確にするために、公平義務の規定が設けられた。

信託法では、受託者の利益と受益者の利益とが対立する場面を忠実義務の問題、受益者の利益と他の受益者を含む第三者の利益とが対立する場面を善管注意義務の問題として整理している（寺本昌弘『逐条解説　新しい信託法〈補訂版〉』商事法務（2008年）135頁）。その結果、受託者が公平義務に違反した場合には、善管注意義務違反が問題となり、受託者は損失てん補責任等を負うことになる（同法40条1項）。

公平義務における「公平」は、信託目的や信託行為の定めに従って実質的に捉えられる概念とされている（寺本・前掲135頁）。すなわち、受益者を画一的に扱うことが要求されているものではなく、信託行為の定めにより異なった取扱いが認められている場合には、その定めに従った取扱いをすることが認められる（佐久間毅『信託法をひもとく』商事法務（2019年）118頁）。

この信託法の公平義務は、同時に存在する複数の受益者を公平に扱えばよいというものではない。例えば、委託者兼受益者Xが受託者Ｙとの間で信託を設定し、そのＸが死亡、その子Ａ、Ｂが第二次受益者として指定されているケースにおいて、信託法では、同時に存在している第二次受益者であるＡとＢの間の公平だけではなく、当初受益者であるＸとＡ及びＢとも公平に扱うことまで要求している（佐久間・前掲119頁）。受益権複層化信託の受託者は収益受益者と元本受益者を衡平に扱わなければならないとされる（樋口範雄『入門　信託と信託法〈第２版〉』弘文堂（2014年）205頁）。

No.051 受託者《じゅたくしゃ》の分別管理義務《ぶんべつかんりぎむ》

関連する条文	信託法34条 2編
関連・類似用語	受託者の義務（No.044）

受託者は、信託財産と固有財産及び他の信託の信託財産とを分別管理しなければならない（信託法34条）。

受託者に分別管理義務が課せられる理由は、信託財産の特定性を確保し、当該財産が信託財産であることを第三者に対抗しやすくするため及び信託財産を受託者の固有財産と分別して管理させることにより、受託者の忠実義務違反に対する心理的な抵抗を作るためといわれている。

分別管理の方法は、以下のとおり、信託財産の種類によって異なる。ただし、分別管理の方法については、信託行為に別段の定めを置くことが認められている（同条柱書ただし書）。

信託法14条の信託の登記または登録ができる財産については、当該信託の登記または登録による（同条１項１号）。例えば、不動産については、信託の登記により分別管理することになる。

同法14条の信託の登記または登録ができない財産のうち、金銭を除く動産は、信託財産に属する財産と固有財産及び他の信託の信託財産に属する財産とを外形上区別することができる状態で保管する方法である（同項２号イ）。例えば、金地金などは、物理的に分けて管理することになる。

同法14条の信託の登記または登録ができない財産のうち、金銭及び動産以外の財産は、その計算を明らかにする方法によって分別管理する（同号ロ）。例えば、預金については、受託者名義の口座に信託財産と固有財産の双方が預け入れられていても、帳簿上、信託財産と固有財産が区別され管理されていれば、分別管理義務は果たされていることになる。ただし、民事信託においては、信託行為の別段の定めにより、信託財産である預金は信託口口座で管理することが通常である。

このような受託者の分別管理義務は信託行為の別段の定めによって免除することも可能であるが、同法14条の信託の登記または登録ができる財産については免除することはできないとされている（同条２項）。

なお、営業受託者においては分別管理の体制整備の義務が課せられている（信託業法28条３項）。

No.052 信託《しんたく》事務《じむ》の第三者《だいさんしゃ》委託《いたく》

関連する条文	信託法28条・35条・82条、旧信託法26条 2編
関連・類似用語	受託者の善管注意義務（No.046）、受託者の損失てん補責任（No.060）

受託者は、一定の場合に信託事務の処理を第三者に委託することができる（信託法28条）。

旧信託法26条は、委託者の受託者に対する信頼を保護するために、受託者に自ら信託事務を執行する義務（自己執行義務）を課していたが、分業化・専門化が著しく進んだ現代においては、相当な場合には信託事務の処理を第三者に委託できるとするのが効率的・合理的であり、受益者の利益にも合致するからである（神田秀樹＝折原誠『信託法講義〈第２版〉』弘文堂（2019年）78頁）。

信託行為に定めのある場合のほか、信託事務の処理を第三者へ委託することが信託の目的に照らして相当であると認められるときにも可能とされ、広範な受託者裁量に委ねられているものといえる。信託財産に収益不動産が含まれている場合などに不動産管理会社に管理業務を委託するケースや資産運用について投資会社等に事務を委託するケースが典型例である。

一方で、受託者が複数の場合には、各受託者は、信託行為に別段の定めがある場合またはやむを得ない事由がある場合を除き、他の受託者に対し、信託事務の処理について委ねることができないとされる（同法82条）。この場合でも、他の受託者以外の者への委託は、同法28条に従って規律されることになる（道垣内弘人編著『条解信託法』弘文堂（2017年）440頁）。

第三者へ信託事務を委託した受託者は、選任義務と監督義務を負う（同法35条１項・２項）。受託者は、適法な第三者委託がされ、選任・監督義務を尽くしている限り、責任を負うことはないと解されている（道垣内弘人『信託法（現代民法別巻）』有斐閣（2017年）182頁）。さらに、委任される第三者が信託行為において指名された者である等の場合は、選任・監督の義務も負わない（同条３項）。

なお、実務上、受託者の第三者への委託条項が信託契約において定められている場合でも、信託口口座からの出金行為などの場面では出金者を受託者に限るもしくは受託者からの個別の委任状を要する等の運用がなされていることに注意を要する。

信託会社による信託業務の委託は顧客保護の観点から規制が行われている。信託会社は信託業務の委託及び委託先が信託行為において明らかにされ、かつ委託先が委託された信託業務を的確に遂行することができる者である場合に限り、信託業務の一部を委託することができるが、全部を委託することはできない（信託業法22条１項）。信託会社は原則として委託先が受益者に与えた損害を賠償する責任を負う（同法23条１項）。なお、履行補助者を使用することは業務の委託ではない。投資の一任を行うのではなく投資助言を受けることも業務の委託ではない（小出卓哉『逐条解説　信託業法』清文社（2008年）100頁）。

No.053 受託者《じゅたくしゃ》の報告義務《ほうこくぎむ》

関連する条文	信託法36条 2編
関連・類似用語	受託者の義務（No.044）、受託者の帳簿等作成義務（No.054）

委託者または受益者は、受託者に対し、信託事務の処理の状況並びに信託財産に属する財産及び信託財産責任負担債務の状況について報告を求めることができるとされている（信託法36条）。

この規定は、委託者及び受益者の受託者に対する監督的権能を強化する観点から認められているものであり（寺本昌弘『逐条解説　新しい信託法〈補訂版〉』商事法務（2008年）144頁）、受託者に対する監督的権能における出発点をなすものといわれている（四宮和夫『信託法〈新版〉』有斐閣（1989年）227頁注（2））。

受託者に対し報告を求めることができる主体は、「委託者または受益者」である。

委託者又は受益者が受託者に対し報告を求めることができる対象は、「信託事務処理の状況並びに信託財産に属する財産及び信託財産責任負担債務の状況」である。

「信託事務の処理の状況」とは、信託事務をどのように処理しているかということであり（村松秀樹ほか『概説　新信託法』金融財政事情研究会（2008年）116頁）、「信託財産に属する財産及び信託財産責任負担債務の状況」とは、信託財産又は信託財産責任負担債務としてどのような財産または債務もしくは責任があり、それらがどのように管理されているかということである（道垣内弘人編著

『条解信託法』弘文堂（2017年）293頁)。

受託者による報告の方法については、信託法上、特に規定はない。簡単な報告であれば口頭でもよい場合もあるであろうが、委託者及び受益者の受託者に対する監督的権能の行使という側面からすると、書面による報告が望ましい。報告を求める時期についても規定はないが、繰り返し請求を行い受託者の事務執行を妨げることはできないと解されている（道垣内弘人『信託法（現代民法別巻)』有斐閣（2017年）193頁)。

No. 054 受託者《じゅたくしゃ》の帳簿《ちょうぼ》等《とう》作成《さくせい》義務《ぎむ》

関連する条文	信託法37条、信託計算規則４条 2編
関連・類似用語	受託者の義務（No.044)、受託者の報告義務（No.053)

受託者の信託事務処理の適正を担保するために、受託者は信託帳簿及び信託財産開示資料の作成等が義務づけられている（信託法37条、信託計算規則４条)。

受託者は、まず、信託事務に関する計算並びに信託財産に属する財産及び信託財産責任負担債務の状況を明らかにするために、信託財産に係る帳簿その他の書類の作成が義務づけられている（信託法37条１項)。この書類を信託帳簿という（信託計算規則４条１項)。「帳簿その他の書類」と幅のある表現になっているのは、管理型信託などでは、帳簿と呼ぶべき書類まで作成する必要がないことを明らかにしたものである（寺本昌弘『逐条解説　新しい信託法〈補訂版〉』商事法務（2008年）146頁）。民事信託では、例えば、通帳の入出金記録の余白に使途等をメモ書することも許容される。

次に、受託者には、毎年１回、一定の時期に貸借対照表、損益計算書その他の法務省令で定める書類等の作成が義務づけられている（信託法37条２項）。この書類を財産状況開示資料という（信託計算規則４条３項）。管理型信託などでは、貸借対照表や損益計算書の作成までは求められておらず、財産目録に相当する書類が作成されれば足りると考えられている（寺本・前掲147頁）。民事信託では、例えば、後見実務で作成されている財産目録や収支計算書などを参考に、財産状況開示資料を作成することが行われている。

受託者は、原則として、信託帳簿はその作成から10年間、財産状況開示資料は清算の結了の日まで保管しなければならない（信託法37条４項・６項）。

また、受託者が信託財産に属する財産の処分に係る契約書その他の信託事務の処理に関する書類等（信託事務処理関係書類）を作成または取得した場合には、その作成又は取得の日から10年間保存しなければならない（同条５項）。

なお、受益者等課税信託では一定の場合に受託者に信託の計算書及び受益者別調書の提出義務がある（所得税法227条、相続税法59条）。

No.055 信《しん》託《たく》帳《ちょう》簿《ぼ》

関連する条文	信託法37条 2編
関連・類似用語	財産状況開示資料（No.059）

信託制度は他者のための財産管理制度である。その会計帳簿の作成と受益者宛ての報告は受託者による財産管理の適正性の確保と受益者の保護のために必須である。そこで、受託者は、その義務として、信託事務に関する計算並びに信託財産に属する財産及び信託財産責任負担債務の状況を明らかにするため、信託財産にかかる帳簿その他の書類または電磁的記録を作成し、その作成の日から10年間保存しなければならない。受託者は、毎年１回、一定の時期に、財産状況を開示するために、貸借対照表、損益計算書その他の法務省令で定める書類または電磁的記録を作成し、信託の清算の結了の日までの間それを保存し、その内容について受益者（信託管理人が現に存する場合にあっては、信託管理人）に報告しなければならない。ただし、信託行為に別段の定めがあるときは、その定めるところによる。受託者は、信託財産に属する財産の処分にかかる契約書その他の信託事務の処理に関する書類または電磁的記録を作成し、または取得した場合には、その作成または取得の日から10年間、当該書類を保存しなければならない（信託法37条）。この受託者の帳簿等の作成・保存義務は強行規定である。

これに対して、委託者または受益者は、その権利として、受託者に対し、信託事務の処理の状況並びに信託財産に属する財産及び信託財産責任負担債務の状況について報告を求めることができる（同法36条)。また、受益者は、受託者に対し、信託財産にかかる帳簿その他の書類または電磁的記録等の閲覧または謄写の請求をすることができ、受託者は原則としてこれを拒むことができない(同法38条1項・2項)。

そもそも信託の会計は、一般に公正妥当と認められる会計の慣行に従うもの(同法13条)とされている。

民事信託においては企業会計の慣行に従った総勘定元帳等の帳簿の作成までは求められていない。しかし、限定責任信託では企業会計に基づく厳格な会計帳簿の作成が求められている。限定責任信託における帳簿その他の書類または電磁的記録の作成、内容の報告及び保存並びに閲覧及び謄写については、同法37条及び38条の規定にかかわらず、同法222条2項から9項の定める計算の特例及び信託計算規則の定めるところによる(同法222条)。

受益者等課税信託においては、税法上、信託財産に帰せられる収益及び費用は受益者の収益及び費用とみなされるので、受益者は受託者の会計記録にかかわらず所得計算を行わなければならない(所得税法13条1項、法人税法12条1項)。

No.056 信《しん》託《たく》口《ぐち》口《こう》座《ざ》

関連する条文	信託法34条 2編
関連・類似用語	金銭の信託・物の信託(No.029)、信託財産(No.033)、受託者の分別管理義務(No.051)

信託口口座とは、信託財産である金銭を受託者が管理するための

専用の口座のことである。なお、信託法において定義がある概念ではない。

信託法34条においては、受託者は信託された金銭についてはその計算を明らかにする方法で管理すればよいとされているが（寺本昌広『逐条解説　新しい信託法〈補訂版〉』商事法務（2008年）137頁）、民事信託の実務においては、受託者の分別管理義務の徹底の観点などから、信託された金銭については、委託者個人の口座でも受託者個人の口座でもない信託という法律関係に適合した信託口口座にて管理をすることが望ましいとされている。なお、商事信託においては、金銭の分別管理のために１つの口座に複数の信託財産を入れたうえで帳簿上で管理を行ったり、顧客ごとに口座を開設したうえで管理を行ったりするなど、金融機関により対応が異なっているとされている。

民事信託における信託口口座については、現時点において、全ての金融機関において開設ができる状況にはなっておらず、また、開設する金融機関によっては屋号口座となっている場合があるなどその取扱いにおいて違いがあるとされている。

なお、民事信託における信託口口座の名称としては「委託者○○受託者△△信託口」や「○○信託受託者△△」などとするものが多いが、その他の名称もあり、この点も金融機関ごとに異なる。

No. 057 信《しん》託《たく》財《ざい》産《さん》法《ほう》人《じん》

関連する条文	信託法74条 2編
関連・類似用語	信託財産法人管理人

1. 信託財産の法人化

受託者の死亡により受託者の任務が終了した場合には、信託財産は、信託財産法人となる（信託法74条１項）。これは相続財産法人（民法951条）に準じた扱いである。裁判所は、利害関係人の申立てにより、信託財産法人管理人による管理を命ずる処分（以下「信託財産法人管理命令」という）をすることができる（信託法74条２項）。

新受託者が就任したときは、信託財産法人は、成立しなかったものとみなす。ただし、信託財産法人管理人がその権限内でした行為の効力を妨げない（同条４項）。信託財産法人管理人の代理権は、新受託者が信託事務の処理をすることができるに至った時に消滅する（同条５項）。

2. 信託財産法人管理人の選任

裁判所は、信託財産法人管理人を選任し、その選任及び氏名または名称を公告しなければならない。信託財産に属する権利で登記または登録がされたものがあることを知ったときは、裁判所書記官は、職権で、遅滞なく、信託財産法人管理命令の登記又は登録を嘱託しなければならない（同条６項・64条）。

3. 信託財産法人管理人の権限

信託財産法人管理人が選任された場合には、受託者の職務の遂行並びに信託財産に属する財産の管理及び処分をする権利は、信託財産法人管理人に専属する（同条６項・66条１項）。

信託財産法人管理人が次に掲げる行為の範囲を超える行為をするには、裁判所の許可を得なければならない（同法74条６項・66条４項）。

一　保存行為

二　信託財産に属する財産の性質を変えない範囲内において、その利用または改良を目的とする行為

この許可を得ないで行った信託財産法人管理人の行為は、無効とする。ただし、信託財産法人管理人は、これをもって善意の第三者に対抗することができない（同法74条６項・66条５項）。

信託財産法人管理人は、就職の後直ちに信託財産に属する財産の管理に着手しなければならない（同法74条６項・67条）。信託財産法人管理人は、その職務を行うにあたっては、受託者と同一の義務及び責任を負う（同法74条６項・69条）。

4. 信託財産管理人による新受託者への信託事務の引継ぎ等

新受託者等が就任した場合には、信託財産管理人は、遅滞なく、信託事務に関する計算を行い、新受託者に対しその承認を求めるとともに、新受託者等が信託事務の処理を行うのに必要な信託事務の引継ぎをしなければならない（同法72条・74条６項・77条）。

No.058 信《しん》託《たく》計《けい》算《さん》規《き》則《そく》

関連する条文	信託法13条・37条、信託計算規則 2編
関連・類似用語	受託者の報告義務（No.053）、受託者の帳簿等作成義務（No.054）

信託計算規則は、信託法の規定により委任された信託の計算に関する事項その他の事項について、必要な事項を定めることを目的とする法務省令である（信託計算規則１条）。

信託計算規則では、２章で、信託帳簿及び財産状況開示資料の作成、３章で限定責任信託の計算、４章で受益証券発行限定責任信託の会計監査を規定する。

受託者は、信託事務に関する計算並びに信託財産に属する財産及び信託財産責任負担債務の状況を明らかにするため信託財産にかかる帳簿等を作成しなければならない（信託法37条１項）。また、受託者は、毎年１回、一定の時期に、貸借対照表、損益計算書等を作成しなければならない（同条２項）。

信託法の規定を受けて、信託計算規則では、信託法37条１項の規定による信託財産に係る帳簿その他の書類または電磁的記録を「信託帳簿」とし（信託計算規則４条１項）、信託法37条２項の規定に法務省令で定める書類または電磁的記録を「財産状況開示資料」とし（信託計算規則４条２項）、財産状況開示資料は、信託財産に属する財産及び信託財産責任負担債務の概況を明らかにするものでなければならないとされ（同条４項）、財産状況開示資料は、信託帳簿に基づいて作成しなければならないとされ（同条５項）、信託帳簿又は財産状況開示資料の作成にあたっては、信託行為の趣旨をしん酌しなければならないと規定した（同条6項）。

信託帳簿及び財産状況開示資料の作成は、受託者の義務であるから、その作成にあたっては、信託計算規則の規定に留意しなければならない。

No.059 財《ざい》産《さん》状《じょう》況《きょう》開《かい》示《じ》資《し》料《りょう》

関連する条文	信託法37条、信託計算規則4条 ☞2編
関連・類似用語	信託帳簿（No.055）

信託財産に属する財産及び信託財産責任負担債務の概況を明らかにするため、受託者に作成が義務づけられている書類または電磁的記録をいう。毎年1回、一定の時期に作成するものとされ（信託法37条2項）、信託帳簿に基づいて作成された当該時点における信託財産の状況を示す資料である（道垣内弘人『信託法（現代民法別巻）』有斐閣（2017年）195頁）。この作成義務は信託行為により免除できない。

信託法37条2項は、受託者が作成の義務を負うものを、「貸借対照表、損益計算書その他の法務省令で定める書類又は電磁的記録」と規定するが、資産の運用を目的とする信託においては、いわゆる貸借対照表や損益計算書を作成することが望ましいと考えられるのに対し、物の管理を目的とするにすぎない信託においては、財産の目録が作成されれば足りるとされ（寺本昌広『逐条解説　新しい信託法〈補訂版〉』商事法務（2008年）146頁）、それぞれの信託の性質により作成すべきものは異なる。信託計算規則４条３項は、信託法37条２項の書類又は電磁的記録を、「この条の規定により作成される財産状況開示資料とする」と定め、同規則４条４項～６項において、①信託財産に属する財産及び信託財産責任負担債務の概況を明らかにするものであること（４項)、②信託帳簿に基づいて作成すべきこと（５項)、③信託行為の趣旨をしん酌すべきこと（６項)、としているので、これらを充足すれば厳密な複式簿記に基づく様式のものであることを要しない。ただし、信託法13条は、「信託の会計は、一般に公正妥当と認められる会計の慣行に従うものとする」と定めているので、どのような書類でもよいわけではない（道垣内・前掲194頁)。

受託者は、財産状況開示資料を作成したときは、その内容について受益者に報告しなければならない（信託法37条３項)。旧法においては受益者の側から閲覧請求又は説明請求がされない限り積極的に情報提供を義務づける規定はなかったが、現行法は受託者に係る積極的情報提供義務を課した。ただし、受益者の側からの閲覧請求は可能（同法38条）なので、信託行為に別段の定めがあるときはその定めるところによることとされている（同法37条３項ただし書)。

No.060 受託者《じゅたくしゃ》の損失《そんしつ》てん補《ぽ》責任《せきにん》

関連する条文	信託法40条・45条 2編
関連・類似用語	受託者の権限外行為（No.043）、受託者の原状回復責任（No.061）、受託者の行為の差止め（No.062）

1. 受託者の損失てん補責任等

受託者がその任務を怠ったことによって信託財産に損失が生じた場合には、受益者は当該受託者に当該損失のてん補を請求することができ（信託法40条１項１号）、信託財産に変更が生じた場合には現状の回復を請求することができる（同項２号）。

損失と変更の両方が生じている場合に、てん補請求をするか、原状回復請求をするかは受益者に委ねられている（道垣内弘人『信託法（現代民法別巻）』有斐閣（2017年）243頁）。

しかし、受益者は信託財産に変更が生じた場合に常に受託者に対して原状回復請求をすることができるとすると、受託者に過剰な負担となることもあり得る。そこで、受託者の任務懈怠により信託財産に変更が生じた場合であっても、信託財産に原状の回復が著しく困難であるとき、原状の回復をするのに過分の費用を要するとき等、特別の事情があるときは、原状の回復を請求することができない（同項ただし書）ので、てん補請求のみ認められることになる。

2. 受託者の責任の加重

受託者が同法28条に反して第三者に信託事務を委託した場合や、分別管理義務（同法34条）に反した場合に、信託財産に損失または変更が生じたときは、それらの義務違反がなかったとしても損失または変更が生じたことを証明しなければ受託者は免責されない（同法40条２項・４項）。これは立証責任が受託者へと転換されることにより受託者の責任が加重されているのである。

3. 忠実義務違反等と損失額の推定

受託者が忠実義務（同法30条）、利益相反行為の制限（同法31条１項・２項）、競合行為の制限（同法32条１項・２項）の規定に違反する行為をした場合、受託者または利害関係人が得た利益の額と同額の損失を信託財産に生じさせたものと推定される（同法40条３項）。損失が推定される結果、受託者は信託財産につき損失が発生していないことを立証する必要があり、ここでも立証責任が転換されている。

4. 損失てん補請求または原状回復請求の訴えにかかる費用について

受益者が損失てん補請求や原状回復請求をした場合において、勝訴した場合には、当該訴えに係る訴訟に関し、必要な費用（訴訟費用を除く）を支出したときまたは弁護士等に報酬を支払うべきときは、その費用または報酬は、その額の範囲内で相当と認められる額を限度として、信託財産から支弁することができる（同法45条１項）。

また、受益者が敗訴した場合でも、悪意があったときを除き、当該受益者は、受託者に対し、これによって生じた損害を賠償する義務を負わない（同条２項）。

No.061 受《じゅ》託《たく》者《しゃ》の原《げん》状《じょう》回《かい》復《ふく》責《せき》任《にん》

関連する条文	信託法40条・45条 2編
関連・類似用語	受託者の権限外行為（No.043）、受託者の損失てん補責任（No.060）、受託者の行為の差止め（No.062）

No.060「受託者の損失てん補責任」を参照のこと。

No.062 受《じゅ》託《たく》者《しゃ》の行《こう》為《い》の差《さし》止《と》め

関連する条文	信託法44条・45条 2編
関連・類似用語	受託者の権限外行為（No.043）、受託者の損失てん補責任（No.060）、受託者の原状回復責任（No.061）

受託者の行為によって損失が生じたような場合に、事後的な受益者救済手段もある（信託法40条）が、損失が生じた後の事後的な救済措置では、受託者が無資力であるような場合にその実効性を欠くことになる。

そこで、信託法は一定の要件の下、事前的な受益者救済手段として受託者の行為の差止請求権を認めている。

ただ、むやみに受益者による差止請求権の行使が認められては、信託目的の範囲の中での信託事務の遂行にあたり受託者に裁量権を与えた趣旨を没却し、円滑な信託事務を阻害してしまう可能性もあるので、受託者が法令もしくは信託行為の定めに違反する行為をし、またはこれらの行為をするおそれがある場合において、当該行為によって信託財産に「著しい損害が生ずるおそれがあるとき」に限って受益者は差止請求権を行使できるとした（同法44条１項）。

また、受託者の公平義務違反に対する差止請求が別途規定されており、受託者が公平義務に違反する行為をし、またはこれをするおそれがある場合において、当該行為によって一部の受益者に著しい損害が生ずるおそれがあるときは、当該受益者は、当該受託者に対し、当該行為をやめることを請求することができる（同条２項）。

受託者の公平義務違反とは複数の受益者のうち、一部の受益者を不利益に扱うような場合であるが、公平義務違反については、信託財産に「著しい損害が生ずるおそれ」があるか否かにかかわらず生じ得るものであるので、同条１項とは別個の規定としているのである（同条２項）。

公平義務違反の場合には、信託財産に対する損害が生じていなくとも差止請求が認められるが、それは当該義務違反行為によって著しい損害が生ずるおそれのある「当該受益者」に限って認められるのである。

最後に、差止請求の訴訟に関する必要な費用（弁護士費用等）についてであるが、差止請求訴訟に勝訴した場合には、相当と認められる額を限度として、信託財産から支弁される（同法45条）。

No.063 受託者《じゅたくしゃ》の費用償還請求権《ひようしょうかんせいきゅうけん》

関連する条文	信託法48条・49条 2編
関連・類似用語	受託者の前払請求権（No.064）

1. 費用（等）償還請求権

信託事務を処理するにあたって受託者がその固有財産より費用負担をした場合は、信託財産に対して当該費用及び支出日以後における利息（以下「費用等」という）を償還することができる（費用等償還請求権。信託法48条1項本文）。また、費用の前払請求も認められている（費用前払請求権。同条2項本文、No.064参照）。

費用等の償還または費用の前払いは、受託者が損失てん補責任等（同法40条）を負う場合には、これを履行した後でなければ、受けることができない（同法48条4項）。

費用等の償還請求や費用の前払請求は受託者が受益者との合意に基づいて当該受益者からこれを受けることができるとすることも可能である（同条5項）。

2. 費用等の償還等の方法

受託者は信託財産から費用等の償還または費用の前払いを受けることができる場合には、その額の限度で信託財産に属する金銭を固有財産に帰属させることができる（同法49条1項）。受託者は、この権利が消滅するまでは、受益者または帰属権利者に対する信託財産に係る給付をすべき債務の履行を拒むことができる。

この場合において、信託財産中に費用の償還等に応じ得るだけの金銭がないような場合には、受託者は信託財産に属する財産を換価処分することができるとされている（同条2項）。

ただし、当該財産を処分することにより信託の目的を達成することができないこととなるものについては換価処分することができない。例えば、不動産の管理を目的とした信託において、当該信託不動産を売却しては信託目的を果たすことができなくなるため換価処分はできないことになる。その結果、償還または前払資金が不足する場合は、一定の手続きに従い、受託者による信託終了事由になる（同法51条1項）。

No.064 受《じゅ》託《たく》者《しゃ》の前《まえ》払《ばらい》請《せい》求《きゅう》権《けん》

関連する条文	信託法48条・49条 2編
関連・類似用語	受託者の費用償還請求権（No.063）

受託者は、信託事務を処理するについて費用を要するときは、信託財産からその前払いを受けることができる。ただし、信託行為に別段の定めがあるときは、その定めるところによる（費用前払請求権。信託法48条2項本文）。信託財産より費用の前払いを受ける場合には、受益者に対し前払いを受ける額及びその算定根拠を通知しなければならない（同条3項）。不動産管理信託のように信託財産の処分が予定されていない場合は、あらかじめ費用の前払資金の追加信託を受けておく必要がある。

その他の事項については、No.063を参照のこと。

No.065 信《しん》託《たく》報《ほう》酬《しゅう》

関連する条文	信託法54条・127条3項～9項・137条・144条 2編
関連・類似用語	費用

信託報酬に関し、信託法は、受託者の信託報酬につき信託法54条、信託管理人（No.082参照）・信託監督人（No.083参照）・受益者代理人（No.084参照）（以下「信託監督人ら」という）につき127条・137条・144条を設けている。受託者の信託報酬とは、受託者の信託事務処理義務（No.045参照）の対価として受託者の受ける財産上の利益をいい（同法54条1項かっこ書）、信託監督人らの信託報酬は、同人らの信託事務処理の対価として同人らの受ける財産上の利益をいう。

信託は、信頼関係を基礎とするので、受託者は無報酬が原則であるが、信託の引受けについて商法512条（商人の報酬請求権）の適用がある場合、または信託行為に受託者が信託財産から信託報酬を受ける旨の定めがある場合に限って、受託者は報酬を受けることができる（信託法54条1項）。

信託報酬の額は、信託行為に信託報酬の額または算定方法の定めがあるときはその定めるところにより、その定めがないときは、相当の額とし（同条2項）、かつ、受益者に対し信託報酬の額とその算定根拠を通知しなければならない（同条3項）。

営業受託者は信託契約締結時の顧客宛て交付書面に信託報酬に関する事項を記載する必要がある（信託業法26条1項11号）。

なお、受託者の信託報酬について、信託法54条４項は同法48条５項を準用しているので、受益者が、受託者との合意により、信託報酬の支払いを約することもできる（道垣内弘人『信託法（現代民法別巻）』有斐閣（2017年）271頁）。

信託法は、信託監督人らの信託報酬に関しても、受託者と類似した規律を定めている（同法127条３項・５項・137条・144条）。ただし、信託財産に属する財産のみをもって履行される信託財産限定責任負担債務（No.039参照）であること（同法127条４項）など、受託者とは異なる規律も定められている。

No.066 受《じゅ》託《たく》者《しゃ》の任《にん》務《む》終《しゅう》了《りょう》

関連する条文	信託法56条～58条 2編
関連・類似用語	受託者の変更（No.067）

受託者は、信託の清算が結了するまでは、信託事務を処理する義務がある（信託法29条）。しかし、受託者が死亡その他の任務を遂行できない事由が発生した場合は、その任務が終了する。その場合は新受託者を選任し、その任務を引き継がせる必要がある。

1. 受託者の任務は、信託の清算が結了した場合のほか、次に掲げる事由によって終了する（同法56条１項）

①受託者の死亡（１号）

②受託者である個人が後見開始または保佐開始の審判を受けたこと（２号）。

ただし、信託行為に別段の定めがあるときは、その定めるところによる。
③受託者（破産手続開始の決定により解散するものを除く）が破産手続開始の決定を受けたこと（３号）。

ただし、別段の定めがある場合には任務終了にならず、受託者の職務を破産者が行うことになる（同項ただし書・４項）。

④受託者である法人が合併以外の理由により解散したこと（４号）。

他方、受託者である法人が合併をした場合における合併後存続する法人もしくは合併により設立する法人、さらには受託者である法人が分割をした場合における分割により受託者としての権利義務を承継する法人は、受託者の任務を引き継ぐものとされている（同条２項）。

⑤受託者の辞任（５号）

受託者は、委託者及び受益者の同意を得て、辞任することができるが、信託行為に別段の定めがあるときは、その定めるところによる（同法57条１項）。

また、受託者は、やむを得ない事由があるときは、裁判所の許可を得て、辞任することができる（同条２項）。

⑥受託者の解任（６号）

委託者及び受益者は、いつでも、その合意により、受託者を解任することができる（同法58条１項）。

また、委託者及び受益者が受託者に不利な時期に受託者を解任したときは、委託者及び受益者は、受託者の損害を賠償しなければならないが、やむを得ない事由があったときは、この限りでない（同条２項）。

さらに、受託者がその任務に違反して信託財産に著しい損害を与えたことその他重要な事由があるときは、裁判所は、委託者または受益者の申立てにより、受託者を解任することができる（同条４項）。

⑦信託行為において定めた事由（７号）

2. 前受託者等の通知及び保管の義務等

①受託者の死亡、行為能力喪失を事由とする任務終了の場合（同法56条１項１号・２号）

受託者であった者の相続人（法定代理人が現に存する場合にあっては、その法定代理人）または成年後見人もしくは保佐人は、知れている受益者に対し、これを通知しなければならない。

ただし、信託行為に別段の定めがあるときは、その定めるところによる。

また、新受託者等または信託財産法人管理人が信託事務の処理をすることができるに至るまで、信託財産に属する財産の保管をし、かつ、信託事務の引継ぎに必要な行為をしなければならない（同法60条１項・２項）。

②その他の事由による任務終了の場合（同法56条１項３号～７号）

前受託者は、受益者に対し、その旨を通知しなければならない。

ただし、信託行為に別段の定めがあるときは、その定めるところによる。破産手続開始の決定を受けた場合は、破産管財人に対し、信託財産に属する財産の内容等を通知しなければならない。

また、前受託者は、新たな受託者が信託事務の処理をすることができるに至るまで、引き続き信託財産に属する財産の保管をし、かつ、信託事務の引継ぎに必要な行為をしなければならない。ただし、信託行為に別段の定めがあるときは、その義務を加重することができる（同法59条１項～３項）。

No.067 受《じゅ》託《たく》者《しゃ》の変《へん》更《こう》

関連する条文	信託法56条～58条・62条 2編
関連・類似用語	受託者の任務終了（No.066）

受託者の任務が終了しても、信託の清算の結了または信託行為において別段の定めをしない限り、信託は終了しないので新たな受託者を選任する必要がある（受託者の変更手続き）。

まず、信託行為に新受託者に関する定めがないとき、または信託行為の定めにより新受託者となるべき者として指定された者が信託の引受けをせず、もしくはこれをすることができないときは、委託者及び受益者は、その合意により、新受託者を選任することができるとされている（信託法62条１項）。なお、委託者及び受益者の合意形成が困難なような場合には、利害関係人の申立てにより、裁判所が新受託者を選任することができる（同条４項）。

また、信託行為に新受託者となるべき者を指定する定めがあるときは、利害関係人は、新受託者となるべき者として指定された者に対し、相当の期間を定めて、その期間内に就任の承諾をするかどうかを確答すべき旨を催告することができる（同条２項本文）。そして、相当の期間内に委託者及び受益者（２人以上の受益者が現に存する場合にあってはその１人、信託管理人が現に存する場合にあっては信託管理人）に対し確答をしないときは、就任の承諾をしなかったものとみなされる（同条３項）。

新受託者が選任されておらず、かつ、必要があると認めるときは、新受託者が選任されるまでの間、裁判所は、利害関係人の申立てにより、信託財産管理者による管理を命ずる処分をすることができる（同法63条１項）。

新受託者が就任したときは、新受託者は、前受託者の任務が終了した時に、その時に存する信託に関する権利義務を前受託者から承継したものとみなす（同法75条１項）。ただし、受託者が委託者及び受益者の同意を得て辞任した場合は、新受託者が就任した時に、その時に存する信託に関する権利義務を前受託者から承継したものとみなす（同条２項）。

No.068 共《きょう》同《どう》受《じゅ》託《たく》

関連する条文	信託法79条～87条 2編
関連・類似用語	合有（No.069）

受託者が２人以上ある信託には、①１個の信託行為に基づき、受託者が相互に監視義務を負うもの（共同受託）と、②年金信託のように、受託者ごとに別個独立の信託行為及び信託財産の集合体であるにとどまり、受託者が相互に監視義務を負わない複数受託者とがあると解される。両者の区別は、受託者が相互に監視義務を負うか否かについての信託行為の解釈による。そして、信託法79条以下の

規定は、①共同受託者の場合のみに関するものである（寺本昌広『逐条解説　新しい信託法〈補訂版〉』商事法務（2008年）252頁）。

共同受託における信託事務処理の意思決定は、共同受託者の全員一致では効率的な信託事務処理を阻害しかねないので、共同受託者の過半数をもって行うものとされている（同法80条１項）。この点、複数受益者の意思決定が、原則として全員一致とされていること（同法105条１項本文）と異なる。なお、保存行為については、各受託者が単独で、意思決定をすることができる（同法80条２項）。もっとも、信託行為（No.003参照）に別段の定めをすることが認められている（同条６項）。

信託事務処理の意思決定がされた後の執行に関し、各受託者は、単独で当該信託事務を執行することができ（同条３項）、当該決定に基づき信託財産のためにする行為について、各受託者は、他の受託者を代理する権限を有している（同条５項）。もっとも、信託行為に別段の定めをすることが認められている（同条６項）。

共同受託において、信託事務処理にあたって各受託者が第三者に対して債務を負担した場合、各受託者は、連帯債務者となる（同法83条１項）。すなわち、信託財産限定責任負担債務（No.039参照）である場合を除き、共同受託者全員の固有財産が責任財産となる。この点、職務分掌の定めがある場合の特則があるが（同条２項本文）、第三者が、職務分掌の定めがあることについて善意・無過失であった場合には、やはり、信託財産限定責任負担債務（No.039参照）である場合を除き、共同受託者全員の固有財産が責任財産となる（同項ただし書）。なお、各受託者の損失てん補責任については特則がある（同法85条）。

No.069 合《ごう》有《ゆう》

関連する条文	信託法79条 2編
関連・類似用語	共有（民法249条～264条）、総有、共同受託（No.068）

信託法79条は、共同受託者（No.068参照）の場合の財産の帰属に関し「信託財産は、その合有とする」と定めている。

合有とは、民法では、通常の共有（共有者の持分の存在を前提に共有物分割請求が認められる）と権利能力なき社団（例えば、法人格のない区分所有マンションの管理組合）における総有との中間的な概念である。民法上の組合における組合財産の共同所有形態が典型例であり、持分の存在を前提としつつも、組合の構成員は組合の財産に対して持分分割請求をすることができないが、構成員が組合から脱退する際には持分の払戻しを受けることができると解されている。これに対し、総有の場合には、団体構成員はその団体財産について持分を持たず、したがって、構成員は団体財産に対して持分分割請求をすることができず、構成員が団体から脱退する際にも、構成員は持分の払戻しを受けることができないと解されている。

ところで、同条における「合有」では、各共同受託者は、信託財産に対して固有の利益を有しないので、持分を有しない。したがって、各共同受託者は、信託財産の分割を請求したり、持分を譲渡することはできない。信託が終了した時にも信託財産の分割請求はなく、共同受託者の１人が死亡した場合、持分の相続は起こらず、信託財産は残りの受託者に帰属する（神田秀樹＝折原誠『信託法講義

〈第２版〉』弘文堂（2019年）126-127頁）。すなわち、民法上の組合の合有よりは、権利能力なき社団の総有に類似していると考えられる。

確かに、民法上の組合では、民法の規律内容が不十分であるため、合有という性質決定から効果を導くことに意味があるが、信託法では、80条以下に具体的な制約が定められているので、合有の帰結として効果を導く必要性は乏しい。

なお、共同受託者の場合に、合有以外の所有形態にできるのか否かについて、別段の定めをすることは認められていないと解されている（寺本昌広『逐条解説　新しい信託法〈補訂版〉』商事法務（2008年）233頁注１）。

また、不動産の登記に関し、所有権移転（合有）と記載し、共同受託者の住所・氏名は記載するが、持分は記載しないという形の登記がされる（道垣内弘人編著『条解信託法』弘文堂（2017年）432頁）。

4 受益者等

No.070 受益者《じゅえきしゃ》

関連する条文	信託法2条6項 2編
関連・類似用語	受益権（No.071）

受益者とは、受益権を有する者をいう（信託法2条6項）。受益権は、信託財産に係る給付を受ける権利と、受託者その他の者に対し一定の行為を求める監督権限等をいう。

信託は、委託者が信託目的を定め、受託者との契約または委託者の単独行為によって組成するものであり、受益者は信託組成の当事者ではない。

しかし、受益者は、委託者・受託者と並んで、信託関係を構成する最重要の登場人物であり、当該信託について最も大きく利害関係を有する者であり、信託法はその権利を保護するための規定と、そのために受益者自身に受託者等を監督する権限を持たせる規定を多数設けている。

他方、信託法は、受益者の定めのない信託（目的信託）も認めており（同法11章）、その信託からの給付は公益のために行われたり、目的達成に適う者（例えば特定県人を対象とする奨学金の奨学生）に対してされるが、これらの給付を受ける者は受益者ではない。そのため、受託者の監督は、受益者に代わって委託者（遺言による信託の場合は信託管理人）が行う（同法260条・258条）。

No.071 受《じゅ》益《えき》権《けん》

関連する条文	信託法２条７項・88条・92条・99条ほか 2編
関連・類似用語	受益者（No.070）、受益債権（No.072）

信託から利益を受ける権利をいうが、その利益を確保するための受託者等への監督権限もあわせて受益権という。

信託法２条７項は、①信託行為に基づいて受託者が受益者に対し負う債務であって信託財産に属する財産の引渡しその他の信託財産に係る給付をすべきものに係る債権（受益債権）と②これを確保するためにこの法律の規定に基づいて受託者その他の者に対し一定の行為を求めることができる権利をいうと定義している。

株式会社における株主権が、剰余金の分配を受ける等の経済的利益にかかる権利（自益権）と、株主総会における議決権のように会社の経営に参加することを目的とした権利（共益権）からなるものと類似する。

受益者は信託行為の当事者ではないが、信託行為の定めにより受益者となるべき者として指定された者は、受益の意思表示（民法537条３項）を要せず、当然に受益権を取得する（信託法88条１項）。ただし、受益権を放棄することはでき、その場合は当初から受益権を有していなかったとみなされる（同法99条）。

受益権の内容は信託行為で自由に設定することができるが、信託法に定める一定の重要な権利を制限することは禁止されている（同法92条）。

No.072 受《じゅ》益《えき》債《さい》権《けん》

関連する条文	信託法2条7項・21条1項1号・100条～102条 2編
関連・類似用語	受益権（No.071）

受益権のうち、信託財産の引渡しその他の給付を受ける権利をいう（道垣内弘人『信託法（現代民法別巻）』有斐閣（2017年）291頁）。信託法2条7項は、「信託行為に基づいて受託者が受益者に対し負う債務であって信託財産に属する財産の引渡しその他の信託財産に係る給付をすべきものに係る債権」と、受託者の債務の側から定義している。

受益債権に係る債務は、信託財産責任負担債務とされる（同法21条1項1号）が、受託者は信託財産に属する財産のみをもって履行する責任を負う（同法100条）とされ、受託者はその固有財産をもって履行する責任を負っておらず、受益債権についての受託者の責任は物的有限責任とされている。

また、受益債権は信託債権に後れる（同法101条）ので、強制執行や破産手続きにおける配当においては信託債権に劣後することとなる。

受益債権の消滅時効は債権の消滅時効の例による（同法102条1項）が、時効期間の進行や、消滅時効の援用について特則がある（同条2項・3項）。

受益債権は行使することができる時から20年を経過したときは除斥期間により消滅する（同条4項）。

No.073 単《たん》独《どく》受《じゅ》益《えき》者《しゃ》権《けん》

関連する条文	信託法92条・105条1項かっこ書 2編
関連・類似用語	受益権（No.071）

受益者が取得する権利のうちで、信託行為の定めにより制限することができず、また受益者が単独で行使できる権利をいう。信託法92条各号に列挙されている（道垣内弘人編著『条解信託法』弘文堂（2017年）482頁）。

信託法105条1項は、複数の受益者がいる場合における統一的な意思決定の方法について全員一致の原則を定めているが、かっこ書で、同法92条各号に掲げる権利の行使は、受益者が複数存在する場合でも、原則として（受益証券発行信託に関する例外（同法213条）を除き）単独で行うことができるとしている（道垣内・前掲482頁）。

単独受益者権は、4つの類型に分けることができる。まず、①受益者の権利を保護し、または受託者を実効的に監督するうえで必要不可欠な権利として、受託者の権限違反行為の取消権（同法92条5号）・受託者の利益相反行為に関する取消権（6号）など、1号・3号～10号・18号・21号～26号の権利がある。次に、②行使の緊急性を要する監督上の権利として、受託者の信託違反行為の差止請求権（11号・12号）、及び前受託者等の任務違反行為の差止請求権等（13号～15号）の権利がある。さらに、③各受益者の意思を尊重すべき権利として、受益権を放棄する権利（17号）があり、④受益者間の利益相反が想定されず制限の必要性が認められない権利（信託の関係当事者を早期に確定するための権利）として、遺言信託・信託遺言（No.005参照）における受託者への信託の引受けの催告権（２号）、新受託者への就任の承諾の催告権（16号）、信託監督人または受益者代理人への就任の承諾の催告権（19号・20号）がある（道垣内・前掲483-484頁）。

No. 074 遺《い》言《ごん》代《だい》用《よう》信《しん》託《たく》

関連する条文	信託法88条・90条・145条２項・148条、民法1022条・554条 2編
関連・類似用語	遺言、死因贈与

遺言代用信託とは、委託者の死亡により受益権等を取得する旨の定めのある信託をいい、典型的には、委託者が財産を信託して、委託者生存中は委託者自身を受益者とし、委託者死亡後は委託者の配偶者や子などを受益者とすることによって、自己の死亡後における財産の分配を信託によって実現するものである（神田秀樹＝折原誠『信託法講義〈第２版〉』弘文堂（2019年）179頁）。

遺言代用信託には、委託者が死亡した時に信託行為に指定されている者が受益者となり受益権を取得する信託と、委託者が死亡した以後に受益者が信託財産に係る給付を受ける信託の２つのタイプがある。

委託者はこの信託を用いることで、遺言による遺贈と同様の効果をもたらすことが可能となる。遺言代用信託は旧法下でも認められていたが、民法の相続の規定との関係からその有効性についての問題を指摘されることもあったが、新法では、遺言代用信託の有効性が認められている。

遺言はいつでも全部又は一部を撤回することができ（民法1022条）、死因贈与も遺贈に関する規定が準用されている（同法554条）。そのため、遺言代用信託においても、委託者は、委託者の死亡の時に受益者と指定された者が受益権を取得する信託（信託法90条１項１号）と、委託者の死亡の時以後に受益者が信託財産に係る給付を受ける信託（同項２号、以下「２号の信託」という）において、受益者を変更する権利を有している（信託行為に別段の定めがある場合は、その定めによる）。また、受益者の変更は、遺言により行使することもできる（同法89条２項）。

受益者の権利について、委託者が死亡の時に受益者になると指定されている受益者は、委託者が死亡するまで受益者ではないため受益権を有していない。同様に、２号の信託の受益者も委託者が死亡するまで受益者としての権利を有しない（信託行為に別段の定めをすることは可能）。

遺言代用信託において、信託の受益者が現に存在しない又は２号の信託により受益者がその権利を有しないときは、受託者の信託事務執行の監督に関わる権利（同法145条２項）を委託者が有することとし、受託者の受益者に対する通知・報告・承認を委託者に求めることとしている（同法148条）。

No.075 受《じゅ》益《えき》者《しゃ》連《れん》続《ぞく》信《しん》託《たく》

関連する条文	信託法91条 2編
関連・類似用語	後継ぎ遺贈型信託（No.076）

受益者連続信託とは、受益者の死亡により他の者が新たに受益権を取得する旨の定めのある信託のことをいう（道垣内弘人『信託法（現代民法別巻）』有斐閣（2017年）306頁）。このうち、後継ぎ遺贈と同じ目的を達成しようとして設定される信託を後継ぎ遺贈型受益者連続信託と呼ぶ。例えば、委託者が当初受益者となり、委託者が亡くなったときには、その長男（A）を受益者として、その長男（A）が亡くなったときには、その長男（A）の長男（B）を受益者とするような信託である。

このようなタイプの信託では、委託者が無制限に受益者を指定することを認めると、委託者の権限が大きくなりすぎ、財産の流通が阻害される。そこで、信託法91条は、存続期間の制限を設け「当該信託がされた時から30年を経過した時以降に現に存する受益者が当該定めにより受益権を取得した場合であって当該受益者が死亡するまで又は当該受益者が消滅するまでの間、その効力を有する」と規定した。

この規定の解釈には争いがあるが、信託が設定されて30年を経過した時以降に受益者が受益権を取得した場合には、その受益者が死亡するまで信託の効力は認められると解することが妥当である（道垣内・前掲307頁）。

No.076 後《あと》継《つ》ぎ遺《い》贈《ぞう》型《がた》信《しん》託《たく》

関連する条文	信託法91条 2編
関連・類似用語	受益者連続信託（No.075）

「後継ぎ遺贈とは、ある者が、自分の財産を承継する者を定めたうえ、その者の死亡後の当該財産の帰趨をあらかじめ決めておくタイプの遺贈である」（道垣内弘人『信託法（現代民法別巻）』有斐閣（2017年）306頁）。

後継ぎ遺贈型信託とは、信託する財産を有していた委託者が当初の受益者となる信託で、その後、委託者が死亡したときに当初の受益権は消滅し、次の受益者が新たに受益権を取得するといったような信託で、一般的に民法では不可能といわれている後継ぎ遺贈を信託において実現するものである。受益者連続信託の一種である。

Ａが当初の受益者である信託において、Ａが死亡したらＡ１が、さらにＡ１が死亡したらＡ２が、そしてさらにＡ２が死亡したらＡ３が受益者となると信託行為に受益者を次から次へと連続して定めることで、長い期間続く信託の組成も可能となるが、信託法91条では、受益者の死亡により、当該受益者の有する受益権が消滅し、他の者が新たな受益権を取得する旨の定め（受益者の死亡により順次、他の者が受益権を取得する旨の定めも含む）のある信託は、当該信託がされた時から30年を経過した時以後に現に存する受益者が当該定めにより受益権を取得した場合であって当該受益者が死亡するまで又は当該受益権が消滅するまでの間、その効力を有するとして、信託の期間の制限をしている。上記の例に同条をあてはめてみると、Ａ１が死亡した時、信託した時からすでに30年が経過していると、その時点で生存しているＡ２は受益者となるものの、Ａ３はその時点で生存していても受益者とはなれず信託は終了することとなる。

No.077 受《じゅ》益《えき》者《しゃ》指《し》定《てい》権《けん》

関連する条文	信託法89条・90条 2編
関連・類似用語	裁量信託（No.020）、受益者変更権（No.078）

受益者を指定する権利をいう（信託法89条１項）。

信託により誰に利益を与えるかは信託財産を拠出する委託者において決定すべきものであり、通常は信託行為において受益者を定めるが、その指定を他者に委ねることも私的自治として旧法下でも解釈上認められていた。現行法はそのような定めを有効とすることを前提に、受益者指定権の行使方法など付随する点について規律した（同条）。

受益者指定権は、委託者に対する意思表示（委託者が指定権等を有する場合は受益者となるべき者に対する意思表示）で行使する（同条１項・６項）。また、遺言によっても行使することができる（同条２項）。

受益者指定権は、その権利を持つ者の私的利益のための権利というより、信託目的に従い、委託者の意図した者を指定すべき役割というべきものであるから、その権利を持つ者の相続人に相続されない（同条５項本文）。ただし、信託行為の別段の定めで相続の対象とすることもできる（同項ただし書）。

遺言代用信託（同法90条１項）においては、同項各号の定めにより受益権を取得し、または給付を受ける者は、遺言における受遺者等と類似するので、自由に撤回変更できる遺言の場合との均衡を考慮し、委託者が受益者変更権を有するものとしている（同条１項本文）。ただし、これは委託者の通常の意思解釈に基づくものであるので、信託行為に別段の定めを設けて受益者変更権がないものとすることもできる（同項ただし書）。

No.078 受益者変更権《じゅえきしゃへんこうけん》

関連する条文	信託法89条 2編
関連・類似用語	―

受益者変更権とは、信託設定後に、一定の者の意思により受益者を変更する権利をいう（信託法89条１項）。

この受益者変更権は、委託者、受託者または第三者に与えることができる。

受益者変更権には相続性がなく、信託行為に別段の定めがない限り、権利を有する者が死亡しても相続により相続人に承継されることはない（同条５項）。これは、受益者変更権を信託行為に定めた委託者の合理的意思としては、権利者の相続人にまで受益者変更権を行使させる意図まで有していないことが通常と考えられることが根拠となる。

この受益者変更権は、受託者に対する意思表示によって行使しなければならない（同条１項）。そのため、権利者が受益者を変更する旨の書面を作成するだけで、それが受託者に対する意思表示となっていない場合には、受益者変更権を行使したことにはならない。

その例外として、受益者変更権は、遺言によっても行使することが認められている（同条２項）。遺言は相手方のない単独の意思表示であるため、この場合には、受託者に対する意思表示ではなくとも受益者変更権の行使の効力は認められる。

No. 079 受益権《じゅえきけん》の相続《そうぞく》

関連する条文	信託法 2編
関連・類似用語	遺言代用信託（No.074)、後継ぎ遺贈型信託（No.076)

相続開始の時において被相続人の財産に属した一切の権利義務は、一身専属の者を除き、相続人に承継される（民法896条）ので、受益者が死亡した際に有していた受益権は当然相続されることとなる。

この受益権の相続については、受遺者に遺贈し、または遺産分割方法を定めて特定の相続人に相続させることができるが、これは有効な遺言によらねばならない。

他方、信託の受益権については、その内容等を信託行為において自由に設定することができ、受益者の死亡を終期として消滅することとすることもできる。そのような受益権は相続開始の際にはすでに消滅しているので、当然相続の対象とならない。信託を遺言の代用とする場合は、当初受益者の死亡を終期として当初の受益権を消滅させ、同時に新たな受益権を特定の者に生じさせることで、あたかも信託行為の定めによって受益権の相続を定めたような形をとることができるが、これはあくまでも相続ではない。

委託者＝受益者の死亡により信託を終了させた場合、残余財産受益者等の指定に関する定めが信託行為にない場合は、残余財産は委託者の相続人に帰属するが、これは信託法182条２項の法規定によるものであり、受益権が相続されたものではない。よって、この際に委託者の相続人が遺産の分割として協議することもできない。受益者死亡後にその相続人の協議により信託財産の帰属を定めたいのであれば、死亡により信託を終了させることは避け、受益権を相続財産として、相続人らの協議に委ねることとすべきである。

No. 080 受《じゅ》益《えき》者《しゃ》集《しゅう》会《かい》

関連する条文	信託法105条２・３項・106条～122条 2編
関連・類似用語	受益権取得請求権（No.081）

受益者が２人以上ある信託において、受益者が議決権を持って決議をし、受益者の意思を決定する集会をいう。受益者が２人以上ある信託において、受益者の意思決定は、原則は全ての受益者の一致によりこれを決するとされる（信託法105条１項本文）が、信託行

為に別段の定めをすることも認められており（同項ただし書)、この別段の定めとして受益者集会の多数決による旨が定められているときは、信託法４章３節２款の規定による（同条２項)。ただし、信託法４章３節２款の規定とは異なる規律を信託行為で定めることも（同項ただし書)、受益者集会の多数決によらない意思決定方法を定めることも可能である。

受益者集会は、必要がある場合はいつでも招集でき（同法106条１項)、招集は受託者（信託監督人が現に存するときは受託者または信託監督人）が行う（同条２項)。受益者は受託者（信託監督人が現に存するときは受託者または信託監督人）に対して招集を請求し、一定の場合は自ら招集することができる（同法107条)。

招集者は集会の日の２週間前までに知れている受益者及び受託者等に書面で通知し、受益者集会参考書類及び議決権行使書面を交付する（同法109条・110条)。

受益者の議決権の割合は、各受益権の内容が均等である場合は個数により、それ以外の場合は招集決定時の受益権の価格による（同法112条)。

決議は、議決権を行使することができる受益者の議決権の過半数を有する受益者が出席し、出席した受益者の議決権の過半数をもって行う。一定の重要な事項にかかる意思決定については、過半数が出席し、出席した受益者の受益権の３分の２以上によることとされ、さらに要件が加重される場合もある（同法113条)。

受益者集会の議事については、招集者が議事録を作成する（同法120条)。

決議の効力は、当該信託の全ての受益者に対してその効力を有するとされる（同法121条）。

No.081 受《じゅ》益《えき》権《けん》取《しゅ》得《とく》請《せい》求《きゅう》権《けん》

関連する条文	信託法103条・104条 2編
関連・類似用語	―

受益者の利益に重大な影響を及ぼすおそれのある重要な信託の変更・併合・分割により、自己の意思に反して不利益を受けるおそれのある受益者が、合理的な対価を得て信託から離脱するため、受託者に対し自己の受益権を取得することを請求する権利をいう（神田秀樹＝折原誠『信託法講義〈第２版〉』弘文堂（2019年）144頁）。

信託の変更・併合・分割については、受益者はその意思決定に関与する（信託法149条・151条・155条・159条）が、受益者が複数ある場合はこの意思決定は全員一致が原則である（同法105条１項本文）。ただし、信託行為の別段の定めで多数決によることとすることができ（同法105条１項ただし書・２項以下・106条～122条）、この場合少数派の受益者が信託から離脱する権利を定めるのが受益権取得請求権である。

①信託の目的の変更、②受益権の譲渡の制限を設ける変更については損害を受けるおそれがあることを要しないが、③受託者の義務の全部または一部の減免、④受益債権の内容の変更、⑤信託行為において定めた事項の変更及び信託の併合（①・②を含む併合・分割を除く）については、当該変更等により損害を受けるおそれがある場合に限られ（同法103条１項・２項）、また、当該変更等の意思決

定に関与し、賛成した受益者にはこの権利はない（同条３項）。

受益権取得請求に係る債務は、信託財産限定責任負担債務であり、受託者は原則として、信託財産に属する財産のみをもって履行する責任を負う（同法104条13項）。したがって、受託者が、全ての受益者からの受益権取得請求に応じ信託財産をもって受益権を取得した場合には、全ての受益権が消滅するとともに、信託財産も存在しなくなるため、特段の事情がない限り、信託の目的の達成が不能となって、当該信託は終了することになるものと解される（同法163条１号。寺本昌広『逐条解説　新しい信託法〈補訂版〉』商事法務（2008年）290頁）。

5 信託関係人

No.082 信《しん》託《たく》管《かん》理《り》人《にん》

関連する条文	信託法123条～130条 2編
関連・類似用語	信託監督人（No.083）

1. 信託管理人の指定

将来特定・存在すべき受益者の利益を守り、受託者の職務執行を監視・監督させようとするのが信託管理人の制度である。この点、受益者が現に存する場合にのみ指定される信託監督人（信託法131条１項）とは異なる。

信託管理人は信託行為により指定される場合（同法123条１項）と利害関係人の申立てにより裁判所により指定される場合（同条４項）がある。未成年者、当該信託の受託者は信託管理人になれない（同法124条）。

2. 信託管理人の権限と義務等

信託管理人は原則として受益者が有する信託法上の一切の権利をする権限を有する（同法125条１項）。ただし、信託行為に別段の定めがあるときは、その定めるところによる。

この点においても、原則として受益者が有する受託者を監督するための権利のみを行使する権限を有する信託監督人（同法132条）とは異なる。

また、信託管理人が権限を行使するにあたっては善管注意義務及び誠実・公平義務を負う（同法126条）。この点は信託監督人と同様である（同法133条）。

さらに、信託管理人は一定の要件を満たせば、受託者に対して費用等の請求（同法127条１項）、損害賠償の請求（同条２項）、報酬の請求（同条３項）をすることができる。この点も信託監督人においても同様である（同法137条）。

No.083 信《しん》託《たく》監《かん》督《とく》人《にん》

関連する条文	信託法131条～137条 2編
関連・類似用語	信託管理人（No.082）

1. 信託監督人と信託管理人

信託監督人は受託者を監視・監督する立場にある者である。この立場は信託管理人と共通する。

しかし、信託監督人は受益者が現に存する場合に指定される（信託法131条１項）のに対して、信託管理人は受益者が現に存しない場合に指定される（同法123条１項）点において違いがある。

2. 信託監督人の選任、権限、義務等

信託監督人は、信託行為により指定されるが、信託行為に信託監督人に関する定めがないときには、利害関係人の申立てにより裁判所が信託監督人を選任できる（同法131条４項）。信託行為の定めにより信託監督人に指定された者がその就任を承諾しない場合、承認できない場合も同様である（同条同項）。未成年者、当該信託の受託者は信託監督人になれない（同法137条・124条）。

信託監督人の権限には、信託法92条各号（17号・18号・21号及び23号を除く）に掲げる受益者の権利に関する一切の裁判上または裁判外の行為が認められており、その権限は受益者のために自己の名をもって行使される（同法132条１項本文）。ただし、信託行為に別段の定めがあるときは、その定めるところによる（同項ただし書）。

信託監督人が権限を行使するにあたっては善管注意義務及び誠実・公平義務を負う（同法133条）。

さらに、信託監督人は一定の要件を満たせば、受託者に対して費用等の請求（同法137条・127条１項）、損害賠償の請求（同法137条・127条２項）、報酬の請求（同法137条・127条３項）をすることができる。

No.084 受《じゅ》益《えき》者《しゃ》代《だい》理《り》人《にん》

関連する条文	信託法138条～144条 2編
関連・類似用語	受益者（No.070）

受益者代理人とは、受託者が現に存するものの、その受益者による信託に関する意思決定や受託者に対する監督が事実上困難な場合に、受益者の全部または一部のために、その代理人として、原則として受益者が有する信託法上の一切の権利を行使する権限を有する者をいう。

例えば、受益者が高齢者であり、信託設定後に判断能力の減退が想定される場合には、受益者代理人を選任し、その受益者に代わって受益債権の行使や受託者に対する監督を任せるということが考えられる。

受益者代理人は、信託行為において受益者代理人となる者を指定する定めを設けた場合に限り選任することができる（信託法138条1項）。また、受益者代理人を選任するに際しては、その代理する受益者の範囲（受益者の全部でも、一部でも構わない）を定めることが必要となる。未成年者は受益者代理人になれない（同法144条・124条）。

受益者代理人は、受益者に代わって受託者を監督する権利を行使することに鑑み、受託者からの独立性を確保するため、受託者は受益者代理人になることはできないとされている（同法144条・124条2号）。このことから、信託行為の定めにおいて、受託者に受益者代理人の選任権を与えることは許されないと解される。

No.085 指《さし》図《ず》権《けん》

関連する条文	信託業法65条・66条 ☞2編
関連・類似用語	―

信託財産の管理または処分その他の信託事務処理について、受託者に指示をする権限をいう。信託法においては、受益者が受託者に対する監督権限等を有し（信託法92条）、また、委託者も一定の場合監督権限等を有する（同法145条）ほか、信託管理人・信託監督人・受益者代理人が置かれたときはこれらの信託関係人も監督権限等を有するが、これら信託法に規定された者以外の者に信託行為において一定の権限を与えることが行われており、受託者に指図をす

ることができる権限を指図権といい、指図権を持つ者を指図権者という。例えば有価証券のポートフォリオ運用の投資判断の権限が、信託行為により指図権者である証券投資顧問業者に与えられ、受託者に与えられていない場合は、受託者は指図権者の投資判断に従う義務があると解されている（道垣内弘人『信託法（現代民法別巻）』有斐閣（2017年）170頁）。

信託業法においては信託財産の管理又は処分の方法について指図を行う「業を営む」者を指図権者と規定しており（信託業法65条）、信託の本旨に従い受益者のために忠実に指図をすべき忠実義務（同条）と、一定の行為をしてはならない行為準則（同法66条）が定められている。

No.086 同《どう》意《い》権《けん》者《しゃ》

関連する条文	信託法26条ただし書 2編
関連・類似用語	指図権（No.085）

受託者（No.042参照）が一定の行為をする際、特定の者の同意を得るべきことが信託行為（No.003参照）に定められることがある。この場合の特定の者が、同意権者である。例えば、信託契約中の信託事務に関する条項において、受託者が信託財産（No.033参照）である不動産を処分する場合には、信託監督人（No.083参照）の同意を要すると定めることがあり、この場合の信託監督人は、信託財産である不動産の処分に関する同意権者である。同意権者については信託法に規定がなく、資格要件等は定まっていない。受託者

が同意を得ずして行った行為は受託者の義務違反になり、受益者による取消しの可否が問題になる。

同意権者は、受託者の行為に対して拒否権を有するだけであり、一定の行為をしようとする判断は受託者がするのであるから、共同受託者とはいえない。

そして、特定の事務執行にあたり、同意権者の同意がある場合には善管注意義務（信託法29条２項）違反を免れることは多いであろうが、同意権者の同意があったからといって受託者が常に責任を免れるわけではない（道垣内弘人『信託法（現代民法別巻）』有斐閣（2017年）174頁）。

また、同意権者が同意しないことが不適切であるときも、受託者は同意なしに行為できるのではなく、同意権者に明白な義務違反があることを受託者が現実に知っているときに限って、委託者に対する通知義務があるにとどまると解すべきであろう（道垣内・前掲174頁）。

6 委託者

No.087 委託者《いたくしゃ》

関連する条文	信託法2条4項・3条・145条～147条・182条2項 2編
関連・類似用語	—

委託者とは、契約信託、遺言信託、自己信託により信託する者である（信託法2条4項）。委託者は、信託を設定する主体であり、信託目的を達成するために、自身が有していた財産の管理・処分を受託者にさせる者である。

信託契約を締結する方法による信託（契約信託）では、委託者は受託者との信託契約の当事者であり、遺言をする方法による信託（遺言信託）では、委託者は遺言者である。委託者は、信託の設定において大きな役割があり、信託設定直後に信託する財産を受託者に移転する役割を担うが、信託期間中は、受託者が信託行為の定めに従い信託財産の管理・処分などの信託事務を行うため、委託者はもはや不可欠の存在ではないといわれる（道垣内弘人『信託法（現代民法別巻）』有斐閣（2017年）381頁）。

信託期間中、委託者には、受託者の信託事務の状況報告の請求権、受託者と信託監督人の選任・解任の権利及び辞任の承認などの権利、信託の変更と終了に関する権利など、信託目的を設定し、信託を組成した立場に基づく権利があるが、信託法は、信託行為においてこれらの委託者の権利の全部又は一部を有しない旨を定めることができるとしている（同法145条1項）。また、信託行為において、委託者に、受益者が有する一定の権利（受託者が行った行為の結果を是正することに関する権利）の全部または一部を受益者とともに有することを定めることもできる（同条2項）。

委託者の地位については、受託者及び受益者の同意を得て、または信託行為において定めた方法に従い、第三者に移転することができる（同法146条）。委託者の地位は相続されるが、遺言信託の場合は委託者の相続人に相続されない。

信託行為に残余財産受益者もしくは帰属権利者の指定に関する定めがない場合または信託行為の定めにより残余財産受益者として指定を受けた者の全てがその権利を放棄した場合、委託者（またはその相続人その他の一般承継人）を残余財産の帰属権利者として指定する旨の定めがあったものとみなし、残余財産が委託者等に帰属することとなる（同法182条2項）。

7 信託の変更等

No.088 信託《しんたく》の変更《へんこう》

関連する条文	信託法149条 2編
関連・類似用語	吸収信託分割（No.089）、新規信託分割（No.090）、信託の併合（No.091）

信託の変更とは、信託行為に定められた信託の目的、信託財産の管理方法、受益者に対する信託財産の給付内容その他の事項について、事後的に変更を行うことである（新井誠『信託法〈第4版〉』有斐閣（2014年）377頁）。なお、信託法上、信託の変更の定義は存在しない（信託法2条）。

1. 信託の変更の方法（同法149条）

(1)委託者、受託者及び受益者の合意による信託の変更

信託関係当事者である委託者、受託者及び受益者の三者合意により、信託の変更ができる。ただし、委託者が現に存しない場合には三者合意による信託の変更をすることができない。

(2)受託者及び受益者の合意または受託者単独による信託の変更

信託の目的に反しないことが明らかであるときは受託者及び受益者の合意により、信託の変更ができる。また信託の目的に反しないこと及び受益者の利益に適合することが明らかであるときは、受託者の意思表示で信託の変更ができる。

(3)委託者及び受益者の合意または受益者単独による信託の変更

受託者の利益を害しないことが明らかであるときは、委託者及び受益者による受託者に対する意思表示により信託の変更ができる。また信託の目的に反しないこと及び受託者の利益を害しないことが明らかであるときは、受益者の受託者に対する意思表示により信託の変更ができる。

⑷信託行為に別段の定めがあるとき

信託法149条１項～３項にかかわらず、信託行為に別段の定めがあるときは、その定めるところによる（同条４項）。例えば、「信託法149条１項～３項の規定のほかに、受託者は、受益者代理人が存在するときは受益者代理人との合意により、本件信託の変更をすることができる」として信託の変更方法を追加したり、あるいは、「信託法149条２項の規定にもかかわらず、受託者は、受益者代理人が存在するときはその同意がなければ本件信託の変更をすることができない」として信託法の適用を排除することができる。

2. 重要な信託の変更（同法103条１項）

次に掲げる事項にかかる信託の変更を「重要な信託の変更」といい、これにより損害を受けるおそれのある受益者は、受託者に対し、自己の有する受益権を公正な価格で取得することを請求することができる。ただし、第１号または第２号に掲げる事項にかかる信託の変更がされる場合にあっては、これにより損害を受けるおそれのあることを要しない。

一　信託の目的の変更

二　受益権の譲渡の制限

三　受託者の義務の全部又は一部の減免（当該減免について、その範囲及びその意思決定の方法につき信託行為に定めがある場

合を除く）

四　受益債権の内容の変更（当該内容の変更について、その範囲及びその意思決定の方法につき信託行為に定めがある場合を除く）

五　信託行為において定めた事項

なお、重要な信託の変更について営業信託には特則がある（信託業法29条の２）。

No.089 吸収《きゅうしゅう》信《しん》託《たく》分《ぶん》割《かつ》

関連する条文	信託法２条11項・155条～158条 ☞2編
関連・類似用語	新規信託分割（No.090）

吸収信託分割とは、ある信託の信託財産の一部を受託者を同一とする他の信託の信託財産として移転することをいう。これに対し、ある信託の信託財産の一部を受託者を同一とする新たな信託の信託財産として移転することを新規信託分割といい、信託の分割を区別している。

吸収信託分割は、委託者、受託者及び受益者の合意により行うことができ、信託目的に反しないことが明らかなときは受託者と受益者の合意、信託目的に反しないこと及び受益者の利益に適合することが明らかなときは受託者の書面または電磁的な記録による意思表示により行うことができる（信託法155条１項・２項）。なお、信託契約に別段の定めをしている場合、吸収信託分割においてもその定めによる（同条３項）こととなる。

吸収信託分割を行うときは、吸収信託分割後の信託行為の内容、受益権の内容に変更があるときはその内容と変更の理由、吸収信託分割に際し受益者に金銭その他の財産を交付するときはその財産の内容と価額、効力発生日、移転する財産の内容、信託財産の移転により分割される信託（以下「分割信託」という）の信託財産責任負担債務ではなくなり信託財産が移転する側の信託（以下「承継信託」という）の信託財産責任負担債務となる債務があるときは、その債務に係る事項などを明らかにしなければならない。

信託の分割においては、信託財産責任負担債務の債権者の債権回収に影響を与えるおそれがあるため、債権者保護の条項が規定されており、吸収信託分割では、分割信託または、承継信託の信託財産責任負担債務に係る債権を有する債権者は、当該債権者を害するおそれのないことが明らかであるときは別として、受託者に対し、吸収信託分割について異議を述べることができるなど、債権者保護の手続きが定められている（同法156条～158条）。

No.090 新《しん》規《き》信《しん》託《たく》分《ぶん》割《かつ》

関連する条文	信託法２条11項・159条～162条 2編
関連・類似用語	吸収信託分割（No.089）、信託の併合（No.091）

新規信託分割とは、ある信託の信託財産の一部を、受託者を同一とする新たな信託の信託財産として移転することをいう（信託法２条11項）。

新規信託分割は、委託者、受託者及び受益者の合意によってすることができる（同法159条１項。なお、委託者が現に存しない場合には同条項の規定は適用されない。同条４項）。この場合においては、次に掲げる事項を明らかにしていかなければならない。

一　新規信託分割後の信託行為の内容

二　信託行為において定める受益権の内容に変更があるときは、その内容及び変更の理由

三　新規信託分割に際して受益者に対して金銭その他の財産を交付するときは、当該財産の内容及びその価額

四　新規信託分割がその効力を生ずる日

五　移転する財産の内容

六　新規信託分割により従前の信託の信託財産責任負担債務ではなくなり、新たな信託の信託財産責任負担債務となる債務があるときは、当該債務に係る事項

七　２以上の信託により分割が行われるときの事項、受益者に対して金銭等を交付するときはその相当性に関する事項等、信託法施行規則16条に定める事項

さらに、①信託の目的に反しないことが明らかであるときには、受託者及び受益者の合意によって、②信託の目的に反しないこと及び受益者の利益に適合することが明らかであるときは、受託者の書面または電磁的記録によってする意思表示によって、それぞれ信託の分割ができる（同条２項）。そして、①の場合には委託者に対し、②の場合は委託者及び受益者に対し、遅滞なくこれらの事項を通知することとされている（同条同項）。

もっとも、信託行為に別段の定めがある場合にはその定めに従っ

て新規信託分割を行うことができる（同法159条３項）。

信託の分割においては、信託財産責任負担債務の債権者の債権回収に影響を与えるおそれがあるため、債権者保護の条項が規定されており、新規信託分割では、従前の信託の信託財産責任負担債務にかかる債権を有する債権者は、当該債権者を害するおそれのないことが明らかであるときを除き、受託者に対し、新規信託分割について異議を述べることができる（同法160条１項）。

受託者は、債権者が異議を述べることができるように、次に掲げる事項を官報に公告し、かつ、知れている債権者には格別に催告しなければならない（同条２項）。

一　新規信託分割をする旨

二　前項の債権者が一定の期間内に異議を述べることができる旨

三　従前の信託を特定するために必要な事項等、信託法施行規則17条に定める事項所定の期間内に債権者が異議を述べなかったときは、新規信託分割について承認したものとみなされる（同条４項）。

新規信託分割により従前の信託の信託財産責任負担債務でなくなり、新たな信託の信託財産責任債務となる債務が、従前の信託の信託財産限定責任負担債務であった債務は、新たな信託の信託財産限定責任負担債務となる（同法161条１項）。

No.091 信託《しんたく》の併合《へいごう》

関連する条文	信託法6章2節 ☞2編
関連・類似用語	信託の分割

1. 定義

「信託の併合」とは、受託者を同一とする2以上の信託の信託財産の全部を1の新たな信託の信託財産とすることをいい（信託法2条10項）、例えば、2以上の年金信託を会社の合併等を機に1つに統合して運用するための信託の併合が想定される。信託の併合により、従来の信託が終了し、新たな信託が設定される（同法163条5号）。

2. 関係者の合意による併合（信託法151条1項）

信託の併合は従前の各信託の委託者、受託者及び受益者の合意によってすることができる。この場合においては、次に掲げる事項を明らかにしてしなければならない。

一　信託の併合後の信託行為の内容

二　信託行為において定める受益権の内容に変更があるときは、その内容及び変更の理由

三　信託の併合に際して受益者に対し金銭その他の財産を交付するときは、当該財産の内容及びその価額

四　信託の併合がその効力を生ずる日

五　信託の併合をする他の信託の委託者等の名称等、その信託行為の内容、受益者に対し金銭等を交付するときはその相当性、その財産状況開示資料等の内容、開示資料等作成後の重要な信

託財産の処分等の内容、併合理由

3. 関係者の一部による併合（同条２項）

信託の併合は、信託の目的に反しないことが明らかであるときは受託者及び受益者の合意、信託の目的に反しないこと及び受益者の利益に適合することが明らかであるときは受託者の書面又は電磁的記録によってする意思表示によってすることができる。

4. 併合の方法の別段の定め（同条３項）

さらに、各信託行為に別段の定めがあるときは、その定めるところにより併合することができる。

5. 債権者の保護手続き（同法152条）

信託の併合をする場合には、従前の信託の信託財産責任負担債務にかかる債権を有する債権者は、受託者に対し、信託の併合について異議を述べることができるが、信託の併合をしても当該債権者を害するおそれのないことが明らかであるときはこの限りでない。

6. 信託財産責任負担債務であった債務（同法153条）

信託の併合がされた場合において、従前の信託の信託財産責任負担債務であった債務は、信託の併合後の信託の信託財産責任負担債務となる。

7. 受益権の買取り請求（同法103条２項）

信託の併合がされる場合には、これらにより損害を受けるおそれのある受益者は、受託者に対し、自己の有する受益権を公正な価格で取得することを請求することができる。さらに信託の目的の変更及び受益権の譲渡の制限にかかる変更を伴う信託の併合がされる場合にあっては、これらにより損害を受けるおそれのあることを要しない。

8 終了・清算

No.092 信託《しんたく》の終了《しゅうりょう》

関連する条文	信託法7章1節 (2編)
関連・類似用語	信託の満期

信託の終了とは信託関係が将来に向かって消滅し、信託が清算手続きに入ることである。清算が結了するまでは信託は存続するものとみなす（信託法176条）。

1. 信託の終了事由

信託は、下記2. 合意等による場合の他に、次に掲げる場合に終了する。

一　信託の目的を達成したとき、または信託の目的を達成することができなくなったとき。

二　受託者が受益権の全部を固有財産で有する状態が1年間継続したとき。

三　受託者が欠けた場合であって、新受託者が就任しない状態が1年間継続したとき。

四　信託財産が費用等（損害の賠償及び信託報酬を含む）の償還等を受けるのに不足している場合に、受託者が信託を終了させたとき（同法52条）。

五　信託の併合がされたとき。

六　信託行為の当時予見することのできなかった特別の事情が発

生した場合、または公益を確保するため信託の存立を許すことができない場合に、裁判所による信託の終了命令があったとき。

七　信託財産についての破産手続開始の決定があったとき。

八　委託者が破産手続開始の決定、再生手続開始の決定または更生手続開始の決定を受けた場合において、破産管財人、再生債務者等、または会社更生管財人により信託契約の解除がされたとき。

九　信託行為において定めた事由（例えば期限到来）が生じたとき（同法163条）。

2. 委託者及び受益者の合意等による信託の終了

委託者及び受益者は、いつでも、その合意により、信託を終了することができる（同法164条１項）。信託行為に別段の定めがあるときは、その定めるところによる（同条３項）。委託者が現に存しないときは、委託者の意思に反するおそれがあるので、終了できない（同条４項）。

3. 終了後の信託の清算

信託は、当該信託が終了した場合（信託の併合によって終了した場合及び信託財産についての破産手続きが終了していない場合を除く）には、信託の清算をしなければならない（同法175条）。

信託が終了した時以後の受託者（以下「清算受託者」という）は、次に掲げる職務を行う（同法177条）。

一　現務の結了

二　信託財産に属する債権の取立て及び信託債権にかかる債務の弁済

三　受益債権（残余財産の給付を内容とするものを除く）にかかる債務の弁済

四　残余財産の給付

4. 終了時に残余財産の受領権を取得した場合の課税

受益者等の存する信託が終了した場合に、適正な対価を負担せずにその信託の残余財産の給付を受けるべき、または帰属すべき者となる者があるときは、その信託の残余財産をその信託の受益者等から贈与または遺贈により取得したものとみなし贈与税または相続税が課される（相続税法９条の２第４項）。

No.093 信《しん》託《たく》目《もく》的《てき》の達《たっ》成《せい》・達《たっ》成《せい》不《ふ》能《のう》

関連する条文	信託法163条 2編
関連・類似用語	信託目的（No.013）、信託目的の機能（No.014）

信託目的の達成・達成不能は、信託の終了事由の１つとして信託法163条１号で定められている。

信託の目的という概念は、信託法上さまざまな意味で使われているが（No.013参照）、信託目的の達成・不達成という場面において使われている信託の「目的」とは、信託の存続可能性を判断する際の基準となる概念であり、「実現しよう、到達しようとして目指す事柄」のことである（道垣内弘人『信託法（現代民法別巻）』有斐閣（2017年）403頁）。

信託の目的達成・不達成の例としては、特定の受益者のために大学での教育資金を援助するために信託を設定した場合において、その受益者が大学を卒業をした場合が目的の達成にあたり、当該受益者が死亡したときが目的の不達成にあたるものとされている（道垣内・前掲403頁、新井誠『信託法〈第４版〉』有斐閣（2014年）388頁）。

No. 094 信《しん》託《たく》財《ざい》産《さん》破《は》産《さん》

関連する条文	信託法179条・163条７項・８項、破産法10章の２ 2編
関連・類似用語	—

信託財産破産とは信託財産が支払不能または債務超過（受託者が、信託財産責任負担債務につき、信託財産に属する財産をもって完済することができない状態をいう）の場合に、信託財産をもって信託債権についてその債権額及び順位に応じて平等な金銭的満足を図る裁判手続きをいう。

伝統的には、信託財産責任負担債務についても、受託者がその固有財産で弁済する義務があるのが原則であるから、受託者を差し置いて、信託財産のみが倒産することは考えなくてよいとされてきた。しかし、限定責任信託では、信託債権者は信託財産しか引当てにできないし、受託者自身に資力がない場合も考えられる。そこで現行信託法の制定にあわせて、破産法に「信託財産の破産に関する特則」が置かれ、信託財産をもって信託債権者に対して衡平な弁済を図る裁判手続きが行われることになった。ただし信託財産について再生手続き・更生手続きといった再建型倒産処理手続きは認められていない。なお信託財産は委託者の財産から離脱しているので、委託者の倒産手続きから影響を受けないのが原則である。

1. 信託財産破産手続き

(1)開始原因

信託財産が支払不能または債務超過にあるときは、裁判所は、破産手続きの開始の申立てがあった場合において、その開始の原因となり事実があると認めるときは、破産手続きの開始の決定をし、破産手続きを開始する（破産法244条の３・15条・30条）。

信託終了後であっても破産手続きの開始の申立てができる（同法244条の４第４項）。

信託財産についての破産手続開始の決定があったときは、信託は終了する（信託法163条７号）。

(2)申立権者

信託財産については、信託債権（限定責任信託の信託債権で、受益債権でないものをいう）を有する者又は受益者のほか、受託者又は信託財産管理者、信託財産法人管理人若しくは同法170条１項の管理人（以下「受託者等」と総称する）も、破産手続開始の申立てをすることができる（破産法244条の４）。

(3)破産財団

信託財産について破産手続開始の決定があった場合には、破産手続開始の時において信託財産に属する一切の財産（日本国内にあるかどうかを問わない）は、破産財団とする（同法244条の５）。破産管財人は清算受託者がすでにした債権者に対する弁済を取り戻すことができる（信託法179条２項）。

(4)破産手続きへの参加

信託財産について破産手続開始の決定があった場合には、信託債権を有する者及び受益者は、受託者について破産手続開始の決定があったときでも、破産手続開始の時において有する債権の全額について破産手続きに参加することができる（破産法244条の７）。ただし、固有財産等責任負担債務に係る債権を有する者は、破産債権者としてその権利を行使することができない（同法244条の９）。

2. 保全管理命令

裁判所は、信託財産について破産手続開始の申立てがあった場合において、信託財産に属する財産の管理及び処分が失当であるとき、その他信託財産に属する財産の確保のために特に必要があると認めるときは、利害関係人の申立てによりまたは職権で、破産手続開始の申立てにつき決定があるまでの間、信託財産に属する財産に関し、保全管理人による管理を命ずる処分をすることができる（同法244条の12・91条）。

3. 受託者の破産手続きへの参加

信託債権者は、限定責任信託またはその特約がある場合を除いて、受託者に対して、その債務の弁済を請求できるから、受託者についての破産手続きが並行するときはその破産手続きにも参加できる。

No.095 清《せい》算《さん》受《じゅ》託《たく》者《しゃ》

関連する条文	信託法177条など 2編
関連・類似用語	受託者（No.042）、信託の終了（No.092）

信託が終了した時以後の受託者を清算受託者という（信託法177

条)。信託が終了しても、清算が結了するまで信託は存続するものとみなされる（同法176条）が、受託者は清算受託者と称され、信託の清算の職務を行うことになる（道垣内弘人『信託法（現代民法別巻)』有斐閣（2017年）413頁)。

すなわち、信託終了時点の受託者が清算受託者となるのであり、信託行為に清算受託者を定める条項を設ける必要性はない。信託終了を命じる裁判により信託が終了する場合（同法173条）を除いて、従来と異なる者が清算受託者に選任されるわけではなく、清算受託者を従来と異なる者にするためには、受託者変更の要件を満たしていることが必要である（道垣内・前掲414頁)。

清算受託者は、信託行為に別段の定めがない限り、信託の清算のために必要な一切の行為をする権限を有し（同法178条)、①現務の終了、②信託財産に属する債権の取立て及び信託債権にかかる債務の弁済、③受益債権（残余財産の給付を内容とするものを除く）にかかる債務の弁済、④残余財産の給付を行わなければならない（同法177条)。また、清算中に債務超過（信託財産に属する財産がその債務を完済するのに足りないこと）が判明した場合、清算受託者は、直ちに信託財産についての破産手続開始の申立てをしなければならない（同法179条１項)。さらに、清算受託者がその職務を終了したときは、遅滞なく、信託事務に関する最終計算を行い、信託が終了した時における受益者（残余財産受益者（No.096参照）も含む。また、信託管理人（No.082参照）が現に存する場合にあっては、信託管理人）及び帰属権利者の全てに対し、その承認を求めなければならない（同法184条１項)。

No.096 残《ざん》余《よ》財《ざい》産《さん》受《じゅ》益《えき》者《しゃ》

関連する条文	信託法182条 2編
関連・類似用語	帰属権利者（No.097）

信託行為において残余財産の給付を内容とする受益債権にかかる受益者となるべき者として指定された者をいう（信託法182条１項１号）。

残余財産の給付を受ける者には、残余財産受益者のほかに帰属権利者（同法183条）があるが、帰属権利者は信託の清算中に限り受益者とみなされる（同条６項）だけであるが、残余財産受益者は給付を受けるのは清算後の残余財産ではあるが、受益者であるので受益権を受益者となった時から有しており、受託者に対する各種監督権限や、信託の変更・併合・分割などにおいて受益者としての権能を発揮する。

ただし、委託者の死亡で終了する信託においては、委託者の死亡の時以後に給付を受けるものであるから、委託者死亡までは受益者としての権利を有しないこととなる（同法90条１項２号・２項本文）。なお、信託行為に別段の定めをすることは可能である（同条２項ただし書）。

残余財産受益者が適正な対価を負担しないで当該信託の残余財産の給付を受ける場合は、当該信託の残余財産を贈与又は遺贈により取得したものとみなされて贈与税または相続税が課される（相続税法９条の２）。

信託行為に残余財産受益者・帰属権利者の指定に関する定めがと

もに欠けている場合については、No.097帰属権利者を参照。

残余財産受益者・帰属権利者（「残余財産受益者等」と総称。信託法182条２項）は、信託債権に係る債務の弁済及び未給付の受益債権への弁済の後でなければ給付を受けられない（同法181条）が、信託内借入れで借り入れられた債務などを弁済せず、別途債権者を交えて残余財産受益者等に債務を引き受けさせ、信託財産は現状有姿で交付するという方法も広く用いられている。

No.097 帰《き》属《ぞく》権《けん》利《り》者《しゃ》

関連する条文	信託法２条７項・181条～183条 2編
関連・類似用語	残余財産受益者（No.096）

信託終了後、清算受託者による清算が終了した後の残余の信託財産（以下「残余財産」という）を給付される者を帰属権利者という。信託行為の定めにより帰属権利者となるべき者として指定された者は、当然に残余財産の給付をすべき債務に係る債権を取得する（信託法183条１項）。

信託が清算された後の残余財産が帰属する者は、この帰属権利者と残余財産受益者（同法182条１項）の２者がある。帰属権利者は残余財産の給付を請求する権利を有しているものの、清算期間中を除き受益者としての権利と機能を有していない。一方、残余財産受益者は受益者の地位を有し、信託期間中、受益者として受益債権を確保するため信託法の規定に基づいて受託者その他の者に対し一定の行為を求めることができる（同法２条７項）。

帰属権利者となった者は、受託者に対し、その権利を放棄する旨の意思表示ができるが、帰属権利者となった者が信託行為の当事者である場合、放棄はできない（同法183条３項）。帰属権利者の権利を放棄する意思表示をした場合、当初から帰属権利者の権利は取得していなかったものとみなされる（同条４項）。

残余財産は信託財産に属する債権の取立て及び信託債権にかかる債務の弁済と受益債権（残余財産の給付を内容とするものを除く）にかかる債務の弁済をした後でなければ、帰属権利者に給付されない（同法181条）。

信託行為に残余財産受益者もしくは帰属権利者の定めがない場合または信託行為により指定を受けた者の全てがその権利を放棄した場合、信託行為に委託者またはその相続人その他の一般承継人が帰属権利者と指定する定めがあったとみなす（同法182条２項）。

受益者等の存する信託において、適正な対価を負担せずに帰属権利者となった者は、信託終了時に残余財産を贈与又は遺贈により取得したものとみなして課税される（相続税法９条の２第４項）。

9 特例信託

No.098 受益証券《じゅえきしょうけん》

関連する条文	信託法185条 2編
関連・類似用語	受益権（No.071）、受益債権（No.072）

受益証券とは、１又は２以上の受益権を表示する証券のことをいう（信託法185条１項）。つまり、受益権が有価証券化されたときの証券のことを受益証券と呼ぶ。そして、このように受益証券が発行する旨の定めがある信託のことを受益証券発行信託という。

信託法では、受益証券を発行しない信託を原則的な形態としたうえで、信託行為において特に定めた場合のみ受益証券を発行できるようにした（寺本昌弘『逐条解説　新しい信託法〈補訂版〉』商事法務（2008年）387頁）。民事信託では、通常、受益証券が発行されることはない。

信託法185条以下（８章）の規定が適用されるのは、信託法を根拠にして受益証券を発行する旨の定めのある信託だけである。例えば、投資信託については、特別法に基づいて受益証券が発行されるので（投資信託及び投資法人に関する法律６条・50条、貸付信託法８条など）、ここでいう受益証券発行信託ではない（道垣内弘人『信託法（現代民法別巻）』有斐閣（2017年）332頁）。

No.099 限《げん》定《てい》責《せき》任《にん》信《しん》託《たく》

関連する条文	信託法9章 2編
関連・類似用語	信託財産限定責任負担債務（No.039）

全ての信託財産責任負担債務について、受託者が信託財産に属する財産のみをもってその履行の責任を負う信託をいう。信託財産責任負担債務については、受益債権その他の信託法21条2項各号に定める債務を除き、受託者は信託財産のみならずその固有財産をもってしても履行の責任を負う（無限責任）ものであるが、限定責任信託においては受託者は固有財産での責任は負わない。

従来は、受託者の無限責任の排除については、受託者が個別の取引の相手との間で責任財産限定特約を締結することで対処してきたが、より一般的に受託者の責任を限定することで、専門的な能力・技術を有する人材を受託者として幅広く活用するため、現信託法においてこの制度が導入された（寺本昌広『逐条解説　新しい信託法〈補訂版〉』商事法務（2008年）415頁）。

信託行為において、全ての信託財産責任負担債務について受託者が信託財産に属する財産のみをもってその履行の責任を負う旨の定めをし（同法216条1項）、一定の事項を規定し（同条2項）、さらに責任限定の旨を登記で公示（同条1項）しなければ効力を生じない。

限定責任信託においては、信託財産責任負担債務に係る債権に基づいて受託者の固有財産に属する財産に対して強制執行等や国税滞納処分をすることはできず、受託者はそれらの行為に異議を主張することができる（同法217条）。ただし、信託財産責任負担債務のうち、受託者が信託事務を処理するについてした不法行為によって生じた権利の権利者は、受託者の固有財産に対する強制執行等をすることができる（同条１項かっこ書）。

限定責任信託の名称には限定責任信託という文字を用いなければならず（同法218条１項）、限定責任信託でないものについて名称・称号中に限定責任信託と誤認されるおそれのある文字を用いてはならない（同条２項）。

限定責任信託の受託者は、取引の相手方に限定責任信託である旨を示さねばならず、それを怠れば限定責任信託である旨を相手方に主張できない（同法219条）。

No.100 責《せき》任《にん》財《ざい》産《さん》限《げん》定《てい》特《とく》約《やく》

関連する条文	信託法22条２項４号 2編
関連・類似用語	信託財産限定責任負担債務（No.039）、限定責任信託（No.099）

責任財産限定特約とは、信託の取引によって生じた債権に係る債務について、信託財産だけが責任を負い、受託者の固有財産は責任を負わない旨の合意をいい、信託法21条２項４号は、責任財産限定特約の有効性を確認した規定である（道垣内弘人編著『条解信託法』弘文堂（2017年）105頁）。

信託財産責任負担債務には、受託者の固有財産まで責任財産となる債務と受託者の固有財産が責任財産にならない信託財産限定責任負担債務（No.039参照）がある。

信託法21条２項では、信託財産限定責任負担債務にかかる債権として、①受益債権（１号）、②限定責任信託の場合（２号）、③信託法の規定により信託財産限定責任負担債務とされる場合における信託債権（３号）、④責任財産限定特約にかかる信託債権（４号）が挙げられている。

信託制度が実務上のさまざまなニーズに応えられるようにするためには、信託債権の責任財産を信託財産に限定する必要が生じることがあり、責任財産限定特約の締結も１つの方法である。しかし、金融機関などの信託債権者が責任財産限定特約の締結に応じるとは限らない。

No.101 受益者《じゅえきしゃ》の定《さだ》めのない信託《しんたく》（目的信託《もくてきしんたく》）

関連する条文	信託法258条～261条など ☞2編
関連・類似用語	公益信託（No.008）、受益者等が存しない信託（No.113）

信託法は、258条以下に、「受益者の定めのない信託の特例」という章を置き、受益者の定めのない信託を一般的に許容することとした。このような信託を目的信託と呼ぶこともある。受益者の利益のためではなく、一定の目的に資するための信託である。利用例としては、例えば、ある一定の財産を運用して、特定の町内会の祭りのために必要な支出（公益目的とならない）を、各人からの申請に基づいて給付するとか、自分の死後、ペットのために食料・医療を給

付するなどがある（道垣内弘人『信託法（現代民法別巻）』有斐閣（2017年）315-316頁）。

目的信託の特殊性は受益者がいない点に存することなどから、受益者の存する信託と異なるさまざまな強行規定が設けられている。

信託契約による方法（信託法３条１号）または遺言信託の方法（同条２号）によりすることができるが、信託宣言による方法（同条３号）による設定は認められない（同法258条１項）。

次に、契約による目的信託の場合は、（通常であれば受益者が担うべき）信託及び受託者の監視・監督機能を委託者が果たすこととされ（同法260条）、遺言による場合には、信託管理人の設置を義務づけ（同法258条４項～７項）、信託管理人が就任しない状態が１年間続いた場合は、信託は終了することとしている（同条８項）。

なお、目的信託の存続期間は20年を超えることはできない（同法259条）。信託の目的をはじめとする信託行為の内容（例えば、信託財産を現状のまま管理しておくというようなもの）によっては、信託財産の管理・処分を受託者の下で拘束することが可能となり、国民経済上の利益という観点からの合理的・効率的な財産の利用や物資の流通が妨げられるおそれがあるからである（寺本昌弘『逐条解説　新しい信託法〈補訂版〉』商事法務（2008年）452頁、能見善久＝道垣内弘人編『信託法セミナー３』有斐閣（2015年）287頁以下）。

おって、信託法の他の規定は、受益者が存在することを前提にしていることから、必要な読替え等が261条に規定されている。

また、その濫用的な利用に対する懸念から、公益信託（No.008参照）を除き、別途法律で定められる日までは政令で定める法人以外の者は受託者になることができないこととされた（同法附則３

項）。

（参考として、新井誠『信託法〈第４版〉』有斐閣（2014年）430-431頁）

10 信託業法

No. 102 信《しん》託《たく》業《ぎょう》法《ほう》

関連する条文	信託業法1条・3条・7条 ☞2編
関連・類似用語	信託業（No.103）、信託会社（No.104）、兼営法（No.106）

信託業法の目的は「信託業を営む者等に関し必要な事項を定め、信託に関する引受けその他の取引の公正を確保することにより、信託の委託者及び受益者の保護を図り、もって国民経済の健全な発展に資すること」と定められている（信託業法1条）。このことからわかるように、原則として信託業法は信託の引受けを業として行う者、すなわち信託会社の信託業務を規制するものである。

信託業法は顧客保護のために、適切な業者のみにその業務を行わせるべく参入規制、適切に信託業を行わせるべく行為規制、そして金融監督当局による監督について規定している。

参入規制については、信託業を営むためには免許又は登録が要件とされ、行為規制については、信託業務の外部委託の規制、不適切な信託の引受けを禁止するための行為準則、善管注意義務の強行規定化、利益相反行為の禁止が行われ、監督については、報告義務、当局の立入り検査・処分等が行われる。

信託業法は、平成16年に受託可能財産の拡大、信託業の担い手の拡大を伴う全面的な改正がなされた。

この改正により受託可能財産は、知的財産権を含む財産権一般に拡大された。この結果、例えば著作権や特許権といった知的財産権についても信託の引受けが可能となった。また担い手は金融機関だけでなく新たに信託会社にも認められることになった。戦前は信託会社が存したが、戦後は行政指導によりなくなった。それが信託業法の改正を機に信託会社が免許又は登録を受けることができるようになった。

平成18年に金融商品取引法が制定され、広く信託受益権一般が同法の規制を受けることになったので、信託業法がさらに改正されて、投資性の強い信託契約（特定信託契約）について、金融商品取引法が準用された。

なお、指図権者について信託業法の規制がある。

No.103 信《しん》託《たく》業《ぎょう》

関連する条文	信託業法２条１項・３条・７条 2編
関連・類似用語	信託業法（No.102）、信託会社（No.104）

信託業法の定義によれば、信託業とは、信託の引受けを行う営業のことをいう（信託業法２条１項）。つまり、営利目的で反復継続的に信託の引受けを行うことを信託業というのである。

そして、信託業は内閣総理大臣の免許を受けた者（同法３条）または、登録を受けた者（同法７条）でなければ、営むことができない。この規制は他の取引きに係る費用に充てるべき金銭の預託を受けるものその他他の取引に付随して行われるものであって、その内容等を勘案し、委託者及び受益者の保護のため支障を生ずることがないと認められるものとして政令で定めるものについては適用除外がある（同法２条１項かっこ書）。

信託の引受けの担い手（受託者）としては、平成16年12月の信託業法の改正により、それまで実質的に金融機関のみに限定されていたのが一般の事業会社（信託会社）にまで拡充された。信託会社には、自らの裁量で信託された財産の管理・運用を行う運用型信託会社と、委託者等から指図を受けて（受託者の裁量性が低い）信託財産の管理のみを行う管理型信託会社（同条４項）の２種類がある。

信託会社の信託業務には信託法の規律が及ぶ他に信託業法の規制を受ける。相場その他の指標にかかる変動により信託の元本について損失が生ずるおそれがある信託契約（特定信託契約）については金融商品取引法の準用を受ける。

No. 104 信《しん》託《たく》会《がい》社《しゃ》

関連する条文	信託業法３条・７条・28条 2編
関連・類似用語	商事信託（No.025）、信託業法（No.102）、信託業（No.103）

1. 信託会社とは

信託会社とは、信託業法により内閣総理大臣の免許（信託業法３条）または登録（同法７条）を受けた者で、信託の引受けを業として行う株式会社をいう。

なお、信託銀行等の金融機関は金融機関の信託業務の兼営等に関する法律により、内閣総理大臣の認可を受けて信託業を営んでいる。

2. 信託会社の種類と数

信託会社は、自らの裁量で信託された財産の運用・管理業務を行う運用型信託会社と、委託者等から指図を受けて信託財産の管理業務のみを行う管理型信託会社の2種類がある。信託業の免許、登録または認可を受けなければ信託の引受けを業として行うことができない。ただし、弁護士業務、委任業務もしくは請負業務で金銭の預託を受ける行為はこの限りではない。

令和2年3月31日時点における、運用型の管理会社は9社、管理型の信託会社は16社存在している。

3. 信託会社の業務

信託業は営利の目的を持って反復継続して行うことをいうとされている（小出卓哉『逐条解説　信託業法』清文社（2008年）17頁）。

信託業法28条には信託会社の義務として忠実義務（同条1項）、善管注意義務（同条2項）、分別管理体制等整備義務（同条3項）が規定されている。

信託法においても同様の定めはあるが、これらは任意規定とされ、信託行為により受託者の責任を減免することも可能となっている。

しかし、信託の引受けを業として行い信託の何たるかを熟知し経験も豊富な信託会社と、信託に精通していない一般顧客を対等な関係とみなし、当事者間の信託行為によって信託会社の責任の程度を軽減できるとすることは受益者保護にもとる可能性がある。

そこで、同条に定められた信託会社の義務は強行規定と解されている。

信託会社はその顧客を保護するために金融監督当局の厳しい監督が行われる（同法36条以下）。

なお、受託者のこれらの義務違反は、信託法では損失てん補責任等が発生する（信託法40条等）が、信託業法では監督上の処分（信託業法40条）の対象になる。

No. 105 信《しん》託《たく》契《けい》約《やく》代《だい》理《り》業《ぎょう》

関連する条文	信託業法２条８項・９項・67条～85条 2編
関連・類似用語	—

信託契約代理業とは、信託契約（当該信託契約に基づく信託の受託者が当該信託の受益権（当該受益権を表示する証券又は証書を含む）の発行者（金融商品取引法２条５項に規定する発行者をいう）とされる場合を除く）の締結の代理（信託会社又は外国信託会社を代理する場合に限る）または媒介を行う営業をいう（信託業法２条８項）。

信託契約代理業は、内閣総理大臣の登録を受けた者でなければ、営むことができない（同法67条１項）。この内閣総理大臣の登録を受けた者を、信託契約代理店という（同法２条９項）。信託契約代理業を営む者は、信託会社または外国信託会社から委託を受けてその信託会社または外国信託会社のために信託契約代理業を営まなければならない（同法67条２項）。

信託契約締結の代理は、委託者を代理する場合は信託契約代理業に該当しない。信託契約締結の媒介は、信託会社等の媒介に限定されないから、信託会社等の側に立って媒介する場合や委託者側に立って媒介する場合のほか、信託会社等と委託者の双方の間に立って媒介する場合があり得るが、信託会社等の側に立つ要素が全くない場合は、信託契約代理業には該当しない。信託受益権の発行者が受託者とされる信託契約の締結の代理・媒介が、発行者である受託者のために行う信託受益権の取得勧誘に該当する場合は、有価証券としての信託受益権の募集の取扱いとして金融商品取引法が適用されるので、信託契約代理業から除外される。自己信託会社にあっては、委託者と受託者が同一人となるため、自己信託の代理・媒介を行う者を観念できないので、自己信託代理業というものは規定されていない（神田秀樹＝折原誠『信託法講義〈第２版〉』弘文堂（2019年）314頁）。

No. 106 兼営法《けんえいほう》

関連する条文	金融機関の信託業務の兼営等に関する法律
関連・類似用語	信託業法（No. 102）

金融機関の信託業務の兼営等に関する法律（昭和18年法律43号）の略称。

わが国において信託業（信託の引受けを行う営業。信託業法２条１項）を行うためには、内閣総理大臣の免許・登録が必要（同法３条・７条）とされるが、銀行その他の金融機関においては、内閣総理大臣の認可を受けて信託業及び信託業法等に定める関連の業務を営むことができる（兼営法１条）。

また、財産の管理、財産に関する遺言の執行その他の業務も同条の認可によりこれを営むことが許されている。

信託法という実体法すらない段階で乱立された信託会社による信託の濫用に対し、規制法としての旧信託業法及び実体法である旧信託法が大正11年に制定されたが、その後第二次世界大戦中の昭和18年、当時経営的に弱体であった信託会社を銀行と合併させて経営基盤を安定させることを目的として本法が制定された（当時の法律名「普通銀行ノ貯蓄銀行又ハ信託業務ノ兼営等ニ関スル法律」）。

その後、戦後の厳しいインフレ下で経営が悪化した信託会社は、昭和23年一斉に本法に基づく信託銀行に転換し、信託業法に基づく信託会社は平成16年に新信託業法が制定されるまで存在しないこととなった（新井誠『信託法〈第４版〉』有斐閣（2014年）18-20頁）ので、本法が長らくわが国における信託業を営む者の根拠法として機能することとなった。

金融機関については原則として他業が禁止されるが、それを解除して信託業務を行うことを可能とする点で、本法は銀行法等の各金融機関の根拠法の特別法をなす。また、信託業法の免許・登録を受けた者でなければ信託業を営むことを禁ずる信託業法の特別法でもある。ただし、必要な開業規制、行為規制、監督等については、信託業法の規定を多く準用している（神田秀樹＝折原誠『信託法講義〈第２版〉』弘文堂（2019年）323頁）。

11 民　法

No.107 遺《い》留《りゅう》分《ぶん》

関連する条文	民法1042条～1048条、信託法88条・90条 2編
関連・類似用語	—

遺留分とは、被相続人の財産の中で、法律上その取得が一定の相続人に留保されていて、被相続人による自由な処分（遺贈・贈与など）に対し制限が加えられている持分的利益のことをいう（潮見佳男『詳解相続法』弘文堂（2018年）506頁)。一定の相続人には遺留分に相当する利益を相続財産から取得できることが法律により保障されている。

遺留分を有する相続人は、兄弟姉妹以外の相続人であり、直系尊属のみが相続人である場合は３分の１、それ以外の場合は２分の１の割合を遺留分算定の基礎財産の価額に乗じたものが遺留分となる。相続人が複数の場合には、上記それぞれの割合に各相続人の法定相続分を乗じた価額が各相続人の遺留分となる（民法1042条)。

遺留分算定の基礎財産の価額は、被相続人が相続開始の時において有した財産の価額に贈与した財産を加えた額から債務の全額を控除した財産である（同法1043条)。贈与は、相続開始前の１年間にしたものに限り算入するが、贈与の当時者双方が遺留分権利者に損害を与えることを知って贈与したときは期間の制限はない（同法

1044条１項)。相続人に対する贈与については、特別受益に該当するものに限り、相続開始前の10年間にしたものを算入する（同条３項)。

遺留分を侵害された遺留分権利者は、受遺者（特定財産承継遺言により財産を承継し又は相続分の指定を受けた相続人を含む）又は受贈者に対し、遺留分侵害額に相当する金額の支払いを請求することができる（同法1046条)。相続の開始及び遺留分を侵害する贈与又は遺贈があったことを知った時から１年間行使しないときは、時効によって消滅する。相続開始の時から10年を経過したときも、同様とする（同法1048条)。

委託者が設定した遺言代用信託において、委託者の相続が発生したとき、遺言代用信託の受益者又は受託者と遺留分権利者との間で遺留分侵害の問題が生じる可能性があり注意が必要である。

遺言代用信託は死因贈与と似た機能を有するため、死因贈与と同様に民法の遺留分制度の規律に服するとされる（道垣内弘人編著『条解信託法』弘文堂（2017年）471頁)。

遺言代用信託において遺留分が侵害された場合、①被相続人である委託者が信託行為により信託財産を受託者に移転したことを遺留分侵害行為とするか、委託者死亡後の受益者に受益権を付与したことを遺留分侵害とするか、②遺留分侵害額請求の相手方は受託者か受益者か、について、信託行為説ないしは受託者説と、受益権説ないしは受益者説の対立がある。

No.108 後《こう》見《けん》制《せい》度《ど》支《し》援《えん》信《しん》託《たく》

関連する条文	民法863条２項、家事事件手続規則81条１項など
関連・類似用語	後見制度支援預金

後見制度支援信託とは、後見制度による支援を受ける本人の財産のうち、日常的な支払いをするのに必要十分な金銭を預貯金として親族後見人が管理し、通常使用しない金銭を信託銀行等に信託する仕組みをいう。後見制度支援信託を利用すると、信託財産を払い戻したり、信託契約を解約したりするにはあらかじめ家庭裁判所が発行する指示書が必要とされ、後見人の不正行為を防止することができる。

近年後見制度の利用増加に伴い、後見人による不正行為により本人が多額の財産的損害を受けるケースが多く発生した。そこで、後見人の不正行為を未然に防止することを目的に平成24年２月より運用が開始された。

個別の後見事件において後見制度支援信託を利用するか否かは、本人の財産の状況等から当該後見事件の担当裁判官の判断により決定される。東京家庭裁判所では本人の流動資産が500万円以上ある場合に利用するものとし、その後も手元金が100万円から500万円を超過する場合は追加信託の指示をするなど、積極的に後見制度支援信託を利用する運用がなされている（東京家庭裁判所後見センター発行「後見センターレポート」vol.5（2014年）・vol.12（2016年））。

後見制度支援信託を利用するにあたっては、信託銀行等との間で信託契約を締結することになる。この場合、後見制度支援信託の利用の適否の検討及び信託契約の締結については、客観性及び専門性が求められることからも原則として専門職後見人が関与することとされ、契約締結後に専門職後見人は辞任し、親族後見人のみで後見業務が行われることになる。

後見制度支援信託の対象となる事件としては、成年後見及び未成年後見事件のみであり、保佐、補助、任意後見といった事件では利用されない。ただし、一部の信託銀行等で任意後見制度向けの信託商品も提供されている。

12 税　法

No.109 受《じゅ》益《えき》者《しゃ》等《とう》課《か》税《ぜい》信《しん》託《たく》

関連する条文	所得税法13条１項、法人税法12条１項など 2編
関連・類似用語	受益者等が存しない信託（No.113）

税法上、受益者等課税信託は、集団投資信託、退職年金等信託、特定公益信託等及び法人課税信託以外の信託をいう。概要は右図のとおり。

この受益者等課税信託は、信託の受益者（受益者としての権利を現に有するものに限られる）がその信託の信託財産に属する資産及び負債を有するものとみなし、かつ、その信託財産に帰せられる収益及び費用はその受益者の収益及び費用とみなして、所得税法等の規定を適用する（所得税法13条１項、法人税法12条１項）。

なお、信託の変更をする権限（軽微な変更をする一定の権限を除く）を現に有し、かつ、その信託の信託財産の給付を受けることとされている者（受益者を除く）は、受益者とみなすこととされた（所得税法13条２項、法人税法12条２項）。

おって、個人受益者等の信託に係る不動産所得の損失は生じなかったものとみなされ（措置法41の４の２）、法人受益者等の信託損失のうち調整出資等金額（概ね信託金額）を超える部分は損金不算入とされた（同法67条の12第１項、同法施行令39条の31第５項。

新しい信託税制の全体像（概要）

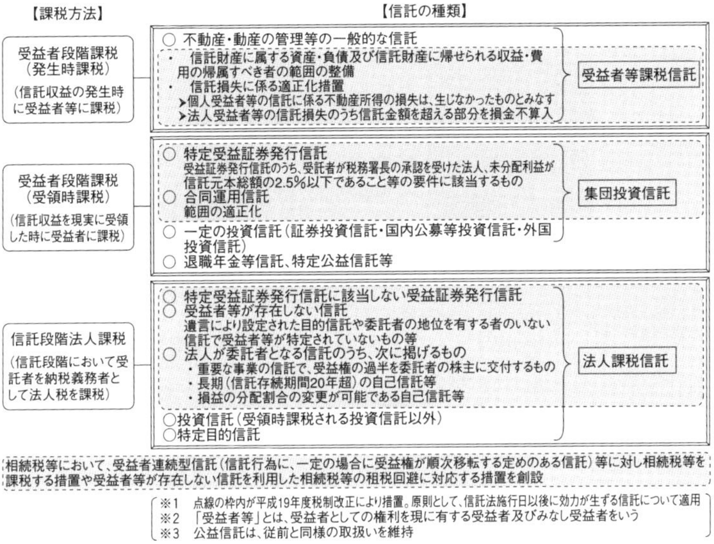

（財務省「平成19年度税制改正の解説」292頁）

（財務省「平成19年度税制改正の解説」112-114頁、458-464頁）。

また、みなし受益者に該当する場合であっても、課税されるか否かはその実質により判断されると解されている（財務省・前掲295頁）。

No. 110 元本受益権《がんぽんじゅえきけん》

関連する条文	相続税法９条の２第４項・６項・９条の３第１項、相続税法施行令１条の８、相続税法基本通達9-13・９の3-1、財産評価基本通達202 ☞2編
関連・類似用語	受益権（No.071）、収益受益権（No.111）

信託に関する権利のうち信託財産自体を受ける権利をいい、この権利を有する者を「元本受益者」という。また、元本受益者と収益受益者（No.111参照）とが異なる信託を「受益権が複層化された信託」という。元本受益権及び収益受益権は、信託法及び租税法上の概念ではなく、相基通9-13の概念である。

相続税法の規定によって、贈与又は遺贈により取得したものとみなされる信託に関する権利又は利益を取得した者は、その信託財産に属する資産及び負債を取得し、又は承継したものとみなして、相続税法（41条２項を除く）の規定が適用される（相続税法９条の２第６項）。よって、元本と収益の受益者が同一人である信託について、その受益権は、財産評価基本通達に従って評価した課税時期における信託財産の価額によって評価する（財基通202）。

対して、受益権が複層化された信託（受益者連続型信託（信託法91条に規定する信託、同法89条１項に規定する信託その他これらの信託に類するものとして相続税法施行令１条の８に定めるもの）を除く）については、その元本受益権の相続税評価額は、財産評価基本通達に従って評価した課税時期における信託財産の価額から収益受益権の評価額を控除したものとなる（収益受益権の評価額については No.111に記載する）。

また、受益権が複層化された受益者連続型信託については、収益に関する権利はその権利の価値に作用する要因としての制約は付されていないものとみなすため（相続税法９条の３第１項）、元本受益権は価値を有しないとみなされる。よって、収益受益権の相続税評価額は信託財産の全部の価額、元本受益権の相続税評価額は零となる（相基通９の3-1）。ただし、収益受益権を有する者が法人である場合はこの限りではない。なお、その信託が終了した場合において、元本受益者が適正な対価を負担せずに残余財産を取得したときは、その残余財産を受益者等から贈与又は遺贈により取得したものとみなし（相続税法９条の２第４項）、信託財産の価額に課税される（相基通９の3-1注）。

No.111 収《しゅう》益《えき》受《じゅ》益《えき》権《けん》

関連する条文	相続税法９条３・相続税法基本通達9-13・9の3-1、財産評価基本通達202 2編
関連・類似用語	受益権（No.071）、元本受益権（No.110）

信託に関する権利のうち信託財産の管理及び運用によって生ずる利益を受ける権利をいい、この権利を有する者を収益受益者という（相基通9-13）。

受益権が複層化された信託（受益者連続型信託を除く。詳細はNo.110参照）について、収益受益権の相続税評価額は、課税時期の現況において推算した受益者が将来受けるべき利益の価額ごとに、課税時期からそれぞれの受益の時期までの期間に応ずる基準年利率による複利現価率を乗じて計算した金額の合計額によって計算する（財基通202）。これは、将来受け取る利益を現在価値に割り引いた金額の合計額を意味する（右図参照）。

なお、受益権が複層化された受益者連続型信託の場合の収益受益権の相続税評価額については、相続税法９条の３に特則が定められている。その内容については、No.110参照。

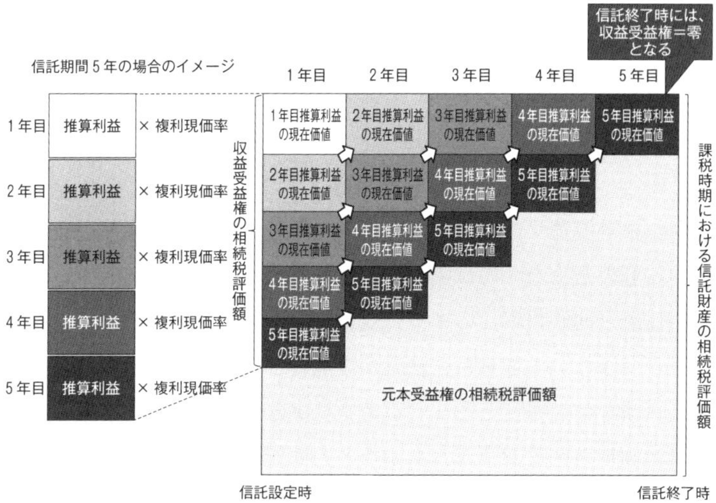

No.112 法《ほう》人《じん》課《か》税《ぜい》信《しん》託《たく》

関連する条文	法人税法２条１第29の２号 2編
関連・類似用語	受益者の定めのない信託（目的信託）（No.101）、受益者等課税信託（No.109）、受託者等が存しない信託（No.113）

法人課税信託とは、特定受益証券発行信託以外の受益証券発行信託、受益者等が存しない信託（No.113参照）、法人が委託者となる一定の信託、投資信託、特定目的信託のうち集団投資信託並びに退職年金等信託及び特定公益信託等に該当しないものをいう。

税法上、信託の所得に対する課税においては、受益者（No.070

参照）が信託財産に属する資産及び負債を有するものとみなし、かつ、信託財産に帰せられる収益及び費用は当該受益者の収益及び費用とみなして課税される（いわゆる「パススルー課税」。所得税法13条１項、法人税法12条１項）。

しかし、まず、受益証券発行信託（信託法185条）では証券化した受益権が流通するため受益者が信託財産に属する資産及び負債を有するものとみなすのは実態に合致しない。また、受益者の定めのない信託（同法11章）のように受益者等が存しない場合には受益者課税ができない。さらに、法人が委託者となり事業に必要な重要な資産負債を信託財産とし、受益者を株主とすることで法人税の租税回避に利用されるおそれがあるなどの問題が生じる。

そこで、受託者段階で受託者の固有資産に帰属する所得とは区分して法人税を課することを定めている（所得税法６条の２・６条の３、法人税法４条の６・４条の７）。

No.113 受《じゅ》益《えき》者《しゃ》等《とう》が存《そん》しない信《しん》託《たく》

関連する条文	法人税法２条29号の２ロ 2編
関連・類似用語	受益者の定めのない信託（目的信託）（No.101）

税法上、受益者等が存しない信託（法人税法２条29号の２ロ）は、法人課税信託（同条29号の２）とされている。

ところで、信託法においては、受益者の定めのない信託（目的信託）（No.101参照）が定められ、遺言による目的信託では、委託者の相続人は原則として委託者の地位を承継しないこととされた（信託法147条）。また、平成19年度税制改正においては、税法上、信託財産に属する資産を有するものとみなされる者（受益者等）の範囲が実態に応じて見直された。

受益者等とは、受益者としての権利を現に有する受益者及びみなし受益者をいう（法人税法12条１項及び２項）。

これらに伴い受益者等が存しない信託が存しうる構造となったが、受益者等が存しない信託は、信託財産に属する資産を有するものとみなすべき者が存在しないものの、信託から所得は生ずることから、これに課税しないことは適当でないため、一義的な所得の帰属主体である受託者に対し各事業年度の所得に対する法人税を課税することとされた。

受託者が個人である場合も法人税の納税義務者となり（同法４条４項）、その信託期間中においては、受託者を納税義務者としてその信託の信託財産に係る所得について、その受託者の固有財産に係る所得とは区分して法人税が課税される（同法４条の６）。

ただし、特定公益信託等（同法12条４項２号）については、受託者に対しては課税せず、信託財産の給付時にその給付を受ける者に対し課税することとされている。

なお、この受益者等が存しない信託について受益者等が存することとなった場合には、他の法人課税信託の類型に該当する場合を除き、法人課税信託ではなくなることとなる（同法４条の７第８号）。

（財務省「平成19年度税制改正の解説」76、81、88、308、314、322、323頁）

受益者が指定されているが、まだ存在していない場合、例えばこれから生まれてくる孫が受益者とされている信託は法人課税となる。

　また、純粋なペットのための信託（自然人・法人を受益者としないもの）は、動物であるペットには権利能力がなく受益者等にならないため、受益者等が存しない場合として法人課税信託となる。

第2編

信託関連法令

信託法

平成18年12月15日法律第108号

第1章　総則

（趣旨）

第1条　信託の要件、効力等については、他の法令に定めるもののほか、この法律の定めるところによる。

（定義）

第2条　この法律において「信託」とは、次条各号に掲げる方法のいずれかにより、特定の者が一定の目的（専らその者の利益を図る目的を除く。同条において同じ。）に従い財産の管理又は処分及びその他の当該目的の達成のために必要な行為をすべきものとすることをいう。

2　この法律において「信託行為」とは、次の各号に掲げる信託の区分に応じ、当該各号に定めるものをいう。

一　次条第1号に掲げる方法による信託　同号の信託契約

二　次条第2号に掲げる方法による信託　同号の遺言

三　次条第3号に掲げる方法による信託　同号の書面又は電磁的記録（同号に規定する電磁的記録をいう。）によってする意思表示

3　この法律において「信託財産」とは、受託者に属する財産であって、信託により管理又は処分をすべき一切の財産をいう。

4　この法律において「委託者」とは、次条各号に掲げる方法により信託をする者をいう。

5　この法律において「受託者」とは、信託行為の定めに従い、信託財産に属する財産の管理又は処分及びその他の信託の目的の達成のために必要な行為をすべき義務を負う者をいう。

6　この法律において「受益者」とは、受益権を有する者をいう。

7　この法律において「受益権」とは、信託行為に基づいて受託者が受益者に対し負う債務であって信託財産に属する財産の引渡しその他の信託財産に係る給付をすべきものに係る債権（以下「受益債権」という。）及びこれを確保するためにこの法律の規定に基づいて受託者その他の者に対し一定の行為を求めることができる権利をいう。

8　この法律において「固有財産」とは、受託者に属する財産であって、信託財産に属する財産でない一切の財産をいう。

9　この法律において「信託財産責任負担債務」とは、受託者が信託財産に属する財産をもって履行する責任を負う債務をいう。

10　この法律において「信託の併合」とは、受託者を同一とする2以上の信託

の信託財産の全部を1の新たな信託の信託財産とすることをいう。

11　この法律において「吸収信託分割」とは、ある信託の信託財産の一部を受託者を同一とする他の信託の信託財産として移転することをいい、「新規信託分割」とは、ある信託の信託財産の一部を受託者を同一とする新たな信託の信託財産として移転することをいい、「信託の分割」とは、吸収信託分割又は新規信託分割をいう。

12　この法律において「限定責任信託」とは、受託者が当該信託のすべての信託財産責任負担債務について信託財産に属する財産のみをもってその履行の責任を負う信託をいう。

（信託の方法）

第3条　信託は、次に掲げる方法のいずれかによってする。

一　特定の者との間で、当該特定の者に対し財産の譲渡、担保権の設定その他の財産の処分をする旨並びに当該特定の者が一定の目的に従い財産の管理又は処分及びその他の当該目的の達成のために必要な行為をすべき旨の契約（以下「信託契約」という。）を締結する方法

二　特定の者に対し財産の譲渡、担保権の設定その他の財産の処分をする旨並びに当該特定の者が一定の目的に従い財産の管理又は処分及びその他の当該目的の達成のために必要な行為をすべき旨の遺言をする方法

三　特定の者が一定の目的に従い自己の有する一定の財産の管理又は処分及びその他の当該目的の達成のために必要な行為を自らすべき旨の意思表示を公正証書その他の書面又は電磁的記録（電子的方式、磁気的方式その他人の知覚によっては認識することができない方式で作られる記録であって、電子計算機による情報処理の用に供されるものとして法務省令で定めるものをいう。以下同じ。）で当該目的、当該財産の特定に必要な事項その他の法務省令で定める事項を記載し又は記録したものによってする方法

（信託の効力の発生）

第4条　前条第1号に掲げる方法によってされる信託は、委託者となるべき者と受託者となるべき者との間の信託契約の締結によってその効力を生ずる。

2　前条第2号に掲げる方法によってされる信託は、当該遺言の効力の発生によってその効力を生ずる。

3　前条第3号に掲げる方法によってされる信託は、次の各号に掲げる場合の区分に応じ、当該各号に定めるものによってその効力を生ずる。

一　公正証書又は公証人の認証を受けた書面若しくは電磁的記録（以下この号及び次号において「公正証書等」と総称する。）によってされる場合　当該公正証書等の作成

二　公正証書等以外の書面又は電磁的記録によってされる場合　受益者となるべき者として指定された第三者（当該第三者が2人以上ある場合にあっ

ては、その１人）に対する確定日付のある証書による当該信託がされた旨及びその内容の通知

４　前３項の規定にかかわらず、信託は、信託行為に停止条件又は始期が付されているときは、当該停止条件の成就又は当該始期の到来によってその効力を生ずる。

（遺言信託における信託の引受けの催告）

第５条　第３条第２号に掲げる方法によって信託がされた場合において、当該遺言に受託者となるべき者を指定する定めがあるときは、利害関係人は、受託者となるべき者として指定された者に対し、相当の期間を定めて、その期間内に信託の引受けをするかどうかを確答すべき旨を催告することができる。ただし、当該定めに停止条件又は始期が付されているときは、当該停止条件が成就し、又は当該始期が到来した後に限る。

２　前項の規定による催告があった場合において、受託者となるべき者として指定された者は、同項の期間内に委託者の相続人に対し確答をしないときは、信託の引受けをしなかったものとみなす。

３　委託者の相続人が現に存しない場合における前項の規定の適用については、同項中「委託者の相続人」とあるのは、「受益者（２人以上の受益者が現に存する場合にあってはその１人、信託管理人が現に存する場合にあっては信託管理人）」とする。

（遺言信託における裁判所による受託者の選任）

第６条　第３条第２号に掲げる方法によって信託がされた場合において、当該遺言に受託者の指定に関する定めがないとき、又は受託者となるべき者として指定された者が信託の引受けをせず、若しくはこれをすることができないときは、裁判所は、利害関係人の申立てにより、受託者を選任することができる。

２　前項の申立てについての裁判には、理由を付さなければならない。

３　第１項の規定による受託者の選任の裁判に対しては、受益者又は既に存する受託者に限り、即時抗告をすることができる。

４　前項の即時抗告は、執行停止の効力を有する。

（受託者の資格）

第７条　信託は、未成年者を受託者としてすることができない。

（受託者の利益享受の禁止）

第８条　受託者は、受益者として信託の利益を享受する場合を除き、何人の名義をもってするかを問わず、信託の利益を享受することができない。

（脱法信託の禁止）

第９条　法令によりある財産権を享有することができない者は、その権利を有するのと同一の利益を受益者として享受することができない。

（詐訟信託の禁止）

第10条　信託は、訴訟行為をさせることを主たる目的としてすることができない。

（詐害信託の取消し等）

第11条　委託者がその債権者を害することを知って信託をした場合には、受託者が債権者を害することを知っていたか否かにかかわらず、債権者は、受託者を被告として、民法（明治29年法律第89号）第424条第３項に規定する詐害行為取消請求をすることができる。ただし、受益者が現に存する場合においては、当該受益者（当該受益者の中に受益権を譲り受けた者がある場合にあっては、当該受益者及びその前に受益権を譲り渡した全ての者）の全部が、受益者としての指定（信託行為の定めにより又は第89条第１項に規定する受益者指定権等の行使により受益者又は変更後の受益者として指定されることをいう。以下同じ。）を受けたことを知った時（受益権を譲り受けた者にあっては、受益権を譲り受けた時）において債権者を害することを知っていたときに限る。

2　前項の規定による詐害行為取消請求を認容する判決が確定した場合において、信託財産責任負担債務に係る債権を有する債権者（委託者であるものを除く。）が当該債権を取得した時において債権者を害することを知らなかったときは、委託者は、当該債権を有する債権者に対し、当該信託財産責任負担債務について弁済の責任を負う。ただし、同項の規定による詐害行為取消請求により受託者から委託者に移転する財産の価額を限度とする。

3　前項の規定の適用については、第49条第１項（第53条第２項及び第54条第４項において準用する場合を含む。）の規定により受託者が有する権利は、金銭債権とみなす。

4　委託者がその債権者を害することを知って信託をした場合において、受益者が受託者から信託財産に属する財産の給付を受けたときは、債権者は、受益者を被告として、民法第424条第３項に規定する詐害行為取消請求をすることができる。ただし、当該受益者（当該受益者が受益権を譲り受けた者である場合にあっては、当該受益者及びその前に受益権を譲り渡した全ての者）が、受益者としての指定を受けたことを知った時（受益権を譲り受けた者にあっては、受益権を譲り受けた時）において債権者を害することを知っていたときに限る。

5　委託者がその債権者を害することを知って信託をした場合には、債権者は、受益者を被告として、その受益権を委託者に譲り渡すことを訴えをもって請求することができる。この場合においては、前項ただし書の規定を準用する。

6　民法第426条の規定は、前項の規定による請求権について準用する。

7　受益者の指定又は受益権の譲渡に当たっては、第１項本文、第４項本文又は第５項前段の規定の適用を不当に免れる目的で、債権者を害することを知らない者（以下この項において「善意者」という。）を無償（無償と同視すべき有償を含む。以下この項において同じ。）で受益者として指定し、又は善意者に対し無償で受益権を譲り渡してはならない。

8　前項の規定に違反する受益者の指定又は受益権の譲渡により受益者となった者については、第１項ただし書及び第４項ただし書（第５項後段において準用する場合を含む。）の規定は、適用しない。

（詐害信託の否認等）

第12条　破産者が委託者としてした信託における破産法（平成16年法律第75号）第160条第１項の規定の適用については、同項各号中「これによって利益を受けた者が、その行為の当時」とあるのは「受益者が現に存する場合においては、当該受益者（当該受益者の中に受益権を譲り受けた者がある場合にあっては、当該受益者及びその前に受益権を譲り渡した全ての者）の全部が信託法第11条第１項に規定する受益者としての指定を受けたことを知った時（受益権を譲り受けた者にあっては、受益権を譲り受けた時）において」と、「知らなかったときは、この限りでない」とあるのは「知っていたときに限る」とする。

2　破産者が破産債権者を害することを知って委託者として信託をした場合には、破産管財人は、受益者を被告として、その受益権を破産財団に返還することを訴えをもって請求することができる。この場合においては、前条第４項ただし書の規定を準用する。

3　再生債務者が委託者としてした信託における民事再生法（平成11年法律第225号）第127条第１項の規定の適用については、同項各号中「これによって利益を受けた者が、その行為の当時」とあるのは「受益者が現に存する場合においては、当該受益者（当該受益者の中に受益権を譲り受けた者がある場合にあっては、当該受益者及びその前に受益権を譲り渡した全ての者）の全部が信託法（平成18年法律第108号）第11条第１項に規定する受益者としての指定を受けたことを知った時（受益権を譲り受けた者にあっては、受益権を譲り受けた時）において」と、「知らなかったときは、この限りでない」とあるのは「知っていたときに限る」とする。

4　再生債務者が再生債権者を害することを知って委託者として信託をした場合には、否認権限を有する監督委員又は管財人は、受益者を被告として、その受益権を再生債務者財産（民事再生法第12条第１項第１号に規定する再生債務者財産をいう。第25条第４項において同じ。）に返還することを訴えをもって請求することができる。この場合においては、前条第４項ただし書の規定を準用する。

5　前２項の規定は、更生会社（会社更生法（平成14年法律第154号）第２条第７項に規定する更生会社又は金融機関等の更生手続の特例等に関する法律（平成８年法律第95号）第169条第７項に規定する更生会社をいう。）又は更生協同組織金融機関（同法第４条第７項に規定する更生協同組織金融機関をいう。）について準用する。この場合において、第３項中「民事再生法（平成11年法律第225号）第127条第１項」とあるのは「会社更生法（平成14年法律第154号）第86条第１項並びに金融機関等の更生手続の特例等に関する法律（平成８年法律第95号）第57条第１項及び第223条第１項」と、「同項各号」とあるのは「これらの規定」と、前項中「再生債権者」とあるのは「更生債権者又は更生担保権者」と、「否認権限を有する監督委員又は管財人」とあるのは「管財人」と、「再生債務者財産（民事再生法第12条第１項第１号に規定する再生債務者財産をいう。第25条第４項において同じ。）」とあるのは「更生会社財産（会社更生法第２条第14項に規定する更生会社財産又は金融機関等の更生手続の特例等に関する法律第169条第14項に規定する更生会社財産をいう。）又は更生協同組織金融機関財産（同法第４条第14項に規定する更生協同組織金融機関財産をいう。）」と読み替えるものとする。

（会計の原則）

第13条　信託の会計は、一般に公正妥当と認められる会計の慣行に従うものとする。

第２章　信託財産等

（信託財産に属する財産の対抗要件）

第14条　登記又は登録をしなければ権利の得喪及び変更を第三者に対抗することができない財産については、信託の登記又は登録をしなければ、当該財産が信託財産に属することを第三者に対抗することができない。

（信託財産に属する財産の占有の瑕《か》疵《し》の承継）

第15条　受託者は、信託財産に属する財産の占有について、委託者の占有の瑕《か》疵《し》を承継する。

（信託財産の範囲）

第16条　信託行為において信託財産に属すべきものと定められた財産のほか、次に掲げる財産は、信託財産に属する。

一　信託財産に属する財産の管理、処分、滅失、損傷その他の事由により受託者が得た財産

二　次条、第18条、第19条（第84条の規定により読み替えて適用する場合を含む。以下この号において同じ。）、第226条第３項、第228条第３項及び第254条第２項の規定により信託財産に属することとなった財産（第18条第１項（同条第３項において準用する場合を含む。）の規定により信託財産

に属するものとみなされた共有持分及び第19条の規定による分割によって信託財産に属することとされた財産を含む。）

（信託財産に属する財産の付合等）

第17条　信託財産に属する財産と固有財産若しくは他の信託の信託財産に属する財産との付合若しくは混和又はこれらの財産を材料とする加工があった場合には、各信託の信託財産及び固有財産に属する財産は各別の所有者に属するものとみなして、民法第242条から第248条までの規定を適用する。

第18条　信託財産に属する財産と固有財産に属する財産とを識別することができなくなった場合（前条に規定する場合を除く。）には、各財産の共有持分が信託財産と固有財産とに属するものとみなす。この場合において、その共有持分の割合は、その識別することができなくなった当時における各財産の価格の割合に応ずる。

2　前項の共有持分は、相等しいものと推定する。

3　前２項の規定は、ある信託の受託者が他の信託の受託者を兼ねる場合において、各信託の信託財産に属する財産を識別することができなくなったとき（前条に規定する場合を除く。）について準用する。この場合において、第１項中「信託財産と固有財産と」とあるのは、「各信託の信託財産」と読み替えるものとする。

（信託財産と固有財産等とに属する共有物の分割）

第19条　受託者に属する特定の財産について、その共有持分が信託財産と固有財産とに属する場合には、次に掲げる方法により、当該財産の分割をすることができる。

一　信託行為において定めた方法

二　受託者と受益者（信託管理人が現に存する場合にあっては、信託管理人）との協議による方法

三　分割をすることが信託の目的の達成のために合理的に必要と認められる場合であって、受益者の利益を害しないことが明らかであるとき、又は当該分割の信託財産に与える影響、当該分割の目的及び態様、受託者の受益者との実質的な利害関係の状況その他の事情に照らして正当な理由があるときは、受託者が決する方法

2　前項に規定する場合において、同項第２号の協議が調わないときその他同項各号に掲げる方法による分割をすることができないときは、受託者又は受益者（信託管理人が現に存する場合にあっては、信託管理人）は、裁判所に対し、同項の共有物の分割を請求することができる。

3　受託者に属する特定の財産について、その共有持分が信託財産と他の信託の信託財産とに属する場合には、次に掲げる方法により、当該財産の分割をすることができる。

一　各信託の信託行為において定めた方法
二　各信託の受益者（信託管理人が現に存する場合にあっては、信託管理人）の協議による方法
三　各信託について、分割をすることが信託の目的の達成のために合理的に必要と認められる場合であって、受益者の利益を害しないことが明らかであるとき、又は当該分割の信託財産に与える影響、当該分割の目的及び態様、受託者の受益者との実質的な利害関係の状況その他の事情に照らして正当な理由があるときは、各信託の受託者が決する方法

4　前項に規定する場合において、同項第２号の協議が調わないときその他同項各号に掲げる方法による分割をすることができないときは、各信託の受益者（信託管理人が現に存する場合にあっては、信託管理人）は、裁判所に対し、同項の共有物の分割を請求することができる。

（信託財産に属する財産についての混同の特例）

第20条　同一物について所有権及び他の物権が信託財産と固有財産又は他の信託の信託財産とにそれぞれ帰属した場合には、民法第179条第１項本文の規定にかかわらず、当該他の物権は、消滅しない。

2　所有権以外の物権及びこれを目的とする他の権利が信託財産と固有財産又は他の信託の信託財産とにそれぞれ帰属した場合には、民法第179条第２項前段の規定にかかわらず、当該他の権利は、消滅しない。

3　次に掲げる場合には、民法第520条本文の規定にかかわらず、当該債権は、消滅しない。
一　信託財産に属する債権に係る債務が受託者に帰属した場合（信託財産責任負担債務となった場合を除く。）
二　信託財産責任負担債務に係る債権が受託者に帰属した場合（当該債権が信託財産に属することとなった場合を除く。）
三　固有財産又は他の信託の信託財産に属する債権に係る債務が受託者に帰属した場合（信託財産責任負担債務となった場合に限る。）
四　受託者の債務（信託財産責任負担債務を除く。）に係る債権が受託者に帰属した場合（当該債権が信託財産に属することとなった場合に限る。）

（信託財産責任負担債務の範囲）

第21条　次に掲げる権利に係る債務は、信託財産責任負担債務となる。
一　受益債権
二　信託財産に属する財産について信託前の原因によって生じた権利
三　信託前に生じた委託者に対する債権であって、当該債権に係る債務を信託財産責任負担債務とする旨の信託行為の定めがあるもの
四　第103条第１項又は第２項の規定による受益権取得請求権
五　信託財産のためにした行為であって受託者の権限に属するものによって

生じた権利

六　信託財産のためにした行為であって受託者の権限に属しないもののうち、次に掲げるものによって生じた権利

イ　第27条第1項又は第2項（これらの規定を第75条第4項において準用する場合を含む。ロにおいて同じ。）の規定により取り消すことができない行為（当該行為の相手方が、当該行為の当時、当該行為が信託財産のためにされたものであることを知らなかったもの（信託財産に属する財産について権利を設定し又は移転する行為を除く。）を除く。）

ロ　第27条第1項又は第2項の規定により取り消すことができる行為であって取り消されていないもの

七　第31条第六項に規定する処分その他の行為又は同条第7項に規定する行為のうち、これらの規定により取り消すことができない行為又はこれらの規定により取り消すことができる行為であって取り消されていないものによって生じた権利

八　受託者が信託事務を処理するについてした不法行為によって生じた権利

九　第5号から前号までに掲げるもののほか、信託事務の処理について生じた権利

2　信託財産責任負担債務のうち次に掲げる権利に係る債務について、受託者は、信託財産に属する財産のみをもってその履行の責任を負う。

一　受益債権

二　信託行為に第216条第1項の定めがあり、かつ、第232条の定めるところにより登記がされた場合における信託債権（信託財産責任負担債務に係る債権であって、受益債権でないものをいう。以下同じ。）

三　前2号に掲げる場合のほか、この法律の規定により信託財産に属する財産のみをもってその履行の責任を負うものとされる場合における信託債権

四　信託債権を有する者（以下「信託債権者」という。）との間で信託財産に属する財産のみをもってその履行の責任を負う旨の合意がある場合における信託債権

（信託財産に属する債権等についての相殺の制限）

第22条　受託者が固有財産又は他の信託の信託財産（第1号において「固有財産等」という。）に属する財産のみをもって履行する責任を負う債務（第1号及び第2号において「固有財産等責任負担債務」という。）に係る債権を有する者は、当該債権をもって信託財産に属する債権に係る債務と相殺をすることができない。ただし、次に掲げる場合は、この限りでない。

一　当該固有財産等責任負担債務に係る債権を有する者が、当該債権を取得した時又は当該信託財産に属する債権に係る債務を負担した時のいずれか遅い時において、当該信託財産に属する債権が固有財産等に属するもので

ないことを知らず、かつ、知らなかったことにつき過失がなかった場合

二　当該固有財産等責任負担債務に係る債権を有する者が、当該債権を取得した時又は当該信託財産に属する債権に係る債務を負担した時のいずれか遅い時において、当該固有財産等責任負担債務が信託財産責任負担債務でないことを知らず、かつ、知らなかったことにつき過失がなかった場合

2　前項本文の規定は、第31条第2項各号に掲げる場合において、受託者が前項の相殺を承認したときは、適用しない。

3　信託財産責任負担債務（信託財産に属する財産のみをもってその履行の責任を負うものに限る。）に係る債権を有する者は、当該債権をもって固有財産に属する債権に係る債務と相殺をすることができない。ただし、当該信託財産責任負担債務に係る債権を有する者が、当該債権を取得した時又は当該固有財産に属する債権に係る債務を負担した時のいずれか遅い時において、当該固有財産に属する債権が信託財産に属するものでないことを知らず、かつ、知らなかったことにつき過失がなかった場合は、この限りでない。

4　前項本文の規定は、受託者が同項の相殺を承認したときは、適用しない。

（信託財産に属する財産に対する強制執行等の制限等）

第23条　信託財産責任負担債務に係る債権（信託財産に属する財産について生じた権利を含む。次項において同じ。）に基づく場合を除き、信託財産に属する財産に対しては、強制執行、仮差押え、仮処分若しくは担保権の実行若しくは競売（担保権の実行としてのものを除く。以下同じ。）又は国税滞納処分（その例による処分を含む。以下同じ。）をすることができない。

2　第3条第3号に掲げる方法によって信託がされた場合において、委託者がその債権者を害することを知って当該信託をしたときは、前項の規定にかかわらず、信託財産責任負担債務に係る債権を有する債権者のほか、当該委託者（受託者であるものに限る。）に対する債権で信託前に生じたものを有する者は、信託財産に属する財産に対し、強制執行、仮差押え、仮処分若しくは担保権の実行若しくは競売又は国税滞納処分をすることができる。

3　第11条第1項ただし書、第7項及び第8項の規定は、前項の規定の適用について準用する。

4　前2項の規定は、第2項の信託がされた時から2年間を経過したときは、適用しない。

5　第1項又は第2項の規定に違反してされた強制執行、仮差押え、仮処分又は担保権の実行若しくは競売に対しては、受託者又は受益者は、異議を主張することができる。この場合においては、民事執行法（昭和54年法律第4号）第38条及び民事保全法（平成元年法律第91号）第45条の規定を準用する。

6　第1項又は第2項の規定に違反してされた国税滞納処分に対しては、受託

者又は受益者は、異議を主張することができる。この場合においては、当該異議の主張は、当該国税滞納処分について不服の申立てをする方法でする。

（費用又は報酬の支弁等）

第24条　前条第５項又は第６項の規定による異議に係る訴えを提起した受益者が勝訴（一部勝訴を含む。）した場合において、当該訴えに係る訴訟に関し、必要な費用（訴訟費用を除く。）を支出したとき又は弁護士、弁護士法人、司法書士若しくは司法書士法人に報酬を支払うべきときは、その費用又は報酬は、その額の範囲内で相当と認められる額を限度として、信託財産から支弁する。

2　前項の訴えを提起した受益者が敗訴した場合であっても、悪意があったときを除き、当該受益者は、受託者に対し、これによって生じた損害を賠償する義務を負わない。

（信託財産と受託者の破産手続等との関係等）

第25条　受託者が破産手続開始の決定を受けた場合であっても、信託財産に属する財産は、破産財団に属しない。

2　前項の場合には、受益債権は、破産債権とならない。信託債権であって受託者が信託財産に属する財産のみをもってその履行の責任を負うものも、同様とする。

3　第１項の場合には、破産法第252条第１項の免責許可の決定による信託債権（前項に規定する信託債権を除く。）に係る債務の免責は、信託財産との関係においては、その効力を主張することができない。

4　受託者が再生手続開始の決定を受けた場合であっても、信託財産に属する財産は、再生債務者財産に属しない。

5　前項の場合には、受益債権は、再生債権とならない。信託債権であって受託者が信託財産に属する財産のみをもってその履行の責任を負うものも、同様とする。

6　第４項の場合には、再生計画、再生計画認可の決定又は民事再生法第235条第１項の免責の決定による信託債権（前項に規定する信託債権を除く。）に係る債務の免責又は変更は、信託財産との関係においては、その効力を主張することができない。

7　前３項の規定は、受託者が更生手続開始の決定を受けた場合について準用する。この場合において、第四項中「再生債務者財産」とあるのは「更生会社財産（会社更生法第２条第14項に規定する更生会社財産又は金融機関等の更生手続の特例等に関する法律第169条第14項に規定する更生会社財産をいう。）又は更生協同組織金融機関財産（同法第４条第14項に規定する更生協同組織金融機関財産をいう。）」と、第５項中「再生債権」とあるのは「更生債権又は更生担保権」と、前項中「再生計画、再生計画認可の決定又は民事再生法第235条第１項の免責の決定」とあるのは「更生計画又は更生計画認可の決定」と読み替えるものとする。

第３章　受託者等

第１節　受託者の権限

（受託者の権限の範囲）

第26条　受託者は、信託財産に属する財産の管理又は処分及びその他の信託の目的の達成のために必要な行為をする権限を有する。ただし、信託行為によりその権限に制限を加えることを妨げない。

（受託者の権限違反行為の取消し）

第27条　受託者が信託財産のためにした行為がその権限に属しない場合において、次のいずれにも該当するときは、受益者は、当該行為を取り消すことができる。

一　当該行為の相手方が、当該行為の当時、当該行為が信託財産のためにされたものであることを知っていたこと。

二　当該行為の相手方が、当該行為の当時、当該行為が受託者の権限に属しないことを知っていたこと又は知らなかったことにつき重大な過失があったこと。

2　前項の規定にかかわらず、受託者が信託財産に属する財産（第14条の信託の登記又は登録をすることができるものに限る。）について権利を設定し又は移転した行為がその権限に属しない場合には、次のいずれにも該当するときに限り、受益者は、当該行為を取り消すことができる。

一　当該行為の当時、当該信託財産に属する財産について第14条の信託の登記又は登録がされていたこと。

二　当該行為の相手方が、当該行為の当時、当該行為が受託者の権限に属しないことを知っていたこと又は知らなかったことにつき重大な過失があったこと。

3　２人以上の受益者のうちの１人が前２項の規定による取消権を行使したときは、その取消しは、他の受益者のためにも、その効力を生ずる。

4　第１項又は第２項の規定による取消権は、受益者（信託管理人が現に存する場合にあっては、信託管理人）が取消しの原因があることを知った時から３箇月間行使しないときは、時効によって消滅する。行為の時から１年を経過したときも、同様とする。

（信託事務の処理の第三者への委託）

第28条　受託者は、次に掲げる場合には、信託事務の処理を第三者に委託することができる。

一　信託行為に信託事務の処理を第三者に委託する旨又は委託することがで

きる旨の定めがあるとき。
二　信託行為に信託事務の処理の第三者への委託に関する定めがない場合において、信託事務の処理を第三者に委託することが信託の目的に照らして相当であると認められるとき。
三　信託行為に信託事務の処理を第三者に委託してはならない旨の定めがある場合において、信託事務の処理を第三者に委託することにつき信託の目的に照らしてやむを得ない事由があると認められるとき。

第２節　受託者の義務等

（受託者の注意義務）

第29条　受託者は、信託の本旨に従い、信託事務を処理しなければならない。

２　受託者は、信託事務を処理するに当たっては、善良な管理者の注意をもって、これをしなければならない。ただし、信託行為に別段の定めがあるときは、その定めるところによる注意をもって、これをするものとする。

（忠実義務）

第30条　受託者は、受益者のため忠実に信託事務の処理その他の行為をしなければならない。

（利益相反行為の制限）

第31条　受託者は、次に掲げる行為をしてはならない。

一　信託財産に属する財産（当該財産に係る権利を含む。）を固有財産に帰属させ、又は固有財産に属する財産（当該財産に係る権利を含む。）を信託財産に帰属させること。
二　信託財産に属する財産（当該財産に係る権利を含む。）を他の信託の信託財産に帰属させること。
三　第三者との間において信託財産のためにする行為であって、自己が当該第三者の代理人となって行うもの
四　信託財産に属する財産につき固有財産に属する財産のみをもって履行する責任を負う債務に係る債権を被担保債権とする担保権を設定することその他第三者との間において信託財産のためにする行為であって受託者又はその利害関係人と受益者との利益が相反することとなるもの

２　前項の規定にかかわらず、次のいずれかに該当するときは、同項各号に掲げる行為をすることができる。ただし、第２号に掲げる事由にあっては、同号に該当する場合でも当該行為をすることができない旨の信託行為の定めがあるときは、この限りでない。

一　信託行為に当該行為をすることを許容する旨の定めがあるとき。
二　受託者が当該行為について重要な事実を開示して受益者の承認を得たとき。

三　相続その他の包括承継により信託財産に属する財産に係る権利が固有財産に帰属したとき。

四　受託者が当該行為をすることが信託の目的の達成のために合理的に必要と認められる場合であって、受益者の利益を害しないことが明らかであるとき、又は当該行為の信託財産に与える影響、当該行為の目的及び態様、受託者の受益者との実質的な利害関係の状況その他の事情に照らして正当な理由があるとき。

3　受託者は、第１項各号に掲げる行為をしたときは、受益者に対し、当該行為についての重要な事実を通知しなければならない。ただし、信託行為に別段の定めがあるときは、その定めるところによる。

4　第１項及び第２項の規定に違反して第１項第１号又は第２号に掲げる行為がされた場合には、これらの行為は、無効とする。

5　前項の行為は、受益者の追認により、当該行為の時にさかのぼってその効力を生ずる。

6　第４項に規定する場合において、受託者が第三者との間において第１項第１号又は第２号の財産について処分その他の行為をしたときは、当該第三者が同項及び第２項の規定に違反して第１項第１号又は第２号に掲げる行為がされたことを知っていたとき又は知らなかったことにつき重大な過失があったときに限り、受益者は、当該処分その他の行為を取り消すことができる。この場合においては、第27条第３項及び第４項の規定を準用する。

7　第１項及び第２項の規定に違反して第１項第３号又は第４号に掲げる行為がされた場合には、当該第三者がこれを知っていたとき又は知らなかったことにつき重大な過失があったときに限り、受益者は、当該行為を取り消すことができる。この場合においては、第27条第３項及び第４項の規定を準用する。

第32条　受託者は、受託者として有する権限に基づいて信託事務の処理としてすることができる行為であってこれをしないことが受益者の利益に反するものについては、これを固有財産又は受託者の利害関係人の計算でしてはならない。

2　前項の規定にかかわらず、次のいずれかに該当するときは、同項に規定する行為を固有財産又は受託者の利害関係人の計算ですることができる。ただし、第２号に掲げる事由にあっては、同号に該当する場合でも当該行為を固有財産又は受託者の利害関係人の計算ですることができない旨の信託行為の定めがあるときは、この限りでない。

一　信託行為に当該行為を固有財産又は受託者の利害関係人の計算ですることを許容する旨の定めがあるとき。

二　受託者が当該行為を固有財産又は受託者の利害関係人の計算ですること

について重要な事実を開示して受益者の承認を得たとき。

3　受託者は、第1項に規定する行為を固有財産又は受託者の利害関係人の計算でした場合には、受益者に対し、当該行為についての重要な事実を通知しなければならない。ただし、信託行為に別段の定めがあるときは、その定めるところによる。

4　第1項及び第2項の規定に違反して受託者が第1項に規定する行為をした場合には、受益者は、当該行為は信託財産のためにされたものとみなすことができる。ただし、第三者の権利を害することはできない。

5　前項の規定による権利は、当該行為の時から1年を経過したときは、消滅する。

（公平義務）

第33条　受益者が2人以上ある信託においては、受託者は、受益者のために公平にその職務を行わなければならない。

（分別管理義務）

第34条　受託者は、信託財産に属する財産と固有財産及び他の信託の信託財産に属する財産とを、次の各号に掲げる財産の区分に応じ、当該各号に定める方法により、分別して管理しなければならない。ただし、分別して管理する方法について、信託行為に別段の定めがあるときは、その定めるところによる。

一　第14条の信託の登記又は登録をすることができる財産（第3号に掲げるものを除く。）　当該信託の登記又は登録

二　第14条の信託の登記又は登録をすることができない財産（次号に掲げるものを除く。）　次のイ又はロに掲げる財産の区分に応じ、当該イ又はロに定める方法

イ　動産（金銭を除く。）　信託財産に属する財産と固有財産及び他の信託の信託財産に属する財産とを外形上区別することができる状態で保管する方法

ロ　金銭その他のイに掲げる財産以外の財産　その計算を明らかにする方法

三　法務省令で定める財産　当該財産を適切に分別して管理する方法として法務省令で定めるもの

2　前項ただし書の規定にかかわらず、同項第1号に掲げる財産について第14条の信託の登記又は登録をする義務は、これを免除することができない。

（信託事務の処理の委託における第三者の選任及び監督に関する義務）

第35条　第28条の規定により信託事務の処理を第三者に委託するときは、受託者は、信託の目的に照らして適切な者に委託しなければならない。

2　第28条の規定により信託事務の処理を第三者に委託したときは、受託者

は、当該第三者に対し、信託の目的の達成のために必要かつ適切な監督を行わなければならない。

3　受託者が信託事務の処理を次に掲げる第三者に委託したときは、前２項の規定は、適用しない。ただし、受託者は、当該第三者が不適任若しくは不誠実であること又は当該第三者による事務の処理が不適切であることを知ったときは、その旨の受益者に対する通知、当該第三者への委託の解除その他の必要な措置をとらなければならない。

一　信託行為において指名された第三者

二　信託行為において受託者が委託者又は受益者の指名に従い信託事務の処理を第三者に委託する旨の定めがある場合において、当該定めに従い指名された第三者

4　前項ただし書の規定にかかわらず、信託行為に別段の定めがあるときは、その定めるところによる。

（信託事務の処理の状況についての報告義務）

第36条　委託者又は受益者は、受託者に対し、信託事務の処理の状況並びに信託財産に属する財産及び信託財産責任負担債務の状況について報告を求めることができる。

（帳簿等の作成等、報告及び保存の義務）

第37条　受託者は、信託事務に関する計算並びに信託財産に属する財産及び信託財産責任負担債務の状況を明らかにするため、法務省令で定めるところにより、信託財産に係る帳簿その他の書類又は電磁的記録を作成しなければならない。

2　受託者は、毎年１回、一定の時期に、法務省令で定めるところにより、貸借対照表、損益計算書その他の法務省令で定める書類又は電磁的記録を作成しなければならない。

3　受託者は、前項の書類又は電磁的記録を作成したときは、その内容について受益者（信託管理人が現に存する場合にあっては、信託管理人）に報告しなければならない。ただし、信託行為に別段の定めがあるときは、その定めるところによる。

4　受託者は、第１項の書類又は電磁的記録を作成した場合には、その作成の日から10年間（当該期間内に信託の清算の結了があったときは、その日までの間。次項において同じ。）、当該書類（当該書類に代えて電磁的記録を法務省令で定める方法により作成した場合にあっては、当該電磁的記録）又は電磁的記録（当該電磁的記録に代えて書面を作成した場合にあっては、当該書面）を保存しなければならない。ただし、受益者（２人以上の受益者が現に存する場合にあってはそのすべての受益者、信託管理人が現に存する場合にあっては信託管理人。第６項ただし書において同じ。）に対し、当該書類若

しくはその写しを交付し、又は当該電磁的記録に記録された事項を法務省令で定める方法により提供したときは、この限りでない。

5　受託者は、信託財産に属する財産の処分に係る契約書その他の信託事務の処理に関する書類又は電磁的記録を作成し、又は取得した場合には、その作成又は取得の日から10年間、当該書類（当該書類に代えて電磁的記録を法務省令で定める方法により作成した場合にあっては、当該電磁的記録）又は電磁的記録（当該電磁的記録に代えて書面を作成した場合にあっては、当該書面）を保存しなければならない。この場合においては、前項ただし書の規定を準用する。

6　受託者は、第2項の書類又は電磁的記録を作成した場合には、信託の清算の結了の日までの間、当該書類（当該書類に代えて電磁的記録を法務省令で定める方法により作成した場合にあっては、当該電磁的記録）又は電磁的記録（当該電磁的記録に代えて書面を作成した場合にあっては、当該書面）を保存しなければならない。ただし、その作成の日から10年間を経過した後において、受益者に対し、当該書類若しくはその写しを交付し、又は当該電磁的記録に記録された事項を法務省令で定める方法により提供したときは、この限りでない。

（帳簿等の閲覧等の請求）

第38条　受益者は、受託者に対し、次に掲げる請求をすることができる。この場合においては、当該請求の理由を明らかにしてしなければならない。

一　前条第1項又は第5項の書類の閲覧又は謄写の請求

二　前条第1項又は第5項の電磁的記録に記録された事項を法務省令で定める方法により表示したものの閲覧又は謄写の請求

2　前項の請求があったときは、受託者は、次のいずれかに該当すると認められる場合を除き、これを拒むことができない。

一　当該請求を行う者（以下この項において「請求者」という。）がその権利の確保又は行使に関する調査以外の目的で請求を行ったとき。

二　請求者が不適当な時に請求を行ったとき。

三　請求者が信託事務の処理を妨げ、又は受益者の共同の利益を害する目的で請求を行ったとき。

四　請求者が当該信託に係る業務と実質的に競争関係にある事業を営み、又はこれに従事するものであるとき。

五　請求者が前項の規定による閲覧又は謄写によって知り得た事実を利益を得て第三者に通報するため請求したとき。

六　請求者が、過去2年以内において、前項の規定による閲覧又は謄写によって知り得た事実を利益を得て第三者に通報したことがあるものであるとき。

3　前項（第１号及び第２号を除く。）の規定は、受益者が２人以上ある信託のすべての受益者から第１項の請求があったとき、又は受益者が１人である信託の当該受益者から同項の請求があったときは、適用しない。
4　信託行為において、次に掲げる情報以外の情報について、受益者が同意をしたときは第１項の規定による閲覧又は謄写の請求をすることができない旨の定めがある場合には、当該同意をした受益者（その承継人を含む。以下この条において同じ。）は、その同意を撤回することができない。
一　前条第２項の書類又は電磁的記録の作成に欠くことのできない情報その他の信託に関する重要な情報
二　当該受益者以外の者の利益を害するおそれのない情報
5　受託者は、前項の同意をした受益者から第１項の規定による閲覧又は謄写の請求があったときは、前項各号に掲げる情報に該当する部分を除き、これを拒むことができる。
6　利害関係人は、受託者に対し、次に掲げる請求をすることができる。
一　前条第２項の書類の閲覧又は謄写の請求
二　前条第２項の電磁的記録に記録された事項を法務省令で定める方法により表示したものの閲覧又は謄写の請求

（他の受益者の氏名等の開示の請求）

第39条　受益者が２人以上ある信託においては、受益者は、受託者に対し、次に掲げる事項を相当な方法により開示することを請求することができる。この場合においては、当該請求の理由を明らかにしてしなければならない。
一　他の受益者の氏名又は名称及び住所
二　他の受益者が有する受益権の内容
2　前項の請求があったときは、受託者は、次のいずれかに該当すると認められる場合を除き、これを拒むことができない。
一　当該請求を行う者（以下この項において「請求者」という。）がその権利の確保又は行使に関する調査以外の目的で請求を行ったとき。
二　請求者が不適当な時に請求を行ったとき。
三　請求者が信託事務の処理を妨げ、又は受益者の共同の利益を害する目的で請求を行ったとき。
四　請求者が前項の規定による開示によって知り得た事実を利益を得て第三者に通報するため請求を行ったとき。
五　請求者が、過去２年以内において、前項の規定による開示によって知り得た事実を利益を得て第三者に通報したことがあるものであるとき。
3　前２項の規定にかかわらず、信託行為に別段の定めがあるときは、その定めるところによる。

第３節　受託者の責任等

（受託者の損失てん補責任等）

第40条　受託者がその任務を怠ったことによって次の各号に掲げる場合に該当するに至ったときは、受益者は、当該受託者に対し、当該各号に定める措置を請求することができる。ただし、第２号に定める措置にあっては、原状の回復が著しく困難であるとき、原状の回復をするのに過分の費用を要するとき、その他受託者に原状の回復をさせることを不適当とする特別の事情があるときは、この限りでない。

一　信託財産に損失が生じた場合　当該損失のてん補

二　信託財産に変更が生じた場合　原状の回復

２　受託者が第28条の規定に違反して信託事務の処理を第三者に委託した場合において、信託財産に損失又は変更を生じたときは、受託者は、第三者に委託をしなかったとしても損失又は変更が生じたことを証明しなければ、前項の責任を免れることができない。

３　受託者が第30条、第31条第１項及び第２項又は第32条第１項及び第２項の規定に違反する行為をした場合には、受託者は、当該行為によって受託者又はその利害関係人が得た利益の額と同額の損失を信託財産に生じさせたものと推定する。

４　受託者が第34条の規定に違反して信託財産に属する財産を管理した場合において、信託財産に損失又は変更を生じたときは、受託者は、同条の規定に従い分別して管理をしたとしても損失又は変更が生じたことを証明しなければ、第１項の責任を免れることができない。

（法人である受託者の役員の連帯責任）

第41条　法人である受託者の理事、取締役若しくは執行役又はこれらに準ずる者は、当該法人が前条の規定による責任を負う場合において、当該法人が行った法令又は信託行為の定めに違反する行為につき悪意又は重大な過失があるときは、受益者に対し、当該法人と連帯して、損失のてん補又は原状の回復をする責任を負う。

（損失てん補責任等の免除）

第42条　受益者は、次に掲げる責任を免除することができる。

一　第40条の規定による責任

二　前条の規定による責任

（損失填補責任等に係る債権の期間の制限）

第43条　第40条の規定による責任に係る債権の消滅時効は、債務の不履行によって生じた責任に係る債権の消滅時効の例による。

２　第41条の規定による責任に係る債権は、次に掲げる場合には、時効によって消滅する。

一　受益者が当該債権を行使することができることを知った時から５年間行使しないとき。

二　当該債権を行使することができる時から10年間行使しないとき。

3　第40条又は第41条の規定による責任に係る受益者の債権の消滅時効は、受益者が受益者としての指定を受けたことを知るに至るまでの間（受益者が現に存しない場合にあっては、信託管理人が選任されるまでの間）は、進行しない。

4　前項に規定する債権は、受託者がその任務を怠ったことによって信託財産に損失又は変更が生じた時から20年を経過したときは、消滅する。

（受益者による受託者の行為の差止め）

第44条　受託者が法令若しくは信託行為の定めに違反する行為をし、又はこれらの行為をするおそれがある場合において、当該行為によって信託財産に著しい損害が生ずるおそれがあるときは、受益者は、当該受託者に対し、当該行為をやめることを請求することができる。

2　受託者が第33条の規定に違反する行為をし、又はこれをするおそれがある場合において、当該行為によって一部の受益者に著しい損害が生ずるおそれがあるときは、当該受益者は、当該受託者に対し、当該行為をやめることを請求することができる。

（費用又は報酬の支弁等）

第45条　第40条、第41条又は前条の規定による請求に係る訴えを提起した受益者が勝訴（一部勝訴を含む。）した場合において、当該訴えに係る訴訟に関し、必要な費用（訴訟費用を除く。）を支出したとき又は弁護士、弁護士法人、司法書士若しくは司法書士法人に報酬を支払うべきときは、その費用又は報酬は、その額の範囲内で相当と認められる額を限度として、信託財産から支弁する。

2　前項の訴えを提起した受益者が敗訴した場合であっても、悪意があったときを除き、当該受益者は、受託者に対し、これによって生じた損害を賠償する義務を負わない。

（検査役の選任）

第46条　受託者の信託事務の処理に関し、不正の行為又は法令若しくは信託行為の定めに違反する重大な事実があることを疑うに足りる事由があるときは、受益者は、信託事務の処理の状況並びに信託財産に属する財産及び信託財産責任負担債務の状況を調査させるため、裁判所に対し、検査役の選任の申立てをすることができる。

2　前項の申立てがあった場合には、裁判所は、これを不適法として却下する場合を除き、検査役を選任しなければならない。

3　第１項の申立てを却下する裁判には、理由を付さなければならない。

4　第１項の規定による検査役の選任の裁判に対しては、不服を申し立てることができない。

5　第２項の検査役は、信託財産から裁判所が定める報酬を受けることができる。

6　前項の規定による検査役の報酬を定める裁判をする場合には、受託者及び第２項の検査役の陳述を聴かなければならない。

7　第５項の規定による検査役の報酬を定める裁判に対しては、受託者及び第２項の検査役に限り、即時抗告をすることができる。

第47条　前条第２項の検査役は、その職務を行うため必要があるときは、受託者に対し、信託事務の処理の状況並びに信託財産に属する財産及び信託財産責任負担債務の状況について報告を求め、又は当該信託に係る帳簿、書類その他の物件を調査することができる。

2　前条第２項の検査役は、必要な調査を行い、当該調査の結果を記載し、又は記録した書面又は電磁的記録（法務省令で定めるものに限る。）を裁判所に提供して報告をしなければならない。

3　裁判所は、前項の報告について、その内容を明瞭（りよう）にし、又はその根拠を確認するため必要があると認めるときは、前条第２項の検査役に対し、更に前項の報告を求めることができる。

4　前条第２項の検査役は、第２項の報告をしたときは、受託者及び同条第１項の申立てをした受益者に対し、第２項の書面の写しを交付し、又は同項の電磁的記録に記録された事項を法務省令で定める方法により提供しなければならない。

5　受託者は、前項の規定による書面の写しの交付又は電磁的記録に記録された事項の法務省令で定める方法による提供があったときは、直ちに、その旨を受益者（前条第１項の申立てをしたものを除く。次項において同じ。）に通知しなければならない。ただし、信託行為に別段の定めがあるときは、その定めるところによる。

6　裁判所は、第２項の報告があった場合において、必要があると認めるときは、受託者に対し、同項の調査の結果を受益者に通知することその他の当該報告の内容を周知するための適切な措置をとるべきことを命じなければならない。

第４節　受託者の費用等及び信託報酬等

（信託財産からの費用等の償還等）

第48条　受託者は、信託事務を処理するのに必要と認められる費用を固有財産から支出した場合には、信託財産から当該費用及び支出の日以後におけるその利息（以下「費用等」という。）の償還を受けることができる。ただし、信託行為に別段の定めがあるときは、その定めるところによる。
2　受託者は、信託事務を処理するについて費用を要するときは、信託財産からその前払を受けることができる。ただし、信託行為に別段の定めがあるときは、その定めるところによる。
3　受託者は、前項本文の規定により信託財産から費用の前払を受けるには、受益者に対し、前払を受ける額及びその算定根拠を通知しなければならない。ただし、信託行為に別段の定めがあるときは、その定めるところによる。
4　第1項又は第2項の規定にかかわらず、費用等の償還又は費用の前払は、受託者が第40条の規定による責任を負う場合には、これを履行した後でなければ、受けることができない。ただし、信託行為に別段の定めがあるときは、その定めるところによる。
5　第1項又は第2項の場合には、受託者が受益者との間の合意に基づいて当該受益者から費用等の償還又は費用の前払を受けることを妨げない。

(費用等の償還等の方法)

第49条　受託者は、前条第1項又は第2項の規定により信託財産から費用等の償還又は費用の前払を受けることができる場合には、その額の限度で、信託財産に属する金銭を固有財産に帰属させることができる。
2　前項に規定する場合において、必要があるときは、受託者は、信託財産に属する財産（当該財産を処分することにより信託の目的を達成することができないこととなるものを除く。）を処分することができる。ただし、信託行為に別段の定めがあるときは、その定めるところによる。
3　第1項に規定する場合において、第31条第2項各号のいずれかに該当するときは、受託者は、第1項の規定により有する権利の行使に代えて、信託財産に属する財産で金銭以外のものを固有財産に帰属させることができる。ただし、信託行為に別段の定めがあるときは、その定めるところによる。
4　第1項の規定により受託者が有する権利は、信託財産に属する財産に対し強制執行又は担保権の実行の手続が開始したときは、これらの手続との関係においては、金銭債権とみなす。
5　前項の場合には、同項に規定する権利の存在を証する文書により当該権利を有することを証明した受託者も、同項の強制執行又は担保権の実行の手続において、配当要求をすることができる。
6　各債権者（信託財産責任負担債務に係る債権を有する債権者に限る。以下この項及び次項において同じ。）の共同の利益のためにされた信託財産に属する財産の保存、清算又は配当に関する費用等について第1項の規定により受託者が有する権利は、第4項の強制執行又は担保権の実行の手続において、他の債権者（当該費用等がすべての債権者に有益でなかった場合にあっては、当該費用等によって利益を受けていないものを除く。）の権利に優先する。この場合においては、その順位は、民法第307条第１項に規定する先取特権と同順位とする。

7　次の各号に該当する費用等について第１項の規定により受託者が有する権利は、当該各号に掲げる区分に応じ、当該各号の財産に係る第４項の強制執行又は担保権の実行の手続において、当該各号に定める金額について、他の債権者の権利に優先する。

一　信託財産に属する財産の保存のために支出した金額その他の当該財産の価値の維持のために必要であると認められるもの　その金額

二　信託財産に属する財産の改良のために支出した金額その他の当該財産の価値の増加に有益であると認められるもの　その金額又は現に存する増価額のいずれか低い金額

（信託財産責任負担債務の弁済による受託者の代位）

第50条　受託者は、信託財産責任負担債務を固有財産をもって弁済した場合において、これにより前条第１項の規定による権利を有することとなったときは、当該信託財産責任負担債務に係る債権を有する債権者に代位する。この場合においては、同項の規定により受託者が有する権利は、その代位との関係においては、金銭債権とみなす。

2　前項の規定により受託者が同項の債権者に代位するときは、受託者は、遅滞なく、当該債権者の有する債権が信託財産責任負担債務に係る債権である旨及びこれを固有財産をもって弁済した旨を当該債権者に通知しなければならない。

（費用等の償還等と同時履行）

第51条　受託者は、第49条第１項の規定により受託者が有する権利が消滅するまでは、受益者又は第182条第１項第２号に規定する帰属権利者に対する信託財産に係る給付をすべき債務の履行を拒むことができる。ただし、信託行為に別段の定めがあるときは、その定めるところによる。

（信託財産が費用等の償還等に不足している場合の措置）

第52条　受託者は、第48条第１項又は第２項の規定により信託財産から費用等の償還又は費用の前払を受けるのに信託財産（第49条第２項の規定により処分することができないものを除く。第１号及び第４項において同じ。）が不足している場合において、委託者及び受益者に対し次に掲げる事項を通知し、第２号の相当の期間を経過しても委託者又は受益者から費用等の償還又は費用の前払を受けなかったときは、信託を終了させることができる。

一　信託財産が不足しているため費用等の償還又は費用の前払を受けることができない旨

二　受託者の定める相当の期間内に委託者又は受益者から費用等の償還又は

費用の前払を受けないときは、信託を終了させる旨

2　委託者が現に存しない場合における前項の規定の適用については、同項中「委託者及び受益者」とあり、及び「委託者又は受益者」とあるのは、「受益者」とする。

3　受益者が現に存しない場合における第1項の規定の適用については、同項中「委託者及び受益者」とあり、及び「委託者又は受益者」とあるのは、「委託者」とする。

4　第48条第1項又は第2項の規定により信託財産から費用等の償還又は費用の前払を受けるのに信託財産が不足している場合において、委託者及び受益者が現に存しないときは、受託者は、信託を終了させることができる。

（信託財産からの損害の賠償）

第53条　受託者は、次の各号に掲げる場合には、当該各号に定める損害の額について、信託財産からその賠償を受けることができる。ただし、信託行為に別段の定めがあるときは、その定めるところによる。

一　受託者が信託事務を処理するため自己に過失なく損害を受けた場合　当該損害の額

二　受託者が信託事務を処理するため第三者の故意又は過失によって損害を受けた場合（前号に掲げる場合を除く。）　当該第三者に対し賠償を請求することができる額

2　第48条第4項及び第5項、第49条（第6項及び第7項を除く。）並びに前2条の規定は、前項の規定による信託財産からの損害の賠償について準用する。

（受託者の信託報酬）

第54条　受託者は、信託の引受けについて商法（明治32年法律第48号）第512条の規定の適用がある場合のほか、信託行為に受託者が信託財産から信託報酬（信託事務の処理の対価として受託者の受ける財産上の利益をいう。以下同じ。）を受ける旨の定めがある場合に限り、信託財産から信託報酬を受けることができる。

2　前項の場合には、信託報酬の額は、信託行為に信託報酬の額又は算定方法に関する定めがあるときはその定めるところにより、その定めがないときは相当の額とする。

3　前項の定めがないときは、受託者は、信託財産から信託報酬を受けるには、受益者に対し、信託報酬の額及びその算定の根拠を通知しなければならない。

4　第48条第4項及び第5項、第49条（第6項及び第7項を除く。）、第51条並びに第52条並びに民法第648条第2項及び第3項並びに第648条の2の規定は、受託者の信託報酬について準用する。

（受託者による担保権の実行）

第55条　担保権が信託財産である信託において、信託行為において受益者が当該担保権によって担保される債権に係る債権者とされている場合には、担保権者である受託者は、信託事務として、当該担保権の実行の申立てをし、売却代金の配当又は弁済金の交付を受けることができる。

第5節　受託者の変更等

第1款　受託者の任務の終了

（受託者の任務の終了事由）

第56条　受託者の任務は、信託の清算が結了した場合のほか、次に掲げる事由によって終了する。ただし、第2号又は第3号に掲げる事由による場合にあっては、信託行為に別段の定めがあるときは、その定めるところによる。

一　受託者である個人の死亡

二　受託者である個人が後見開始又は保佐開始の審判を受けたこと。

三　受託者（破産手続開始の決定により解散するものを除く。）が破産手続開始の決定を受けたこと。

四　受託者である法人が合併以外の理由により解散したこと。

五　次条の規定による受託者の辞任

六　第58条の規定による受託者の解任

七　信託行為において定めた事由

2　受託者である法人が合併をした場合における合併後存続する法人又は合併により設立する法人は、受託者の任務を引き継ぐものとする。受託者である法人が分割をした場合における分割により受託者としての権利義務を承継する法人も、同様とする。

3　前項の規定にかかわらず、信託行為に別段の定めがあるときは、その定めるところによる。

4　第1項第3号に掲げる事由が生じた場合において、同項ただし書の定めにより受託者の任務が終了しないときは、受託者の職務は、破産者が行う。

5　受託者の任務は、受託者が再生手続開始の決定を受けたことによっては、終了しない。ただし、信託行為に別段の定めがあるときは、その定めるところによる。

6　前項本文に規定する場合において、管財人があるときは、受託者の職務の遂行並びに信託財産に属する財産の管理及び処分をする権利は、管財人に専属する。保全管理人があるときも、同様とする。

7　前2項の規定は、受託者が更生手続開始の決定を受けた場合について準用する。この場合において、前項中「管財人があるとき」とあるのは、「管財人があるとき（会社更生法第74条第2項（金融機関等の更生手続の特例等に関する法律第47条及び第213条において準用する場合を含む。）の期間を除く。）」と読み替えるものとする。

（受託者の辞任）

第57条　受託者は、委託者及び受益者の同意を得て、辞任することができる。ただし、信託行為に別段の定めがあるときは、その定めるところによる。

2　受託者は、やむを得ない事由があるときは、裁判所の許可を得て、辞任することができる。

3　受託者は、前項の許可の申立てをする場合には、その原因となる事実を疎明しなければならない。

4　第２項の許可の申立てを却下する裁判には、理由を付さなければならない。

5　第２項の規定による辞任の許可の裁判に対しては、不服を申し立てることができない。

6　委託者が現に存しない場合には、第１項本文の規定は、適用しない。

（受託者の解任）

第58条　委託者及び受益者は、いつでも、その合意により、受託者を解任することができる。

2　委託者及び受益者が受託者に不利な時期に受託者を解任したときは、委託者及び受益者は、受託者の損害を賠償しなければならない。ただし、やむを得ない事由があったときは、この限りでない。

3　前２項の規定にかかわらず、信託行為に別段の定めがあるときは、その定めるところによる。

4　受託者がその任務に違反して信託財産に著しい損害を与えたことその他重要な事由があるときは、裁判所は、委託者又は受益者の申立てにより、受託者を解任することができる。

5　裁判所は、前項の規定により受託者を解任する場合には、受託者の陳述を聴かなければならない。

6　第４項の申立てについての裁判には、理由を付さなければならない。

7　第４項の規定による解任の裁判に対しては、委託者、受託者又は受益者に限り、即時抗告をすることができる。

8　委託者が現に存しない場合には、第１項及び第２項の規定は、適用しない。

第２款　前受託者の義務等

（前受託者の通知及び保管の義務等）

第59条　第56条第１項第３号から第７号までに掲げる事由により受託者の任務が終了した場合には、受託者であった者（以下「前受託者」という。）は、受益者に対し、その旨を通知しなければならない。ただし、信託行為に別段の定めがあるときは、その定めるところによる。

2　第56条第1項第3号に掲げる事由により受託者の任務が終了した場合には、前受託者は、破産管財人に対し、信託財産に属する財産の内容及び所在、信託財産責任負担債務の内容その他の法務省令で定める事項を通知しなければならない。

3　第56条第1項第4号から第7号までに掲げる事由により受託者の任務が終了した場合には、前受託者は、新たな受託者（第64条第1項の規定により信託財産管理者が選任された場合にあっては、信託財産管理者。以下この節において「新受託者等」という。）が信託事務の処理をすることができるに至るまで、引き続き信託財産に属する財産の保管をし、かつ、信託事務の引継ぎに必要な行為をしなければならない。ただし、信託行為に別段の定めがあるときは、その義務を加重することができる。

4　前項の規定にかかわらず、第56条第1項第5号に掲げる事由（第57条第1項の規定によるものに限る。）により受託者の任務が終了した場合には、前受託者は、新受託者等が信託事務の処理をすることができるに至るまで、引き続き受託者としての権利義務を有する。ただし、信託行為に別段の定めがあるときは、この限りでない。

5　第3項の場合（前項本文に規定する場合を除く。）において、前受託者が信託財産に属する財産の処分をしようとするときは、受益者は、前受託者に対し、当該財産の処分をやめることを請求することができる。ただし、新受託者等が信託事務の処理をすることができるに至った後は、この限りでない。

（前受託者の相続人等の通知及び保管の義務等）

第60条　第56条第1項第1号又は第2号に掲げる事由により受託者の任務が終了した場合において、前受託者の相続人（法定代理人が現に存する場合にあっては、その法定代理人）又は成年後見人若しくは保佐人（以下この節において「前受託者の相続人等」と総称する。）がその事実を知っているときは、前受託者の相続人等は、知れている受益者に対し、これを通知しなければならない。ただし、信託行為に別段の定めがあるときは、その定めるところによる。

2　第56条第1項第1号又は第2号に掲げる事由により受託者の任務が終了した場合には、前受託者の相続人等は、新受託者等又は信託財産法人管理人が信託事務の処理をすることができるに至るまで、信託財産に属する財産の保管をし、かつ、信託事務の引継ぎに必要な行為をしなければならない。

3　前項の場合において、前受託者の相続人等が信託財産に属する財産の処分をしようとするときは、受益者は、これらの者に対し、当該財産の処分をやめることを請求することができる。ただし、新受託者等又は信託財産法人管理人が信託事務の処理をすることができるに至った後は、この限りでない。

4　第56条第1項第3号に掲げる事由により受託者の任務が終了した場合には、破産管財人は、新受託者等が信託事務を処理することができるに至るまで、信託財産に属する財産の保管をし、かつ、信託事務の引継ぎに必要な行為をしなければならない。

5　前項の場合において、破産管財人が信託財産に属する財産の処分をしようとするときは、受益者は、破産管財人に対し、当該財産の処分をやめることを請求することができる。ただし、新受託者等が信託事務の処理をすることができるに至った後は、この限りでない。

6　前受託者の相続人等又は破産管財人は、新受託者等又は信託財産法人管理人に対し、第1項、第2項又は第四項の規定による行為をするために支出した費用及び支出の日以後におけるその利息の償還を請求することができる。

7　第49条第6項及び第7項の規定は、前項の規定により前受託者の相続人等又は破産管財人が有する権利について準用する。

(費用又は報酬の支弁等)

第61条　第59条第5項又は前条第3項若しくは第五項の規定による請求に係る訴えを提起した受益者が勝訴（一部勝訴を含む。）した場合において、当該訴えに係る訴訟に関し、必要な費用（訴訟費用を除く。）を支出したとき又は弁護士、弁護士法人、司法書士若しくは司法書士法人に報酬を支払うべきときは、その費用又は報酬は、その額の範囲内で相当と認められる額を限度として、信託財産から支弁する。

2　前項の訴えを提起した受益者が敗訴した場合であっても、悪意があったときを除き、当該受益者は、受託者に対し、これによって生じた損害を賠償する義務を負わない。

第3款　新受託者の選任

第62条　第56条第1項各号に掲げる事由により受託者の任務が終了した場合において、信託行為に新たな受託者（以下「新受託者」という。）に関する定めがないとき、又は信託行為の定めにより新受託者となるべき者として指定された者が信託の引受けをせず、若しくはこれをすることができないときは、委託者及び受益者は、その合意により、新受託者を選任することができる。

2　第56条第1項各号に掲げる事由により受託者の任務が終了した場合において、信託行為に新受託者となるべき者を指定する定めがあるときは、利害関係人は、新受託者となるべき者として指定された者に対し、相当の期間を定めて、その期間内に就任の承諾をするかどうかを確答すべき旨を催告することができる。ただし、当該定めに停止条件又は始期が付されているときは、当該停止条件が成就し、又は当該始期が到来した後に限る。

3　前項の規定による催告があった場合において、新受託者となるべき者として指定された者は、同項の期間内に委託者及び受益者（２人以上の受益者が現に存する場合にあってはその１人、信託管理人が現に存する場合にあっては信託管理人）に対し確答をしないときは、就任の承諾をしなかったものとみなす。

4　第１項の場合において、同項の合意に係る協議の状況その他の事情に照らして必要があると認めるときは、裁判所は、利害関係人の申立てにより、新受託者を選任することができる。

5　前項の申立てについての裁判には、理由を付さなければならない。

6　第４項の規定による新受託者の選任の裁判に対しては、委託者若しくは受益者又は現に存する受託者に限り、即時抗告をすることができる。

7　前項の即時抗告は、執行停止の効力を有する。

8　委託者が現に存しない場合における前各項の規定の適用については、第１項中「委託者及び受益者は、その合意により」とあるのは「受益者は」と、第３項中「委託者及び受益者」とあるのは「受益者」と、第４項中「同項の合意に係る協議の状況」とあるのは「受益者の状況」とする。

第４款　信託財産管理者等

（信託財産管理命令）

第63条　第56条第１項各号に掲げる事由により受託者の任務が終了した場合において、新受託者が選任されておらず、かつ、必要があると認めるときは、新受託者が選任されるまでの間、裁判所は、利害関係人の申立てにより、信託財産管理者による管理を命ずる処分（以下この款において「信託財産管理命令」という。）をすることができる。

2　前項の申立てを却下する裁判には、理由を付さなければならない。

3　裁判所は、信託財産管理命令を変更し、又は取り消すことができる。

4　信託財産管理命令及び前項の規定による決定に対しては、利害関係人に限り、即時抗告をすることができる。

（信託財産管理者の選任等）

第64条　裁判所は、信託財産管理命令をする場合には、当該信託財産管理命令において、信託財産管理者を選任しなければならない。

2　前項の規定による信託財産管理者の選任の裁判に対しては、不服を申し立てることができない。

3　裁判所は、第１項の規定による信託財産管理者の選任の裁判をしたときは、直ちに、次に掲げる事項を公告しなければならない。

一　信託財産管理者を選任した旨
二　信託財産管理者の氏名又は名称
4　前項第2号の規定は、同号に掲げる事項に変更を生じた場合について準用する。
5　信託財産管理命令があった場合において、信託財産に属する権利で登記又は登録がされたものがあることを知ったときは、裁判所書記官は、職権で、遅滞なく、信託財産管理命令の登記又は登録を嘱託しなければならない。
6　信託財産管理命令を取り消す裁判があったとき、又は信託財産管理命令があった後に新受託者が選任された場合において当該新受託者が信託財産管理命令の登記若しくは登録の抹消の嘱託の申立てをしたときは、裁判所書記官は、職権で、遅滞なく、信託財産管理命令の登記又は登録の抹消を嘱託しなければならない。

(前受託者がした法律行為の効力)

第65条　前受託者が前条第1項の規定による信託財産管理者の選任の裁判があった後に信託財産に属する財産に関してした法律行為は、信託財産との関係においては、その効力を主張することができない。
2　前受託者が前条第1項の規定による信託財産管理者の選任の裁判があった日にした法律行為は、当該裁判があった後にしたものと推定する。

(信託財産管理者の権限)

第66条　第64条第1項の規定により信託財産管理者が選任された場合には、受託者の職務の遂行並びに信託財産に属する財産の管理及び処分をする権利は、信託財産管理者に専属する。
2　2人以上の信託財産管理者があるときは、これらの者が共同してその権限に属する行為をしなければならない。ただし、裁判所の許可を得て、それぞれ単独にその職務を行い、又は職務を分掌することができる。
3　2人以上の信託財産管理者があるときは、第三者の意思表示は、その1人に対してすれば足りる。
4　信託財産管理者が次に掲げる行為の範囲を超える行為をするには、裁判所の許可を得なければならない。
一　保存行為
二　信託財産に属する財産の性質を変えない範囲内において、その利用又は改良を目的とする行為
5　前項の規定に違反して行った信託財産管理者の行為は、無効とする。ただし、信託財産管理者は、これをもって善意の第三者に対抗することができない。
6　信託財産管理者は、第2項ただし書又は第4項の許可の申立てをする場合には、その原因となる事実を疎明しなければならない。

7　第２項ただし書又は第４項の許可の申立てを却下する裁判には、理由を付さなければならない。
8　第２項ただし書又は第４項の規定による許可の裁判に対しては、不服を申し立てることができない。

（信託財産に属する財産の管理）

第67条　信託財産管理者は、就職の後直ちに信託財産に属する財産の管理に着手しなければならない。

（当事者適格）

第68条　信託財産に関する訴えについては、信託財産管理者を原告又は被告とする。

（信託財産管理者の義務等）

第69条　信託財産管理者は、その職務を行うに当たっては、受託者と同一の義務及び責任を負う。

（信託財産管理者の辞任及び解任）

第70条　第57条第２項から第５項までの規定は信託財産管理者の辞任について、第58条第４項から第７項までの規定は信託財産管理者の解任について、それぞれ準用する。この場合において、第57条第２項中「やむを得ない事由」とあるのは、「正当な事由」と読み替えるものとする。

（信託財産管理者の報酬等）

第71条　信託財産管理者は、信託財産から裁判所が定める額の費用の前払及び報酬を受けることができる。
2　前項の規定による費用又は報酬の額を定める裁判をする場合には、信託財産管理者の陳述を聴かなければならない。
3　第１項の規定による費用又は報酬の額を定める裁判に対しては、信託財産管理者に限り、即時抗告をすることができる。

（信託財産管理者による新受託者への信託事務の引継ぎ等）

第72条　第77条の規定は、信託財産管理者の選任後に新受託者が就任した場合について準用する。この場合において、同条第１項中「受益者（２人以上の受益者が現に存する場合にあってはそのすべての受益者、信託管理人が現に存する場合にあっては信託管理人）」とあり、同条第２項中「受益者（信託管理人が現に存する場合にあっては、信託管理人。次項において同じ。）」とあり、及び同条第３項中「受益者」とあるのは「新受託者」と、同条第２項中「当該受益者」とあるのは「当該新受託者」と読み替えるものとする。

（受託者の職務を代行する者の権限）

第73条　第66条の規定は、受託者の職務を代行する者を選任する仮処分命令により選任された受託者の職務を代行する者について準用する。

（受託者の死亡により任務が終了した場合の信託財産の帰属等）

第74条　第56条第１項第１号に掲げる事由により受託者の任務が終了した場合には、信託財産は、法人とする。

2　前項に規定する場合において、必要があると認めるときは、裁判所は、利害関係人の申立てにより、信託財産法人管理人による管理を命ずる処分（第６項において「信託財産法人管理命令」という。）をすることができる。

3　第63条第２項から第４項までの規定は、前項の申立てに係る事件について準用する。

4　新受託者が就任したときは、第１項の法人は、成立しなかったものとみなす。ただし、信託財産法人管理人がその権限内でした行為の効力を妨げない。

5　信託財産法人管理人の代理権は、新受託者が信託事務の処理をすることができるに至った時に消滅する。

6　第64条の規定は信託財産法人管理命令をする場合について、第66条から第72条までの規定は信託財産法人管理人について、それぞれ準用する。

第５款　受託者の変更に伴う権利義務の承継等

（信託に関する権利義務の承継等）

第75条　第56条第１項各号に掲げる事由により受託者の任務が終了した場合において、新受託者が就任したときは、新受託者は、前受託者の任務が終了した時に、その時に存する信託に関する権利義務を前受託者から承継したものとみなす。

2　前項の規定にかかわらず、第56条第１項第５号に掲げる事由（第57条第１項の規定によるものに限る。）により受託者の任務が終了した場合（第59条第４項ただし書の場合を除く。）には、新受託者は、新受託者等が就任した時に、その時に存する信託に関する権利義務を前受託者から承継したものとみなす。

3　前２項の規定は、新受託者が就任するに至るまでの間に前受託者、信託財産管理者又は信託財産法人管理人がその権限内でした行為の効力を妨げない。

4　第27条の規定は、新受託者等が就任するに至るまでの間に前受託者がその権限に属しない行為をした場合について準用する。

5　前受託者（その相続人を含む。以下この条において同じ。）が第40条の規定による責任を負う場合又は法人である前受託者の理事、取締役若しくは執行役若しくはこれらに準ずる者（以下この項において「理事等」と総称する。）が第41条の規定による責任を負う場合には、新受託者等又は信託財産法人管理人は、前受託者又は理事等に対し、第40条又は第41条の規定による請求をすることができる。

6　前受託者が信託財産から費用等の償還若しくは損害の賠償を受けることができ、又は信託報酬を受けることができる場合には、前受託者は、新受託者等又は信託財産法人管理人に対し、費用等の償還若しくは損害の賠償又は信託報酬の支払を請求することができる。ただし、新受託者等又は信託財産法人管理人は、信託財産に属する財産のみをもってこれを履行する責任を負う。

7　第48条第4項並びに第49条第6項及び第7項の規定は、前項の規定により前受託者が有する権利について準用する。

8　新受託者が就任するに至るまでの間に信託財産に属する財産に対し既にされている強制執行、仮差押え若しくは仮処分の執行又は担保権の実行若しくは競売の手続は、新受託者に対し続行することができる。

9　前受託者は、第6項の規定による請求に係る債権の弁済を受けるまで、信託財産に属する財産を留置することができる。

（承継された債務に関する前受託者及び新受託者の責任）

第76条　前条第1項又は第2項の規定により信託債権に係る債務が新受託者に承継された場合にも、前受託者は、自己の固有財産をもって、その承継された債務を履行する責任を負う。ただし、信託財産に属する財産のみをもって当該債務を履行する責任を負うときは、この限りでない。

2　新受託者は、前項本文に規定する債務を承継した場合には、信託財産に属する財産のみをもってこれを履行する責任を負う。

（前受託者による新受託者等への信託事務の引継ぎ等）

第77条　新受託者等が就任した場合には、前受託者は、遅滞なく、信託事務に関する計算を行い、受益者（2人以上の受益者が現に存する場合にあってはそのすべての受益者、信託管理人が現に存する場合にあっては信託管理人）に対しその承認を求めるとともに、新受託者等が信託事務の処理を行うのに必要な信託事務の引継ぎをしなければならない。

2　受益者（信託管理人が現に存する場合にあっては、信託管理人。次項において同じ。）が前項の計算を承認した場合には、同項の規定による当該受益者に対する信託事務の引継ぎに関する責任は、免除されたものとみなす。ただし、前受託者の職務の執行に不正の行為があったときは、この限りでない。

3　受益者が前受託者から第1項の計算の承認を求められた時から1箇月以内に異議を述べなかった場合には、当該受益者は、同項の計算を承認したものとみなす。

（前受託者の相続人等又は破産管財人による新受託者等への信託事務の引継ぎ等）

第78条　前条の規定は、第56条第1項第1号又は第2号に掲げる事由により受託者の任務が終了した場合における前受託者の相続人等及び同項第３号に掲げる事由により受託者の任務が終了した場合における破産管財人について準用する。

第６節　受託者が２人以上ある信託の特例

（信託財産の合有）

第79条　受託者が２人以上ある信託においては、信託財産は、その合有とする。

（信託事務の処理の方法）

第80条　受託者が２人以上ある信託においては、信託事務の処理については、受託者の過半数をもって決する。

2　前項の規定にかかわらず、保存行為については、各受託者が単独で決することができる。

3　前２項の規定により信託事務の処理について決定がされた場合には、各受託者は、当該決定に基づいて信託事務を執行することができる。

4　前３項の規定にかかわらず、信託行為に受託者の職務の分掌に関する定めがある場合には、各受託者は、その定めに従い、信託事務の処理について決し、これを執行する。

5　前２項の規定による信託事務の処理についての決定に基づく信託財産のためにする行為については、各受託者は、他の受託者を代理する権限を有する。

6　前各項の規定にかかわらず、信託行為に別段の定めがあるときは、その定めるところによる。

7　受託者が２人以上ある信託においては、第三者の意思表示は、その１人に対してすれば足りる。ただし、受益者の意思表示については、信託行為に別段の定めがあるときは、その定めるところによる。

（職務分掌者の当事者適格）

第81条　前条第４項に規定する場合には、信託財産に関する訴えについて、各受託者は、自己の分掌する職務に関し、他の受託者のために原告又は被告となる。

（信託事務の処理についての決定の他の受託者への委託）

第82条　受託者が２人以上ある信託においては、各受託者は、信託行為に別段の定めがある場合又はやむを得ない事由がある場合を除き、他の受託者に対し、信託事務（常務に属するものを除く。）の処理についての決定を委託することができない。

（信託事務の処理に係る債務の負担関係）

第83条　受託者が２人以上ある信託において、信託事務を処理するに当たって各受託者が第三者に対し債務を負担した場合には、各受託者は、連帯債務者とする。

2　前項の規定にかかわらず、信託行為に受託者の職務の分掌に関する定めがある場合において、ある受託者がその定めに従い信託事務を処理するに当たって第三者に対し債務を負担したときは、他の受託者は、信託財産に属する財産のみをもってこれを履行する責任を負う。ただし、当該第三者が、その債務の負担の原因である行為の当時、当該行為が信託事務の処理としてされたこと及び受託者が２人以上ある信託であることを知っていた場合であって、信託行為に受託者の職務の分掌に関する定めがあることを知らず、かつ、知らなかったことにつき過失がなかったときは、当該他の受託者は、これをもって当該第三者に対抗することができない。

（信託財産と固有財産等とに属する共有物の分割の特例）

第84条　受託者が２人以上ある信託における第19条の規定の適用については、同条第１項中「場合には」とあるのは「場合において、当該信託財産に係る信託に受託者が２人以上あるときは」と、同項第２号中「受託者」とあるのは「固有財産に共有持分が属する受託者」と、同項第３号中「受託者の」とあるのは「固有財産に共有持分が属する受託者の」と、同条第２項中「受託者」とあるのは「固有財産に共有持分が属する受託者」と、同条第３項中「場合には」とあるのは「場合において、当該信託財産に係る信託又は他の信託財産に係る信託に受託者が２人以上あるときは」と、同項第３号中「受託者の」とあるのは「各信託財産の共有持分が属する受託者の」と、「受託者が決する」とあるのは「受託者の協議による」と、同条第四項中「第２号」とあるのは「第２号又は第３号」とする。

（受託者の責任等の特例）

第85条　受託者が２人以上ある信託において、２人以上の受託者がその任務に違反する行為をしたことにより第40条の規定による責任を負う場合には、当該行為をした各受託者は、連帯債務者とする。

2　受託者が２人以上ある信託における第40条第１項及び第41条の規定の適用については、これらの規定中「受益者」とあるのは、「受益者又は他の受託者」とする。

3　受託者が２人以上ある信託において第42条の規定により第40条又は第41条の規定による責任が免除されたときは、他の受託者は、これらの規定によれば当該責任を負うべき者に対し、当該責任の追及に係る請求をすることができない。ただし、信託行為に別段の定めがあるときは、その定めるところによる。

4　受託者が２人以上ある信託における第44条の規定の適用については、同条第１項中「受益者」とあるのは「受益者又は他の受託者」と、同条第２項中

「当該受益者」とあるのは「当該受益者又は他の受託者」とする。

(受託者の変更等の特例)

第86条　受託者が２人以上ある信託における第59条の規定の適用については、同条第１項中「受益者」とあるのは「受益者及び他の受託者」と、同条第３項及び第４項中「受託者の任務」とあるのは「すべての受託者の任務」とする。

2　受託者が２人以上ある信託における第60条の規定の適用については、同条第１項中「受益者」とあるのは「受益者及び他の受託者」と、同条第２項及び第４項中「受託者の任務」とあるのは「すべての受託者の任務」とする。

3　受託者が２人以上ある信託における第74条第１項の規定の適用については、同項中「受託者の任務」とあるのは、「すべての受託者の任務」とする。

4　受託者が２人以上ある信託においては、第75条第１項及び第２項の規定にかかわらず、その１人の任務が第56条第１項各号に掲げる事由により終了した場合には、その任務が終了した時に存する信託に関する権利義務は他の受託者が当然に承継し、その任務は他の受託者が行う。ただし、信託行為に別段の定めがあるときは、その定めるところによる。

(信託の終了の特例)

第87条　受託者が２人以上ある信託における第163条第３号の規定の適用については、同号中「受託者が欠けた場合」とあるのは、「すべての受託者が欠けた場合」とする。

2　受託者が２人以上ある信託においては、受託者の一部が欠けた場合であって、前条第４項ただし書の規定によりその任務が他の受託者によって行われず、かつ、新受託者が就任しない状態が１年間継続したときも、信託は、終了する。

第４章　受益者等

第１節　受益者の権利の取得及び行使

(受益権の取得)

第88条　信託行為の定めにより受益者となるべき者として指定された者（次条第１項に規定する受益者指定権等の行使により受益者又は変更後の受益者として指定された者を含む。）は、当然に受益権を取得する。ただし、信託行為に別段の定めがあるときは、その定めるところによる。

2　受託者は、前項に規定する受益者となるべき者として指定された者が同項の規定により受益権を取得したことを知らないときは、その者に対し、遅滞なく、その旨を通知しなければならない。ただし、信託行為に別段の定めがあるときは、その定めるところによる。

（受益者指定権等）

第89条　受益者を指定し、又はこれを変更する権利（以下この条において「受益者指定権等」という。）を有する者の定めのある信託においては、受益者指定権等は、受託者に対する意思表示によって行使する。

2　前項の規定にかかわらず、受益者指定権等は、遺言によって行使することができる。

3　前項の規定により遺言によって受益者指定権等が行使された場合において、受託者がこれを知らないときは、これにより受益者となったことをもって当該受託者に対抗することができない。

4　受託者は、受益者を変更する権利が行使されたことにより受益者であった者がその受益権を失ったときは、その者に対し、遅滞なく、その旨を通知しなければならない。ただし、信託行為に別段の定めがあるときは、その定めるところによる。

5　受益者指定権等は、相続によって承継されない。ただし、信託行為に別段の定めがあるときは、その定めるところによる。

6　受益者指定権等を有する者が受託者である場合における第１項の規定の適用については、同項中「受託者」とあるのは、「受益者となるべき者」とする。

（委託者の死亡の時に受益権を取得する旨の定めのある信託等の特例）

第90条　次の各号に掲げる信託においては、当該各号の委託者は、受益者を変更する権利を有する。ただし、信託行為に別段の定めがあるときは、その定めるところによる。

一　委託者の死亡の時に受益者となるべき者として指定された者が受益権を取得する旨の定めのある信託

二　委託者の死亡の時以後に受益者が信託財産に係る給付を受ける旨の定めのある信託

2　前項第２号の受益者は、同号の委託者が死亡するまでは、受益者としての権利を有しない。ただし、信託行為に別段の定めがあるときは、その定めるところによる。

（受益者の死亡により他の者が新たに受益権を取得する旨の定めのある信託の特例）

第91条　受益者の死亡により、当該受益者の有する受益権が消滅し、他の者が新たな受益権を取得する旨の定め（受益者の死亡により順次他の者が受益権を取得する旨の定めを含む。）のある信託は、当該信託がされた時から30年を経過した時以後に現に存する受益者が当該定めにより受益権を取得した場合であって当該受益者が死亡するまで又は当該受益権が消滅するまでの間、その効力を有する。

（信託行為の定めによる受益者の権利行使の制限の禁止）

第92条　受益者による次に掲げる権利の行使は、信託行為の定めにより制限することができない。

一　この法律の規定による裁判所に対する申立権
二　第５条第１項の規定による催告権
三　第23条第５項又は第６項の規定による異議を主張する権利
四　第24条第１項の規定による支払の請求権
五　第27条第１項又は第２項（これらの規定を第75条第４項において準用する場合を含む。）の規定による取消権
六　第31条第６項又は第７項の規定による取消権
七　第36条の規定による報告を求める権利
八　第38条第１項又は第６項の規定による閲覧又は謄写の請求権
九　第40条の規定による損失のてん補又は原状の回復の請求権
十　第41条の規定による損失のてん補又は原状の回復の請求権
十一　第44条の規定による差止めの請求権
十二　第45条第１項の規定による支払の請求権
十三　第59条第５項の規定による差止めの請求権
十四　第60条第３項又は第５項の規定による差止めの請求権
十五　第61条第１項の規定による支払の請求権
十六　第62条第２項の規定による催告権
十七　第99条第１項の規定による受益権を放棄する権利
十八　第103条第１項又は第２項の規定による受益権取得請求権
十九　第131条第２項の規定による催告権
二十　第138条第２項の規定による催告権
二十一　第187条第１項の規定による交付又は提供の請求権
二十二　第190条第２項の規定による閲覧又は謄写の請求権
二十三　第198条第１項の規定による記載又は記録の請求権
二十四　第226条第１項の規定による金銭のてん補又は支払の請求権
二十五　第228条第１項の規定による金銭のてん補又は支払の請求権
二十六　第254条第１項の規定による損失のてん補の請求権

第２節　受益権等

第１款　受益権の譲渡等

（受益権の譲渡性）

第93条　受益者は、その有する受益権を譲り渡すことができる。ただし、その性質がこれを許さないときは、この限りでない。

２　前項の規定にかかわらず、受益権の譲渡を禁止し、又は制限する旨の信託

行為の定め（以下この項において「譲渡制限の定め」という。）は、その譲渡制限の定めがされたことを知り、又は重大な過失によって知らなかった譲受人その他の第三者に対抗することができる。

（受益権の譲渡の対抗要件）

第94条　受益権の譲渡は、譲渡人が受託者に通知をし、又は受託者が承諾をしなければ、受託者その他の第三者に対抗することができない。

2　前項の通知及び承諾は、確定日付のある証書によってしなければ、受託者以外の第三者に対抗することができない。

（受益権の譲渡における受託者の抗弁）

第95条　受託者は、前条第１項の通知又は承諾がされるまでに譲渡人に対し生じた事由をもって譲受人に対抗することができる。

（共同相続における受益権の承継の対抗要件）

第95条の２　相続により受益権が承継された場合において、民法第900条及び第901条の規定により算定した相続分を超えて当該受益権を承継した共同相続人が当該受益権に係る遺言の内容（遺産の分割により当該受益権を承継した場合にあっては、当該受益権に係る遺産の分割の内容）を明らかにして受託者にその承継の通知をしたときは、共同相続人の全員が受託者に通知をしたものとみなして、同法第899条の２第１項の規定を適用する。

（受益権の質入れ）

第96条　受益者は、その有する受益権に質権を設定することができる。ただし、その性質がこれを許さないときは、この限りでない。

2　前項の規定にかかわらず、受益権の質入れを禁止し、又は制限する旨の信託行為の定め（以下この項において「質入制限の定め」という。）は、その質入制限の定めがされたことを知り、又は重大な過失によって知らなかった質権者その他の第三者に対抗することができる。

（受益権の質入れの効果）

第97条　受益権を目的とする質権は、次に掲げる金銭等（金銭その他の財産をいう。以下この条及び次条において同じ。）について存在する。

一　当該受益権を有する受益者が受託者から信託財産に係る給付として受けた金銭等

二　第103条第６項に規定する受益権取得請求によって当該受益権を有する受益者が受ける金銭等

三　信託の変更による受益権の併合又は分割によって当該受益権を有する受益者が受ける金銭等

四　信託の併合又は分割（信託の併合又は信託の分割をいう。以下同じ。）によって当該受益権を有する受益者が受ける金銭等

五　前各号に掲げるもののほか、当該受益権を有する受益者が当該受益権に

代わるものとして受ける金銭等

第98条　受益権の質権者は、前条の金銭等（金銭に限る。）を受領し、他の債権者に先立って自己の債権の弁済に充てることができる。

2　前項の債権の弁済期が到来していないときは、受益権の質権者は、受託者に同項に規定する金銭等に相当する金額を供託させることができる。この場合において、質権は、その供託金について存在する。

第2款　受益権の放棄

第99条　受益者は、受託者に対し、受益権を放棄する旨の意思表示をすることができる。ただし、受益者が信託行為の当事者である場合は、この限りでない。

2　受益者は、前項の規定による意思表示をしたときは、当初から受益権を有していなかったものとみなす。ただし、第三者の権利を害することはできない。

第3款　受益債権

（受益債権に係る受託者の責任）

第100条　受益債権に係る債務については、受託者は、信託財産に属する財産のみをもってこれを履行する責任を負う。

（受益債権と信託債権との関係）

第101条　受益債権は、信託債権に後れる。

（受益債権の期間の制限）

第102条　受益債権の消滅時効は、次項及び第3項に定める事項を除き、債権の消滅時効の例による。

2　受益債権の消滅時効は、受益者が受益者としての指定を受けたことを知るに至るまでの間（受益者が現に存しない場合にあっては、信託管理人が選任されるまでの間）は、進行しない。

3　受益債権の消滅時効は、次に掲げる場合に限り、援用することができる。

一　受託者が、消滅時効の期間の経過後、遅滞なく、受益者に対し受益債権の存在及びその内容を相当の期間を定めて通知し、かつ、受益者からその期間内に履行の請求を受けなかったとき。

二　消滅時効の期間の経過時において受益者の所在が不明であるとき、その他信託行為の定め、受益者の状況、関係資料の滅失その他の事情に照らして、受益者に対し前号の規定による通知をしないことについて正当な理由があるとき。

4　受益債権は、これを行使することができる時から20年を経過したときは、消滅する。

第4款　受益権取得請求権

（受益権取得請求）

第103条　次に掲げる事項に係る信託の変更（第3項において「重要な信託の変更」という。）がされる場合には、これにより損害を受けるおそれのある受益者は、受託者に対し、自己の有する受益権を公正な価格で取得することを請求することができる。ただし、第1号又は第2号に掲げる事項に係る信託の変更がされる場合にあっては、これにより損害を受けるおそれのあることを要しない。

一　信託の目的の変更

二　受益権の譲渡の制限

三　受託者の義務の全部又は一部の減免（当該減免について、その範囲及びその意思決定の方法につき信託行為に定めがある場合を除く。）

四　受益債権の内容の変更（当該内容の変更について、その範囲及びその意思決定の方法につき信託行為に定めがある場合を除く。）

五　信託行為において定めた事項

2　信託の併合又は分割がされる場合には、これらにより損害を受けるおそれのある受益者は、受託者に対し、自己の有する受益権を公正な価格で取得することを請求することができる。ただし、前項第1号又は第2号に掲げる事項に係る変更を伴う信託の併合又は分割がされる場合にあっては、これらにより損害を受けるおそれのあることを要しない。

3　前2項の受益者が、重要な信託の変更又は信託の併合若しくは信託の分割（以下この章において「重要な信託の変更等」という。）の意思決定に関与し、その際に当該重要な信託の変更等に賛成する旨の意思を表示したときは、前2項の規定は、当該受益者については、適用しない。

4　受託者は、重要な信託の変更等の意思決定の日から20日以内に、受益者に対し、次に掲げる事項を通知しなければならない。

一　重要な信託の変更等をする旨

二　重要な信託の変更等がその効力を生ずる日（次条第1項において「効力発生日」という。）

三　重要な信託の変更等の中止に関する条件を定めたときは、その条件

5　前項の規定による通知は、官報による公告をもって代えることができる。

6　第1項又は第2項の規定による請求（以下この款において「受益権取得請求」という。）は、第4項の規定による通知又は前項の規定による公告の日から20日以内に、その受益権取得請求に係る受益権の内容を明らかにしてしなければならない。

7　受益権取得請求をした受益者は、受託者の承諾を得た場合に限り、その受益権取得請求を撤回することができる。

8　重要な信託の変更等が中止されたときは、受益権取得請求は、その効力を失う。

（受益権の価格の決定等）

第104条　受益権取得請求があった場合において、受益権の価格の決定について、受託者と受益者との間に協議が調ったときは、受託者は、受益権取得請求の日から60日を経過する日（その日までに効力発生日が到来していない場合にあっては、効力発生日）までにその支払をしなければならない。

2　受益権の価格の決定について、受益権取得請求の日から30日以内に協議が調わないときは、受託者又は受益者は、その期間の満了の日後30日以内に、裁判所に対し、価格の決定の申立てをすることができる。

3　裁判所は、前項の規定により価格の決定をする場合には、同項の申立てをすることができる者の陳述を聴かなければならない。

4　第２項の申立てについての裁判には、理由を付さなければならない。

5　第２項の規定による価格の決定の裁判に対しては、申立人及び同項の申立てをすることができる者に限り、即時抗告をすることができる。

6　前項の即時抗告は、執行停止の効力を有する。

7　前条第７項の規定にかかわらず、第２項に規定する場合において、受益権取得請求の日から60日以内に同項の申立てがないときは、その期間の満了後は、受益者は、いつでも、受益権取得請求を撤回することができる。

8　第１項の受託者は、裁判所の決定した価格に対する同項の期間の満了の日後の利息をも支払わなければならない。

9　受託者は、受益権の価格の決定があるまでは、受益者に対し、当該受託者が公正な価格と認める額を支払うことができる。

10　受益権取得請求に係る受託者による受益権の取得は、当該受益権の価格に相当する金銭の支払の時に、その効力を生ずる。

11　受益証券（第185条第１項に規定する受益証券をいう。以下この章において同じ。）が発行されている受益権について受益権取得請求があったときは、当該受益証券と引換えに、その受益権取得請求に係る受益権の価格に相当する金銭を支払わなければならない。

12　受益権取得請求に係る債務については、受託者は、信託財産に属する財産のみをもってこれを履行する責任を負う。ただし、信託行為又は当該重要な信託の変更等の意思決定において別段の定めがされたときは、その定めるところによる。

13　前条第１項又は第２項の規定により受託者が受益権を取得したときは、その受益権は、消滅する。ただし、信託行為又は当該重要な信託の変更等の意思決定において別段の定めがされたときは、その定めるところによる。

第３節　２人以上の受益者による意思決定の方法の特例

第１款　総則

第105条　受益者が２人以上ある信託における受益者の意思決定（第92条各号に掲げる権利の行使に係るものを除く。）は、すべての受益者の一致によってこれを決する。ただし、信託行為に別段の定めがあるときは、その定めるところによる。

2　前項ただし書の場合において、信託行為に受益者集会における多数決による旨の定めがあるときは、次款の定めるところによる。ただし、信託行為に別段の定めがあるときは、その定めるところによる。

3　第１項ただし書又は前項の規定にかかわらず、第42条の規定による責任の免除に係る意思決定の方法についての信託行為の定めは、次款の定めるところによる受益者集会における多数決による旨の定めに限り、その効力を有する。

4　第１項ただし書及び前２項の規定は、次に掲げる責任の免除については、適用しない。

一　第42条の規定による責任の全部の免除

二　第42条第１号の規定による責任（受託者がその任務を行うにつき悪意又は重大な過失があった場合に生じたものに限る。）の一部の免除

三　第42条第２号の規定による責任の一部の免除

第２款　受益者集会

（受益者集会の招集）

第106条　受益者集会は、必要がある場合には、いつでも、招集することができる。

2　受益者集会は、受託者（信託監督人が現に存する場合にあっては、受託者又は信託監督人）が招集する。

（受益者による招集の請求）

第107条　受益者は、受託者（信託監督人が現に存する場合にあっては、受託者又は信託監督人）に対し、受益者集会の目的である事項及び招集の理由を示して、受益者集会の招集を請求することができる。

2　次に掲げる場合において、信託財産に著しい損害を生ずるおそれがあるときは、前項の規定による請求をした受益者は、受益者集会を招集することができる。

一　前項の規定による請求の後遅滞なく招集の手続が行われない場合

二　前項の規定による請求があった日から８週間以内の日を受益者集会の日とする受益者集会の招集の通知が発せられない場合

（受益者集会の招集の決定）

第108条　受益者集会を招集する者（以下この款において「招集者」という。）は、受益者集会を招集する場合には、次に掲げる事項を定めなければならない。

一　受益者集会の日時及び場所

二　受益者集会の目的である事項があるときは、当該事項

三　受益者集会に出席しない受益者が電磁的方法（電子情報処理組織を使用する方法その他の情報通信の技術を利用する方法であって法務省令で定めるものをいう。以下この款において同じ。）によって議決権を行使することができることとするときは、その旨

四　前３号に掲げるもののほか、法務省令で定める事項

（受益者集会の招集の通知）

第109条　受益者集会を招集するには、招集者は、受益者集会の日の２週間前までに、知れている受益者及び受託者（信託監督人が現に存する場合にあっては、知れている受益者、受託者及び信託監督人）に対し、書面をもってその通知を発しなければならない。

2　招集者は、前項の書面による通知の発出に代えて、政令で定めるところにより、同項の通知を受けるべき者の承諾を得て、電磁的方法により通知を発することができる。この場合において、当該招集者は、同項の書面による通知を発したものとみなす。

3　前２項の通知には、前条各号に掲げる事項を記載し、又は記録しなければならない。

4　無記名式の受益証券が発行されている場合において、受益者集会を招集するには、招集者は、受益者集会の日の３週間前までに、受益者集会を招集する旨及び前条各号に掲げる事項を官報により公告しなければならない。

（受益者集会参考書類及び議決権行使書面の交付等）

第110条　招集者は、前条第１項の通知に際しては、法務省令で定めるところにより、知れている受益者に対し、議決権の行使について参考となるべき事項を記載した書類（以下この条において「受益者集会参考書類」という。）及び受益者が議決権を行使するための書面（以下この款において「議決権行使書面」という。）を交付しなければならない。

2　招集者は、前条第２項の承諾をした受益者に対し同項の電磁的方法による通知を発するときは、前項の規定による受益者集会参考書類及び議決権行使書面の交付に代えて、これらの書類に記載すべき事項を電磁的方法により提供することができる。ただし、受益者の請求があったときは、これらの書類を当該受益者に交付しなければならない。

3　招集者は、前条第４項の規定による公告をした場合において、受益者集会

の日の１週間前までに無記名受益権（無記名式の受益証券が発行されている受益権をいう。第８章において同じ。）の受益者の請求があったときは、直ちに、受益者集会参考書類及び議決権行使書面を当該受益者に交付しなければならない。

4　招集者は、前項の規定による受益者集会参考書類及び議決権行使書面の交付に代えて、政令で定めるところにより、受益者の承諾を得て、これらの書類に記載すべき事項を電磁的方法により提供することができる。この場合において、当該招集者は、同項の規定によるこれらの書類の交付をしたものとみなす。

第111条　招集者は、第108条第３号に掲げる事項を定めた場合には、第109条第２項の承諾をした受益者に対する電磁的方法による通知に際して、法務省令で定めるところにより、受益者に対し、議決権行使書面に記載すべき事項を当該電磁的方法により提供しなければならない。

2　招集者は、第108条第３号に掲げる事項を定めた場合において、第109条第２項の承諾をしていない受益者から受益者集会の日の１週間前までに議決権行使書面に記載すべき事項の電磁的方法による提供の請求があったときは、法務省令で定めるところにより、直ちに、当該受益者に対し、当該事項を電磁的方法により提供しなければならない。

（受益者の議決権）

第112条　受益者は、受益者集会において、次の各号に掲げる区分に従い、当該各号に定めるものに応じて、議決権を有する。

一　各受益権の内容が均等である場合　受益権の個数

二　前号に掲げる場合以外の場合　受益者集会の招集の決定の時における受益権の価格

2　前項の規定にかかわらず、受益権が当該受益権に係る信託の信託財産に属するときは、受託者は、当該受益権については、議決権を有しない。

（受益者集会の決議）

第113条　受益者集会の決議は、議決権を行使することができる受益者の議決権の過半数を有する受益者が出席し、出席した当該受益者の議決権の過半数をもって行う。

2　前項の規定にかかわらず、次に掲げる事項に係る受益者集会の決議は、当該受益者集会において議決権を行使することができる受益者の議決権の過半数を有する受益者が出席し、出席した当該受益者の議決権の３分の２以上に当たる多数をもって行わなければならない。

一　第42条の規定による責任の免除（第105条第４項各号に掲げるものを除く。）

二　第136条第１項第１号に規定する合意

三　第143条第１項第１号に規定する合意
四　第149条第１項若しくは第２項第１号に規定する合意又は同条第３項に規定する意思表示
五　第151条第１項又は第２項第１号に規定する合意
六　第155条第１項又は第２項第１号に規定する合意
七　第159条第１項又は第２項第１号に規定する合意
八　第164条第１項に規定する合意

3　前２項の規定にかかわらず、第103条第１項第２号から第４号までに掲げる事項（同号に掲げる事項にあっては、受益者間の権衡に変更を及ぼすものを除く。）に係る重要な信託の変更等に係る受益者集会の決議は、当該受益者集会において議決権を行使することができる受益者の半数以上であって、当該受益者の議決権の３分の２以上に当たる多数をもって行わなければならない。

4　前３項の規定にかかわらず、第103条第１項第１号又は第４号に掲げる事項（同号に掲げる事項にあっては、受益者間の権衡に変更を及ぼすものに限る。）に係る重要な信託の変更等に係る受益者集会の決議は、総受益者の半数以上であって、総受益者の議決権の４分の３以上に当たる多数をもって行わなければならない。

5　受益者集会は、第108条第２号に掲げる事項以外の事項については、決議をすることができない。

（議決権の代理行使）

第114条　受益者は、代理人によってその議決権を行使することができる。この場合においては、当該受益者又は代理人は、代理権を証明する書面を招集者に提出しなければならない。

2　前項の代理権の授与は、受益者集会ごとにしなければならない。

3　第１項の受益者又は代理人は、代理権を証明する書面の提出に代えて、政令で定めるところにより、招集者の承諾を得て、当該書面に記載すべき事項を電磁的方法により提供することができる。この場合において、当該受益者又は代理人は、当該書面を提出したものとみなす。

4　受益者が第109条第２項の承諾をした者である場合には、招集者は、正当な理由がなければ、前項の承諾をすることを拒んではならない。

（書面による議決権の行使）

第115条　受益者集会に出席しない受益者は、書面によって議決権を行使することができる。

2　書面による議決権の行使は、議決権行使書面に必要な事項を記載し、法務省令で定める時までに当該記載をした議決権行使書面を招集者に提出して行う。

3　前項の規定により書面によって行使した議決権は、出席した議決権者の行使した議決権とみなす。

（電磁的方法による議決権の行使）

第116条　電磁的方法による議決権の行使は、政令で定めるところにより、招集者の承諾を得て、法務省令で定める時までに議決権行使書面に記載すべき事項を、電磁的方法により当該招集者に提供して行う。

2　受益者が第109条第２項の承諾をした者である場合には、招集者は、正当な理由がなければ、前項の承諾をすることを拒んではならない。

3　第１項の規定により電磁的方法によって行使した議決権は、出席した議決権者の行使した議決権とみなす。

（議決権の不統一行使）

第117条　受益者は、その有する議決権を統一しないで行使することができる。この場合においては、受益者集会の日の３日前までに、招集者に対しその旨及びその理由を通知しなければならない。

2　招集者は、前項の受益者が他人のために受益権を有する者でないときは、当該受益者が同項の規定によりその有する議決権を統一しないで行使することを拒むことができる。

（受託者の出席等）

第118条　受託者（法人である受託者にあっては、その代表者又は代理人。次項において同じ。）は、受益者集会に出席し、又は書面により意見を述べることができる。

2　受益者集会又は招集者は、必要があると認めるときは、受託者に対し、その出席を求めることができる。この場合において、受益者集会にあっては、これをする旨の決議を経なければならない。

（延期又は続行の決議）

第119条　受益者集会においてその延期又は続行について決議があった場合には、第108条及び第109条の規定は、適用しない。

（議事録）

第120条　受益者集会の議事については、招集者は、法務省令で定めるところにより、議事録を作成しなければならない。

（受益者集会の決議の効力）

第121条　受益者集会の決議は、当該信託のすべての受益者に対してその効力を有する。

（受益者集会の費用の負担）

第122条　受益者集会に関する必要な費用を支出した者は、受託者に対し、その償還を請求することができる。

2　前項の規定による請求に係る債務については、受託者は、信託財産に属する財産のみをもってこれを履行する責任を負う。

第４節　信託管理人等

第１款　信託管理人

（信託管理人の選任）

第123条　信託行為においては、受益者が現に存しない場合に信託管理人となるべき者を指定する定めを設けることができる。

2　信託行為に信託管理人となるべき者を指定する定めがあるときは、利害関係人は、信託管理人となるべき者として指定された者に対し、相当の期間を定めて、その期間内に就任の承諾をするかどうかを確答すべき旨を催告することができる。ただし、当該定めに停止条件又は始期が付されているときは、当該停止条件が成就し、又は当該始期が到来した後に限る。

3　前項の規定による催告があった場合において、信託管理人となるべき者として指定された者は、同項の期間内に委託者（委託者が現に存しない場合にあっては、受託者）に対し確答をしないときは、就任の承諾をしなかったものとみなす。

4　受益者が現に存しない場合において、信託行為に信託管理人に関する定めがないとき、又は信託行為の定めにより信託管理人となるべき者として指定された者が就任の承諾をせず、若しくはこれをすることができないときは、裁判所は、利害関係人の申立てにより、信託管理人を選任することができる。

5　前項の規定による信託管理人の選任の裁判があったときは、当該信託管理人について信託行為に第１項の定めが設けられたものとみなす。

6　第４項の申立てについての裁判には、理由を付さなければならない。

7　第４項の規定による信託管理人の選任の裁判に対しては、委託者若しくは受託者又は既に存する信託管理人に限り、即時抗告をすることができる。

8　前項の即時抗告は、執行停止の効力を有する。

（信託管理人の資格）

第124条　次に掲げる者は、信託管理人となることができない。

一　未成年者

二　当該信託の受託者である者

（信託管理人の権限）

第125条　信託管理人は、受益者のために自己の名をもって受益者の権利に関する一切の裁判上又は裁判外の行為をする権限を有する。ただし、信託行為に別段の定めがあるときは、その定めるところによる。

2　２人以上の信託管理人があるときは、これらの者が共同してその権限に属する行為をしなければならない。ただし、信託行為に別段の定めがあるときは、その定めるところによる。

3　この法律の規定により受益者に対してすべき通知は、信託管理人があるときは、信託管理人に対してしなければならない。

（信託管理人の義務）

第126条　信託管理人は、善良な管理者の注意をもって、前条第１項の権限を行使しなければならない。

2　信託管理人は、受益者のために、誠実かつ公平に前条第１項の権限を行使しなければならない。

（信託管理人の費用等及び報酬）

第127条　信託管理人は、その事務を処理するのに必要と認められる費用及び支出の日以後におけるその利息を受託者に請求することができる。

2　信託管理人は、次の各号に掲げる場合には、当該各号に定める損害の額について、受託者にその賠償を請求することができる。

一　信託管理人がその事務を処理するため自己に過失なく損害を受けた場合　当該損害の額

二　信託管理人がその事務を処理するため第三者の故意又は過失によって損害を受けた場合（前号に掲げる場合を除く。）　当該第三者に対し賠償を請求することができる額

3　信託管理人は、商法第512条の規定の適用がある場合のほか、信託行為に信託管理人が報酬を受ける旨の定めがある場合に限り、受託者に報酬を請求することができる。

4　前３項の規定による請求に係る債務については、受託者は、信託財産に属する財産のみをもってこれを履行する責任を負う。

5　第３項の場合には、報酬の額は、信託行為に報酬の額又は算定方法に関する定めがあるときはその定めるところにより、その定めがないときは相当の額とする。

6　裁判所は、第123条第４項の規定により信託管理人を選任した場合には、信託管理人の報酬を定めることができる。

7　前項の規定による信託管理人の報酬の裁判があったときは、当該信託管理人について信託行為に第３項の定め及び第５項の報酬の額に関する定めがあったものとみなす。

8　第６項の規定による信託管理人の報酬の裁判をする場合には、受託者及び信託管理人の陳述を聴かなければならない。

9　第６項の規定による信託管理人の報酬の裁判に対しては、受託者及び信託管理人に限り、即時抗告をすることができる。

（信託管理人の任務の終了）

第128条　第56条の規定は、信託管理人の任務の終了について準用する。この

場合において、同条第１項第５号中「次条」とあるのは「第128条第２項において準用する次条」と、同項第六号中「第58条」とあるのは「第128条第２項において準用する第58条」と読み替えるものとする。

２　第57条の規定は信託管理人の辞任について、第58条の規定は信託管理人の解任について、それぞれ準用する。

（新信託管理人の選任等）

第129条　第62条の規定は、前条第１項において準用する第56条第１項各号の規定により信託管理人の任務が終了した場合における新たな信託管理人（次項において「新信託管理人」という。）の選任について準用する。

２　新信託管理人が就任した場合には、信託管理人であった者は、遅滞なく、新信託管理人がその事務の処理を行うのに必要な事務の引継ぎをしなければならない。

３　前項の信託管理人であった者は、受益者が存するに至った後においてその受益者となった者を知ったときは、遅滞なく、当該受益者となった者に対しその事務の経過及び結果を報告しなければならない。

（信託管理人による事務の処理の終了等）

第130条　信託管理人による事務の処理は、次に掲げる事由により終了する。ただし、第２号に掲げる事由による場合にあっては、信託行為に別段の定めがあるときは、その定めるところによる。

一　受益者が存するに至ったこと。

二　委託者が信託管理人に対し事務の処理を終了する旨の意思表示をしたこと。

三　信託行為において定めた事由

２　前項の規定により信託管理人による事務の処理が終了した場合には、信託管理人であった者は、遅滞なく、受益者に対しその事務の経過及び結果を報告しなければならない。ただし、受益者が存するに至った後においてその受益者となった者を知った場合に限る。

第２款　信託監督人

（信託監督人の選任）

第131条　信託行為においては、受益者が現に存する場合に信託監督人となるべき者を指定する定めを設けることができる。

２　信託行為に信託監督人となるべき者を指定する定めがあるときは、利害関係人は、信託監督人となるべき者として指定された者に対し、相当の期間を定めて、その期間内に就任の承諾をするかどうかを確答すべき旨を催告することができる。ただし、当該定めに停止条件又は始期が付されているときは、当該停止条件が成就し、又は当該始期が到来した後に限る。

3　前項の規定による催告があった場合において、信託監督人となるべき者として指定された者は、同項の期間内に委託者（委託者が現に存しない場合にあっては、受託者）に対し確答をしないときは、就任の承諾をしなかったものとみなす。
4　受益者が受託者の監督を適切に行うことができない特別の事情がある場合において、信託行為に信託監督人に関する定めがないとき、又は信託行為の定めにより信託監督人となるべき者として指定された者が就任の承諾をせず、若しくはこれをすることができないときは、裁判所は、利害関係人の申立てにより、信託監督人を選任することができる。
5　前項の規定による信託監督人の選任の裁判があったときは、当該信託監督人について信託行為に第１項の定めが設けられたものとみなす。
6　第４項の申立てについての裁判には、理由を付さなければならない。
7　第４項の規定による信託監督人の選任の裁判に対しては、委託者、受託者若しくは受益者又は既に存する信託監督人に限り、即時抗告をすることができる。
8　前項の即時抗告は、執行停止の効力を有する。

（信託監督人の権限）

第132条　信託監督人は、受益者のために自己の名をもって第92条各号（第17号、第18号、第21号及び第23号を除く。）に掲げる権利に関する一切の裁判上又は裁判外の行為をする権限を有する。ただし、信託行為に別段の定めがあるときは、その定めるところによる。
2　２人以上の信託監督人があるときは、これらの者が共同してその権限に属する行為をしなければならない。ただし、信託行為に別段の定めがあるときは、その定めるところによる。

（信託監督人の義務）

第133条　信託監督人は、善良な管理者の注意をもって、前条第１項の権限を行使しなければならない。
2　信託監督人は、受益者のために、誠実かつ公平に前条第１項の権限を行使しなければならない。

（信託監督人の任務の終了）

第134条　第56条の規定は、信託監督人の任務の終了について準用する。この場合において、同条第１項第５号中「次条」とあるのは「第134条第２項において準用する次条」と、同項第６号中「第58条」とあるのは「第134条第２項において準用する第58条」と読み替えるものとする。
2　第57条の規定は信託監督人の辞任について、第58条の規定は信託監督人の解任について、それぞれ準用する。

（新信託監督人の選任等）

第135条　第62条の規定は、前条第１項において準用する第56条第１項各号の規定により信託監督人の任務が終了した場合における新たな信託監督人（次項において「新信託監督人」という。）の選任について準用する。

２　新信託監督人が就任した場合には、信託監督人であった者は、遅滞なく、受益者に対しその事務の経過及び結果を報告し、新信託監督人がその事務の処理を行うのに必要な事務の引継ぎをしなければならない。

（信託監督人による事務の処理の終了等）

第136条　信託監督人による事務の処理は、信託の清算の結了のほか、次に掲げる事由により終了する。ただし、第１号に掲げる事由による場合にあっては、信託行為に別段の定めがあるときは、その定めるところによる。

一　委託者及び受益者が信託監督人による事務の処理を終了する旨の合意をしたこと。

二　信託行為において定めた事由

２　前項の規定により信託監督人による事務の処理が終了した場合には、信託監督人であった者は、遅滞なく、受益者に対しその事務の経過及び結果を報告しなければならない。

３　委託者が現に存しない場合には、第１項第１号の規定は、適用しない。

（信託管理人に関する規定の準用）

第137条　第124条及び第127条の規定は、信託監督人について準用する。この場合において、同条第６項中「第123条第４項」とあるのは、「第131条第４項」と読み替えるものとする。

第３款　受益者代理人

（受益者代理人の選任）

第138条　信託行為においては、その代理する受益者を定めて、受益者代理人となるべき者を指定する定めを設けることができる。

２　信託行為に受益者代理人となるべき者を指定する定めがあるときは、利害関係人は、受益者代理人となるべき者として指定された者に対し、相当の期間を定めて、その期間内に就任の承諾をするかどうかを確答すべき旨を催告することができる。ただし、当該定めに停止条件又は始期が付されているときは、当該停止条件が成就し、又は当該始期が到来した後に限る。

３　前項の規定による催告があった場合において、受益者代理人となるべき者として指定された者は、同項の期間内に委託者（委託者が現に存しない場合にあっては、受託者）に対し確答をしないときは、就任の承諾をしなかったものとみなす。

（受益者代理人の権限等）

第139条　受益者代理人は、その代理する受益者のために当該受益者の権利

（第42条の規定による責任の免除に係るものを除く。）に関する一切の裁判上又は裁判外の行為をする権限を有する。ただし、信託行為に別段の定めがあるときは、その定めるところによる。

2　受益者代理人がその代理する受益者のために裁判上又は裁判外の行為をするときは、その代理する受益者の範囲を示せば足りる。

3　１人の受益者につき２人以上の受益者代理人があるときは、これらの者が共同してその権限に属する行為をしなければならない。ただし、信託行為に別段の定めがあるときは、その定めるところによる。

4　受益者代理人があるときは、当該受益者代理人に代理される受益者は、第92条各号に掲げる権利及び信託行為において定めた権利を除き、その権利を行使することができない。

（受益者代理人の義務）

第140条　受益者代理人は、善良な管理者の注意をもって、前条第１項の権限を行使しなければならない。

2　受益者代理人は、その代理する受益者のために、誠実かつ公平に前条第１項の権限を行使しなければならない。

（受益者代理人の任務の終了）

第141条　第56条の規定は、受益者代理人の任務の終了について準用する。この場合において、同条第１項第５号中「次条」とあるのは「第141条第２項において準用する次条」と、同項第６号中「第58条」とあるのは「第141条第２項において準用する第58条」と読み替えるものとする。

2　第57条の規定は受益者代理人の辞任について、第58条の規定は受益者代理人の解任について、それぞれ準用する。

（新受益者代理人の選任等）

第142条　第62条の規定は、前条第１項において準用する第56条第１項各号の規定により受益者代理人の任務が終了した場合における新たな受益者代理人（次項において「新受益者代理人」という。）の選任について準用する。この場合において、第62条第２項及び第４項中「利害関係人」とあるのは、「委託者又は受益者代理人に代理される受益者」と読み替えるものとする。

2　新受益者代理人が就任した場合には、受益者代理人であった者は、遅滞なく、その代理する受益者に対しその事務の経過及び結果を報告し、新受益者代理人がその事務の処理を行うのに必要な事務の引継ぎをしなければならない。

（受益者代理人による事務の処理の終了等）

第143条　受益者代理人による事務の処理は、信託の清算の結了のほか、次に掲げる事由により終了する。ただし、第１号に掲げる事由による場合にあっては、信託行為に別段の定めがあるときは、その定めるところによる。

一　委託者及び受益者代理人に代理される受益者が受益者代理人による事務の処理を終了する旨の合意をしたこと。
二　信託行為において定めた事由
2　前項の規定により受益者代理人による事務の処理が終了した場合には、受益者代理人であった者は、遅滞なく、その代理した受益者に対しその事務の経過及び結果を報告しなければならない。
3　委託者が現に存しない場合には、第1項第1号の規定は、適用しない。
（信託管理人に関する規定の準用）
第144条　第124条及び第127条第1項から第5項までの規定は、受益者代理人について準用する。

第5章　委託者

（委託者の権利等）
第145条　信託行為においては、委託者がこの法律の規定によるその権利の全部又は一部を有しない旨を定めることができる。
2　信託行為においては、委託者も次に掲げる権利の全部又は一部を有する旨を定めることができる。
一　第23条第5項又は第6項の規定による異議を主張する権利
二　第27条第1項又は第2項（これらの規定を第75条第4項において準用する場合を含む。）の規定による取消権
三　第31条第6項又は第7項の規定による取消権
四　第32条第4項の規定による権利
五　第38条第1項の規定による閲覧又は謄写の請求権
六　第39条第1項の規定による開示の請求権
七　第40条の規定による損失のてん補又は原状の回復の請求権
八　第41条の規定による損失のてん補又は原状の回復の請求権
九　第44条の規定による差止めの請求権
十　第46条第1項の規定による検査役の選任の申立権
十一　第59条第5項の規定による差止めの請求権
十二　第60条第3項又は第五項の規定による差止めの請求権
十三　第226条第1項の規定による金銭のてん補又は支払の請求権
十四　第228条第1項の規定による金銭のてん補又は支払の請求権
十五　第254条第1項の規定による損失のてん補の請求権
3　前項第1号、第7号から第九号まで又は第11号から第15号までに掲げる権利について同項の信託行為の定めがされた場合における第24条、第45条（第226条第6項、第228条第6項及び第254条第3項において準用する場合を含む。）又は第61条の規定の適用については、これらの規定中「受益者」とあ

るのは、「委託者又は受益者」とする。

4　信託行為においては、受託者が次に掲げる義務を負う旨を定めることができる。

一　この法律の規定により受託者が受益者（信託管理人が現に存する場合にあっては、信託管理人。次号において同じ。）に対し通知すべき事項を委託者に対しても通知する義務

二　この法律の規定により受託者が受益者に対し報告すべき事項を委託者に対しても報告する義務

三　第77条第1項又は第184条第1項の規定により受託者がする計算の承認を委託者に対しても求める義務

5　委託者が2人以上ある信託における第1項、第2項及び前項の規定の適用については、これらの規定中「委託者」とあるのは、「委託者の全部又は一部」とする。

（委託者の地位の移転）

第146条　委託者の地位は、受託者及び受益者の同意を得て、又は信託行為において定めた方法に従い、第三者に移転することができる。

2　委託者が2人以上ある信託における前項の規定の適用については、同項中「受託者及び受益者」とあるのは、「他の委託者、受託者及び受益者」とする。

（遺言信託における委託者の相続人）

第147条　第3条第2号に掲げる方法によって信託がされた場合には、委託者の相続人は、委託者の地位を相続により承継しない。ただし、信託行為に別段の定めがあるときは、その定めるところによる。

（委託者の死亡の時に受益権を取得する旨の定めのある信託等の特例）

第148条　第90条第1項各号に掲げる信託において、その信託の受益者が現に存せず、又は同条第2項の規定により受益者としての権利を有しないときは、委託者が第145条第2項各号に掲げる権利を有し、受託者が同条第4項各号に掲げる義務を負う。ただし、信託行為に別段の定めがあるときは、その定めるところによる。

第6章　信託の変更、併合及び分割

第1節　信託の変更

（関係当事者の合意等）

第149条　信託の変更は、委託者、受託者及び受益者の合意によってすることができる。この場合においては、変更後の信託行為の内容を明らかにしてしなければならない。

2　前項の規定にかかわらず、信託の変更は、次の各号に掲げる場合には、当

該各号に定めるものによりすることができる。この場合において、受託者は、第1号に掲げるときは委託者に対し、第2号に掲げるときは委託者及び受益者に対し、遅滞なく、変更後の信託行為の内容を通知しなければならない。

一 信託の目的に反しないことが明らかであるとき 受託者及び受益者の合意

二 信託の目的に反しないこと及び受益者の利益に適合することが明らかであるとき 受託者の書面又は電磁的記録によってする意思表示

3 前2項の規定にかかわらず、信託の変更は、次の各号に掲げる場合には、当該各号に定める者による受託者に対する意思表示によってすることができる。この場合において、第2号に掲げるときは、受託者は、委託者に対し、遅滞なく、変更後の信託行為の内容を通知しなければならない。

一 受託者の利益を害しないことが明らかであるとき 委託者及び受益者

二 信託の目的に反しないこと及び受託者の利益を害しないことが明らかであるとき 受益者

4 前3項の規定にかかわらず、信託行為に別段の定めがあるときは、その定めるところによる。

5 委託者が現に存しない場合においては、第1項及び第3項第1号の規定は適用せず、第2項中「第1号に掲げるときは委託者に対し、第2号に掲げるときは委託者及び受益者に対し」とあるのは、「第2号に掲げるときは、受益者に対し」とする。

(特別の事情による信託の変更を命ずる裁判)

第150条 信託行為の当時予見することのできなかった特別の事情により、信託事務の処理の方法に係る信託行為の定めが信託の目的及び信託財産の状況その他の事情に照らして受益者の利益に適合しなくなるに至ったときは、裁判所は、委託者、受託者又は受益者の申立てにより、信託の変更を命ずることができる。

2 前項の申立ては、当該申立てに係る変更後の信託行為の定めを明らかにしてしなければならない。

3 裁判所は、第1項の申立てについての裁判をする場合には、受託者の陳述を聴かなければならない。ただし、不適法又は理由がないことが明らかであるとして申立てを却下する裁判をするときは、この限りでない。

4 第1項の申立てについての裁判には、理由の要旨を付さなければならない。

5 第1項の申立てについての裁判に対しては、委託者、受託者又は受益者に限り、即時抗告をすることができる。

6 前項の即時抗告は、執行停止の効力を有する。

第２節　信託の併合

（関係当事者の合意等）

第151条　信託の併合は、従前の各信託の委託者、受託者及び受益者の合意によってすることができる。この場合においては、次に掲げる事項を明らかにしてしなければならない。

一　信託の併合後の信託行為の内容

二　信託行為において定める受益権の内容に変更があるときは、その内容及び変更の理由

三　信託の併合に際して受益者に対し金銭その他の財産を交付するときは、当該財産の内容及びその価額

四　信託の併合がその効力を生ずる日

五　その他法務省令で定める事項

２　前項の規定にかかわらず、信託の併合は、次の各号に掲げる場合には、当該各号に定めるものによってすることができる。この場合において、受託者は、第１号に掲げるときは委託者に対し、第２号に掲げるときは委託者及び受益者に対し、遅滞なく、同項各号に掲げる事項を通知しなければならない。

一　信託の目的に反しないことが明らかであるとき　受託者及び受益者の合意

二　信託の目的に反しないこと及び受益者の利益に適合することが明らかであるとき　受託者の書面又は電磁的記録によってする意思表示

３　前２項の規定にかかわらず、各信託行為に別段の定めがあるときは、その定めるところによる。

４　委託者が現に存しない場合においては、第１項の規定は適用せず、第２項中「第１号に掲げるときは委託者に対し、第２号に掲げるときは委託者及び受益者に対し」とあるのは、「第２号に掲げるときは、受益者に対し」とする。

（債権者の異議）

第152条　信託の併合をする場合には、従前の信託の信託財産責任負担債務に係る債権を有する債権者は、受託者に対し、信託の併合について異議を述べることができる。ただし、信託の併合をしても当該債権者を害するおそれのないことが明らかであるときは、この限りでない。

２　前項の規定により同項の債権者の全部又は一部が異議を述べることができる場合には、受託者は、次に掲げる事項を官報に公告し、かつ、同項の債権者で知れているものには、各別にこれを催告しなければならない。ただし、第２号の期間は、１箇月を下ることができない。

一　信託の併合をする旨

二　前項の債権者が一定の期間内に異議を述べることができる旨
三　その他法務省令で定める事項

3　前項の規定にかかわらず、法人である受託者は、公告（次に掲げる方法によるものに限る。）をもって同項の規定による各別の催告に代えることができる。
一　時事に関する事項を掲載する日刊新聞紙に掲載する方法
二　電子公告（公告の方法のうち、電磁的方法（会社法（平成17年法律第86号）第２条第34号に規定する電磁的方法をいう。）により不特定多数の者が公告すべき内容である情報の提供を受けることができる状態に置く措置であって同号に規定するものをとる方法をいう。次節において同じ。）

4　第１項の債権者が第２項第２号の期間内に異議を述べなかったときは、当該債権者は、当該信託の併合について承認をしたものとみなす。

5　第１項の債権者が第２項第２号の期間内に異議を述べたときは、受託者は、当該債権者に対し、弁済し、若しくは相当の担保を提供し、又は当該債権者に弁済を受けさせることを目的として信託会社等（信託会社及び信託業務を営む金融機関（金融機関の信託業務の兼営等に関する法律（昭和18年法律第43号）第１条第１項の認可を受けた金融機関をいう。）をいう。次節において同じ。）に相当の財産を信託しなければならない。ただし、当該信託の併合をしても当該債権者を害するおそれがないときは、この限りでない。

（信託の併合後の信託の信託財産責任負担債務の範囲等）

第153条　信託の併合がされた場合において、従前の信託の信託財産責任負担債務であった債務は、信託の併合後の信託の信託財産責任負担債務となる。

第154条　信託の併合がされた場合において、前条に規定する従前の信託の信託財産責任負担債務のうち信託財産限定責任負担債務（受託者が信託財産に属する財産のみをもって履行する責任を負う信託財産責任負担債務をいう。以下この章において同じ。）であるものは、信託の併合後の信託の信託財産限定責任負担債務となる。

第３節　信託の分割

第１款　吸収信託分割

（関係当事者の合意等）

第155条　吸収信託分割は、委託者、受託者及び受益者の合意によってすることができる。この場合においては、次に掲げる事項を明らかにしてしなければならない。
一　吸収信託分割後の信託行為の内容
二　信託行為において定める受益権の内容に変更があるときは、その内容及び変更の理由

三　吸収信託分割に際して受益者に対し金銭その他の財産を交付するときは、当該財産の内容及びその価額
四　吸収信託分割がその効力を生ずる日
五　移転する財産の内容
六　吸収信託分割によりその信託財産の一部を他の信託に移転する信託（以下この款において「分割信託」という。）の信託財産責任負担債務でなくなり、分割信託からその信託財産の一部の移転を受ける信託（以下「承継信託」という。）の信託財産責任負担債務となる債務があるときは、当該債務に係る事項
七　その他法務省令で定める事項
2　前項の規定にかかわらず、吸収信託分割は、次の各号に掲げる場合には、当該各号に定めるものによってすることができる。この場合において、受託者は、第１号に掲げるときは委託者に対し、第２号に掲げるときは委託者及び受益者に対し、遅滞なく、同項各号に掲げる事項を通知しなければならない。
一　信託の目的に反しないことが明らかであるとき　受託者及び受益者の合意
二　信託の目的に反しないこと及び受益者の利益に適合することが明らかであるとき　受託者の書面又は電磁的記録によってする意思表示
3　前２項の規定にかかわらず、各信託行為に別段の定めがあるときは、その定めるところによる。
4　委託者が現に存しない場合においては、第１項の規定は適用せず、第２項中「第１号に掲げるときは委託者に対し、第２号に掲げるときは委託者及び受益者に対し」とあるのは、「第２号に掲げるときは、受益者に対し」とする。

(債権者の異議)

第156条　吸収信託分割をする場合には、分割信託又は承継信託の信託財産責任負担債務に係る債権を有する債権者は、受託者に対し、吸収信託分割について異議を述べることができる。ただし、吸収信託分割をしても当該債権者を害するおそれのないことが明らかであるときは、この限りでない。
2　前項の規定により同項の債権者の全部又は一部が異議を述べることができる場合には、受託者は、次に掲げる事項を官報に公告し、かつ、同項の債権者で知れているものには、各別にこれを催告しなければならない。ただし、第２号の期間は、１箇月を下ることができない。
一　吸収信託分割をする旨
二　前項の債権者が一定の期間内に異議を述べることができる旨
三　その他法務省令で定める事項

3　前項の規定にかかわらず、法人である受託者は、公告（次に掲げる方法によるものに限る。）をもって同項の規定による各別の催告に代えることができる。
一　時事に関する事項を掲載する日刊新聞紙に掲載する方法
二　電子公告
4　第1項の債権者が第2項第2号の期間内に異議を述べなかったときは、当該債権者は、当該吸収信託分割について承認をしたものとみなす。
5　第1項の債権者が第2項第2号の期間内に異議を述べたときは、受託者は、当該債権者に対し、弁済し、若しくは相当の担保を提供し、又は当該債権者に弁済を受けさせることを目的として信託会社等に相当の財産を信託しなければならない。ただし、当該吸収信託分割をしても当該債権者を害するおそれがないときは、この限りでない。

（吸収信託分割後の分割信託及び承継信託の信託財産責任負担債務の範囲等）

第157条　吸収信託分割がされた場合において、第155条第1項第6号の債務は、吸収信託分割後の分割信託の信託財産責任負担債務でなくなり、吸収信託分割後の承継信託の信託財産責任負担債務となる。この場合において、分割信託の信託財産限定責任負担債務であった債務は、承継信託の信託財産限定責任負担債務となる。

第158条　第156条第1項の規定により異議を述べることができる債権者（同条第2項の規定により各別の催告をしなければならないものに限る。）は、同条第2項の催告を受けなかった場合には、吸収信託分割前から有する次の各号に掲げる債権に基づき、受託者に対し、当該各号に定める財産をもって当該債権に係る債務を履行することを請求することもできる。ただし、第1号に定める財産に対しては吸収信託分割がその効力を生ずる日における承継信託の移転を受ける財産の価額を、第2号に定める財産に対しては当該日における分割信託の信託財産の価額を限度とする。
一　分割信託の信託財産責任負担債務に係る債権（第155条第1項第6号の債務に係る債権を除く。）　吸収信託分割後の承継信託の信託財産に属する財産
二　承継信託の信託財産責任負担債務に係る債権（第155条第1項第6号の債務に係る債権に限る。）　吸収信託分割後の分割信託の信託財産に属する財産

第2款　新規信託分割

（関係当事者の合意等）

第159条　新規信託分割は、委託者、受託者及び受益者の合意によってすることができる。この場合においては、次に掲げる事項を明らかにしてしなければ

ばならない。

一　新規信託分割後の信託行為の内容

二　信託行為において定める受益権の内容に変更があるときは、その内容及び変更の理由

三　新規信託分割に際して受益者に対し金銭その他の財産を交付するときは、当該財産の内容及びその価額

四　新規信託分割がその効力を生ずる日

五　移転する財産の内容

六　新規信託分割により従前の信託の信託財産責任負担債務でなくなり、新たな信託の信託財産責任負担債務となる債務があるときは、当該債務に係る事項

七　その他法務省令で定める事項

2　前項の規定にかかわらず、新規信託分割は、次の各号に掲げる場合には、当該各号に定めるものによってすることができる。この場合において、受託者は、第1号に掲げるときは委託者に対し、第2号に掲げるときは委託者及び受益者に対し、遅滞なく、同項各号に掲げる事項を通知しなければならない。

一　信託の目的に反しないことが明らかであるとき　受託者及び受益者の合意

二　信託の目的に反しないこと及び受益者の利益に適合することが明らかであるとき　受託者の書面又は電磁的記録によってする意思表示

3　前2項の規定にかかわらず、各信託行為に別段の定めがあるときは、その定めるところによる。

4　委託者が現に存しない場合においては、第1項の規定は適用せず、第2項中「第1号に掲げるときは委託者に対し、第2号に掲げるときは委託者及び受益者に対し」とあるのは、「第2号に掲げるときは、受益者に対し」とする。

(債権者の異議)

第160条　新規信託分割をする場合には、従前の信託の信託財産責任負担債務に係る債権を有する債権者は、受託者に対し、新規信託分割について異議を述べることができる。ただし、新規信託分割をしても当該債権者を害するおそれのないことが明らかであるときは、この限りでない。

2　前項の規定により同項の債権者の全部又は一部が異議を述べることができる場合には、受託者は、次に掲げる事項を官報に公告し、かつ、同項の債権者　で知れているものには、各別に催告しなければならない。ただし、第2号の期間は、1箇月を下ることができない。

一　新規信託分割をする旨

二　前項の債権者が一定の期間内に異議を述べることができる旨
三　その他法務省令で定める事項
3　前項の規定にかかわらず、法人である受託者は、公告（次に掲げる方法によるものに限る。）をもって同項の規定による各別の催告に代えることができる。
一　時事に関する事項を掲載する日刊新聞紙に掲載する方法
二　電子公告
4　第1項の債権者が第2項第2号の期間内に異議を述べなかったときは、当該債権者は、当該新規信託分割について承認をしたものとみなす。
5　第1項の債権者が第2項第2号の期間内に異議を述べたときは、受託者は、当該債権者に対し、弁済し、若しくは相当の担保を提供し、又は当該債権者に弁済を受けさせることを目的として信託会社等に相当の財産を信託しなければならない。ただし、当該新規信託分割をしても当該債権者を害するおそれがないときは、この限りでない。

（新規信託分割後の従前の信託及び新たな信託の信託財産責任負担債務の範囲等）

第161条　新規信託分割がされた場合において、第159条第1項第6号の債務は、新規信託分割後の従前の信託の信託財産責任負担債務でなくなり、新規信託分割後の新たな信託の信託財産責任負担債務となる。この場合において、従前の信託の信託財産限定責任負担債務であった債務は、新たな信託の信託財産限定責任負担債務となる。

第162条　第160条第1項の規定により異議を述べることができる債権者（同条第2項の規定により各別の催告をしなければならないものに限る。）は、同条第2項の催告を受けなかった場合には、新規信託分割前から有する次の各号に掲げる債権に基づき、受託者に対し、当該各号に定める財産をもって当該債権に係る債務を履行することを請求することもできる。ただし、第1号に定める財産に対しては新規信託分割がその効力を生ずる日における新たな信託の信託財産の価額を、第2号に定める財産に対しては当該日における従前の信託の信託財産の価額を限度とする。
一　従前の信託の信託財産責任負担債務に係る債権（第159条第1項第6号の債務に係る債権を除く。）新規信託分割後の新たな信託の信託財産に属する財産
二　新たな信託の信託財産責任負担債務に係る債権となった債権（第159条第1項第6号の債務に係る債権に限る。）　新規信託分割後の従前の信託の信託財産に属する財産

第７章　信託の終了及び清算

第１節　信託の終了

（信託の終了事由）

第163条　信託は、次条の規定によるほか、次に掲げる場合に終了する。

一　信託の目的を達成したとき、又は信託の目的を達成することができなくなったとき。

二　受託者が受益権の全部を固有財産で有する状態が１年間継続したとき。

三　受託者が欠けた場合であって、新受託者が就任しない状態が１年間継続したとき。

四　受託者が第52条（第53条第２項及び第54条第４項において準用する場合を含む。）の規定により信託を終了させたとき。

五　信託の併合がされたとき。

六　第165条又は第166条の規定により信託の終了を命ずる裁判があったとき。

七　信託財産についての破産手続開始の決定があったとき。

八　委託者が破産手続開始の決定、再生手続開始の決定又は更生手続開始の決定を受けた場合において、破産法第53条第１項、民事再生法第49条第１項又は会社更生法第61条第１項（金融機関等の更生手続の特例等に関する法律第41条第１項及び第206条第１項において準用する場合を含む。）の規定による信託契約の解除がされたとき。

九　信託行為において定めた事由が生じたとき。

（委託者及び受益者の合意等による信託の終了）

第164条　委託者及び受益者は、いつでも、その合意により、信託を終了することができる。

２　委託者及び受益者が受託者に不利な時期に信託を終了したときは、委託者及び受益者は、受託者の損害を賠償しなければならない。ただし、やむを得ない事由があったときは、この限りでない。

３　前２項の規定にかかわらず、信託行為に別段の定めがあるときは、その定めるところによる。

４　委託者が現に存しない場合には、第１項及び第２項の規定は、適用しない。

（特別の事情による信託の終了を命ずる裁判）

第165条　信託行為の当時予見することのできなかった特別の事情により、信託を終了することが信託の目的及び信託財産の状況その他の事情に照らして受益者の利益に適合するに至ったことが明らかであるときは、裁判所は、委託者、受託者又は受益者の申立てにより、信託の終了を命ずることができる。

２　裁判所は、前項の申立てについての裁判をする場合には、受託者の陳述を聴かなければならない。ただし、不適法又は理由がないことが明らかであるとして申立てを却下する裁判をするときは、この限りでない。

３　第１項の申立てについての裁判には、理由を付さなければならない。

４　第１項の申立てについての裁判に対しては、委託者、受託者又は受益者に限り、即時抗告をすることができる。

５　前項の即時抗告は、執行停止の効力を有する。

（公益の確保のための信託の終了を命ずる裁判）

第166条　裁判所は、次に掲げる場合において、公益を確保するため信託の存立を許すことができないと認めるときは、法務大臣又は委託者、受益者、信託債権者その他の利害関係人の申立てにより、信託の終了を命ずることができる。

一　不法な目的に基づいて信託がされたとき。

二　受託者が、法令若しくは信託行為で定めるその権限を逸脱し若しくは濫用する行為又は刑罰法令に触れる行為をした場合において、法務大臣から書面による警告を受けたにもかかわらず、なお継続的に又は反覆して当該行為をしたとき。

２　裁判所は、前項の申立てについての裁判をする場合には、受託者の陳述を聴かなければならない。ただし、不適法又は理由がないことが明らかであるとして申立てを却下する裁判をするときは、この限りでない。

３　第１項の申立てについての裁判には、理由を付さなければならない。

４　第１項の申立てについての裁判に対しては、同項の申立てをした者又は委託者、受託者若しくは受益者に限り、即時抗告をすることができる。

５　前項の即時抗告は、執行停止の効力を有する。

６　委託者、受益者、信託債権者その他の利害関係人が第１項の申立てをしたときは、裁判所は、受託者の申立てにより、同項の申立てをした者に対し、相当の担保を立てるべきことを命ずることができる。

７　受託者は、前項の規定による申立てをするには、第１項の申立てが悪意によるものであることを疎明しなければならない。

８　民事訴訟法（平成８年法律第109号）第75条第５項及び第７項並びに第76条から第80条までの規定は、第６項の規定により第１項の申立てについて立てるべき担保について準用する。

（官庁等の法務大臣に対する通知義務）

第167条　裁判所その他の官庁、検察官又は吏員は、その職務上前条第１項の申立て又は同項第２号の警告をすべき事由があることを知ったときは、法務大臣にその旨を通知しなければならない。

（法務大臣の関与）

第168条　裁判所は、第166条第１項の申立てについての裁判をする場合には、法務大臣に対し、意見を求めなければならない。

２　法務大臣は、裁判所が前項の申立てに係る事件について審問をするときは、当該審問に立ち会うことができる。

３　裁判所は、法務大臣に対し、第１項の申立てに係る事件が係属したこと及び前項の審問の期日を通知しなければならない。

４　第１項の申立てを却下する裁判に対しては、第166条第４項に規定する者のほか、法務大臣も、即時抗告をすることができる。

（信託財産に関する保全処分）

第169条　裁判所は、第166条第１項の申立てがあった場合には、法務大臣若しくは委託者、受益者、信託債権者その他の利害関係人の申立てにより又は職権で、同項の申立てにつき決定があるまでの間、信託財産に関し、管理人による管理を命ずる処分（次条において「管理命令」という。）その他の必要な保全処分を命ずることができる。

２　裁判所は、前項の規定による保全処分を変更し、又は取り消すことができる。

３　第１項の規定による保全処分及び前項の規定による決定に対しては、利害関係人に限り、即時抗告をすることができる。

第170条　裁判所は、管理命令をする場合には、当該管理命令において、管理人を選任しなければならない。

２　前項の管理人は、裁判所が監督する。

３　裁判所は、第１項の管理人に対し、信託財産に属する財産及び信託財産責任負担債務の状況の報告をし、かつ、その管理の計算をすることを命ずることができる。

４　第64条から第72条までの規定は、第１項の管理人について準用する。この場合において、第65条中「前受託者」とあるのは、「受託者」と読み替えるものとする。

５　信託財産に属する権利で登記又は登録がされたものに関し前条第１項の規定による保全処分（管理命令を除く。）があったときは、裁判所書記官は、職権で、遅滞なく、当該保全処分の登記又は登録を嘱託しなければならない。

６　前項の規定は、同項に規定する保全処分の変更若しくは取消しがあった場合又は当該保全処分が効力を失った場合について準用する。

（保全処分に関する費用の負担）

第171条　裁判所が第169条第１項の規定による保全処分をした場合には、非訟事件の手続の費用は、受託者の負担とする。当該保全処分について必要な費用も、同様とする。

2　前項の保全処分又は第169条第１項の申立てを却下する裁判に対して即時抗告があった場合において、抗告裁判所が当該即時抗告を理由があると認めて原裁判を取り消したときは、その抗告審における手続に要する裁判費用及び抗告人が負担した前審における手続に要する裁判費用は、受託者の負担とする。

（保全処分に関する資料の閲覧等）

第172条　利害関係人は、裁判所書記官に対し、第170条第３項の報告又は計算に関する資料の閲覧を請求することができる。

2　利害関係人は、裁判所書記官に対し、前項の資料の謄写又はその正本、謄本若しくは抄本の交付を請求することができる。

3　前項の規定は、第１項の資料のうち録音テープ又はビデオテープ（これらに準ずる方法により一定の事項を記録した物を含む。）に関しては、適用しない。この場合において、これらの物について利害関係人の請求があるときは、裁判所書記官は、その複製を許さなければならない。

4　法務大臣は、裁判所書記官に対し、第１項の資料の閲覧を請求することができる。

5　民事訴訟法第91条第５項の規定は、第１項の資料について準用する。

（新受託者の選任）

第173条　裁判所は、第166条第１項の規定により信託の終了を命じた場合には、法務大臣若しくは委託者、受益者、信託債権者その他の利害関係人の申立てにより又は職権で、当該信託の清算のために新受託者を選任しなければならない。

2　前項の規定による新受託者の選任の裁判に対しては、不服を申し立てることができない。

3　第１項の規定により新受託者が選任されたときは、前受託者の任務は、終了する。

4　第１項の新受託者は、信託財産から裁判所が定める額の費用の前払及び報酬を受けることができる。

5　前項の規定による費用又は報酬の額を定める裁判をする場合には、第１項の新受託者の陳述を聴かなければならない。

6　第４項の規定による費用又は報酬の額を定める裁判に対しては、第１項の新受託者に限り、即時抗告をすることができる。

（終了した信託に係る吸収信託分割の制限）

第174条　信託が終了した場合には、当該信託を承継信託とする吸収信託分割は、することができない。

第２節　信託の清算

（清算の開始原因）

第175条　信託は、当該信託が終了した場合（第163条第５号に掲げる事由によって終了した場合及び信託財産についての破産手続開始の決定により終了した場合であって当該破産手続が終了していない場合を除く。）には、この節の定めるところにより、清算をしなければならない。

（信託の存続の擬制）

第176条　信託は、当該信託が終了した場合においても、清算が結了するまではなお存続するものとみなす。

（清算受託者の職務）

第177条　信託が終了した時以後の受託者（以下「清算受託者」という。）は、次に掲げる職務を行う。

一　現務の結了

二　信託財産に属する債権の取立て及び信託債権に係る債務の弁済

三　受益債権（残余財産の給付を内容とするものを除く。）に係る債務の弁済

四　残余財産の給付

（清算受託者の権限等）

第178条　清算受託者は、信託の清算のために必要な一切の行為をする権限を有する。ただし、信託行為に別段の定めがあるときは、その定めるところによる。

２　清算受託者は、次に掲げる場合には、信託財産に属する財産を競売に付することができる。

一　受益者又は第182条第１項第２号に規定する帰属権利者（以下この条において「受益者等」と総称する。）が信託財産に属する財産を受領することを拒み、又はこれを受領することができない場合において、相当の期間を定めてその受領の催告をしたとき。

二　受益者等の所在が不明である場合

３　前項第１号の規定により信託財産に属する財産を競売に付したときは、遅滞なく、受益者等に対しその旨の通知を発しなければならない。

４　損傷その他の事由による価格の低落のおそれがある物は、第２項第１号の催告をしないで競売に付することができる。

（清算中の信託財産についての破産手続の開始）

第179条　清算中の信託において、信託財産に属する財産がその債務を完済するのに足りないことが明らかになったときは、清算受託者は、直ちに信託財産についての破産手続開始の申立てをしなければならない。

２　信託財産についての破産手続開始の決定がされた場合において、清算受託

者が既に信託財産責任負担債務に係る債権を有する債権者に支払ったものがあるときは、破産管財人は、これを取り戻すことができる。

（条件付債権等に係る債務の弁済）

第180条　清算受託者は、条件付債権、存続期間が不確定な債権その他その額が不確定な債権に係る債務を弁済することができる。この場合においては、これらの債権を評価させるため、裁判所に対し、鑑定人の選任の申立てをしなければならない。

2　前項の場合には、清算受託者は、同項の鑑定人の評価に従い同項の債権に係る債務を弁済しなければならない。

3　第１項の鑑定人の選任の手続に関する費用は、清算受託者の負担とする。当該鑑定人による鑑定のための呼出し及び質問に関する費用についても、同様とする。

4　第１項の申立てを却下する裁判には、理由を付さなければならない。

5　第１項の規定による鑑定人の選任の裁判に対しては、不服を申し立てることができない。

6　前各項の規定は、清算受託者、受益者、信託債権者及び第182条第１項第２号に規定する帰属権利者の間に別段の合意がある場合には、適用しない。

（債務の弁済前における残余財産の給付の制限）

第181条　清算受託者は、第177条第２号及び第３号の債務を弁済した後でなければ、信託財産に属する財産を次条第２項に規定する残余財産受益者等に給付することができない。ただし、当該債務についてその弁済をするために必要と認められる財産を留保した場合は、この限りでない。

（残余財産の帰属）

第182条　残余財産は、次に掲げる者に帰属する。

一　信託行為において残余財産の給付を内容とする受益債権に係る受益者（次項において「残余財産受益者」という。）となるべき者として指定された者

二　信託行為において残余財産の帰属すべき者（以下この節において「帰属権利者」という。）となるべき者として指定された者

2　信託行為に残余財産受益者若しくは帰属権利者（以下この項において「残余財産受益者等」と総称する。）の指定に関する定めがない場合又は信託行為の定めにより残余財産受益者等として指定を受けた者のすべてがその権利を放棄した場合には、信託行為に委託者又はその相続人その他の一般承継人を帰属権利者として指定する旨の定めがあったものとみなす。

3　前２項の規定により残余財産の帰属が定まらないときは、残余財産は、清算受託者に帰属する。

（帰属権利者）

第183条　信託行為の定めにより帰属権利者となるべき者として指定された者は、当然に残余財産の給付をすべき債務に係る債権を取得する。ただし、信託行為に別段の定めがあるときは、その定めるところによる。

2　第88条第2項の規定は、前項に規定する帰属権利者となるべき者として指定された者について準用する。

3　信託行為の定めにより帰属権利者となった者は、受託者に対し、その権利を放棄する旨の意思表示をすることができる。ただし、信託行為の定めにより帰属権利者となった者が信託行為の当事者である場合は、この限りでない。

4　前項本文に規定する帰属権利者となった者は、同項の規定による意思表示をしたときは、当初から帰属権利者としての権利を取得していなかったものとみなす。ただし、第三者の権利を害することはできない。

5　第100条及び第102条の規定は、帰属権利者が有する債権で残余財産の給付をすべき債務に係るものについて準用する。

6　帰属権利者は、信託の清算中は、受益者とみなす。

（清算受託者の職務の終了等）

第184条　清算受託者は、その職務を終了したときは、遅滞なく、信託事務に関する最終の計算を行い、信託が終了した時における受益者（信託管理人が現に存する場合にあっては、信託管理人）及び帰属権利者（以下この条において「受益者等」と総称する。）のすべてに対し、その承認を求めなければならない。

2　受益者等が前項の計算を承認した場合には、当該受益者等に対する清算受託者の責任は、免除されたものとみなす。ただし、清算受託者の職務の執行に不正の行為があったときは、この限りでない。

3　受益者等が清算受託者から第1項の計算の承認を求められた時から1箇月以内に異議を述べなかった場合には、当該受益者等は、同項の計算を承認したものとみなす。

第8章　受益証券発行信託の特例

第1節　総則

（受益証券の発行に関する信託行為の定め）

第185条　信託行為においては、この章の定めるところにより、1又は2以上の受益権を表示する証券（以下「受益証券」という。）を発行する旨を定めることができる。

2　前項の規定は、当該信託行為において特定の内容の受益権については受益証券を発行しない旨を定めることを妨げない。

3　第１項の定めのある信託（以下「受益証券発行信託」という。）においては、信託の変更によって前２項の定めを変更することはできない。
4　第１項の定めのない信託においては、信託の変更によって同項又は第２項の定めを設けることはできない。

（受益権原簿）

第186条　受益証券発行信託の受託者は、遅滞なく、受益権原簿を作成し、これに次に掲げる事項（以下この章において「受益権原簿記載事項」という。）を記載し、又は記録しなければならない。
一　各受益権に係る受益債権の内容その他の受益権の内容を特定するものとして法務省令で定める事項
二　各受益権に係る受益証券の番号、発行の日、受益証券が記名式か又は無記名式かの別及び無記名式の受益証券の数
三　各受益権に係る受益者（無記名受益権の受益者を除く。）の氏名又は名称及び住所
四　前号の受益者が各受益権を取得した日
五　前各号に掲げるもののほか、法務省令で定める事項

（受益権原簿記載事項を記載した書面の交付等）

第187条　第185条第２項の定めのある受益権の受益者は、受益証券発行信託の受託者に対し、当該受益者についての受益権原簿に記載され、若しくは記録された受益権原簿記載事項を記載した書面の交付又は当該受益権原簿記載事項を記録した電磁的記録の提供を請求することができる。
2　前項の書面には、受益証券発行信託の受託者（法人である受託者にあっては、その代表者。次項において同じ。）が署名し、又は記名押印しなければならない。
3　第１項の電磁的記録には、受益証券発行信託の受託者が法務省令で定める署名又は記名押印に代わる措置をとらなければならない。
4　受益証券発行信託の受託者が２人以上ある場合における前２項の規定の適用については、これらの規定中「受益証券発行信託の受託者」とあるのは、「受益証券発行信託のすべての受託者」とする。

（受益権原簿管理人）

第188条　受益証券発行信託の受託者は、受益権原簿管理人（受益証券発行信託の受託者に代わって受益権原簿の作成及び備置きその他の受益権原簿に関する事務を行う者をいう。以下同じ。）を定め、当該事務を行うことを委託することができる。

（基準日）

第189条　受益証券発行信託の受託者は、一定の日（以下この条において「基準日」という。）を定めて、基準日において受益権原簿に記載され、又は記

録されている受益者（以下この条において「基準日受益者」という。）をその権利を行使することができる者と定めることができる。

2　前項の規定は、無記名受益権の受益者については、適用しない。

3　基準日を定める場合には、受益証券発行信託の受託者は、基準日受益者が行使することができる権利（基準日から3箇月以内に行使するものに限る。）の内容を定めなければならない。

4　受益証券発行信託の受託者は、基準日を定めたときは、当該基準日の2週間前までに、当該基準日及び前項の規定により定めた事項を官報に公告しなければならない。ただし、信託行為に当該基準日及び基準日受益者が行使することができる権利の内容について定めがあるときは、この限りでない。

5　第1項、第3項及び前項本文の規定にかかわらず、信託行為に別段の定めがあるときは、その定めるところによる。

（受益権原簿の備置き及び閲覧等）

第190条　受益証券発行信託の受託者は、受益権原簿をその住所（当該受託者が法人である場合（受益権原簿管理人が現に存する場合を除く。）にあってはその主たる事務所、受益権原簿管理人が現に存する場合にあってはその営業所）に備え置かなければならない。

2　委託者、受益者その他の利害関係人は、受益証券発行信託の受託者に対し、次に掲げる請求をすることができる。この場合においては、当該請求の理由を明らかにしてしなければならない。

一　受益権原簿が書面をもって作成されているときは、当該書面の閲覧又は謄写の請求

二　受益権原簿が電磁的記録をもって作成されているときは、当該電磁的記録に記録された事項を法務省令で定める方法により表示したものの閲覧又は謄写の請求

3　前項の請求があったときは、受益証券発行信託の受託者は、次のいずれかに該当すると認められる場合を除き、これを拒むことができない。

一　当該請求を行う者（以下この項において「請求者」という。）がその権利の確保又は行使に関する調査以外の目的で請求を行ったとき。

二　請求者が不適当な時に請求を行ったとき。

三　請求者が信託事務の処理を妨げ、又は受益者の共同の利益を害する目的で請求を行ったとき。

四　請求者が前項の規定による閲覧又は謄写によって知り得た事実を利益を得て第三者に通報するため請求を行ったとき。

五　請求者が、過去2年以内において、前項の規定による閲覧又は謄写によって知り得た事実を利益を得て第三者に通報したことがあるものであるとき。

4　第186条第３号又は第４号に掲げる事項（第185条第２項の定めのない受益権に係るものに限る。）について第２項の請求があった場合において、信託行為に別段の定めがあるときは、その定めるところによる。

（受益者に対する通知等）

第191条　受益証券発行信託の受託者が受益者に対してする通知又は催告は、受益権原簿に記載し、又は記録した当該受益者の住所（当該受益者が別に通知又は催告を受ける場所又は連絡先を当該受託者に通知した場合にあっては、その場所又は連絡先）にあてて発すれば足りる。

2　前項の通知又は催告は、その通知又は催告が通常到達すべきであった時に、到達したものとみなす。

3　受益証券発行信託の受益権が２人以上の者の共有に属するときは、共有者は、受益証券発行信託の受託者が受益者に対してする通知又は催告を受領する者１人を定め、当該受託者に対し、その者の氏名又は名称を通知しなければならない。この場合においては、その者を受益者とみなして、前２項の規定を適用する。

4　前項の規定による共有者の通知がない場合には、受益証券発行信託の受託者が受益権の共有者に対してする通知又は催告は、そのうちの１人に対してすれば足りる。

5　この法律の規定により受益証券発行信託の受託者が無記名受益権の受益者に対してすべき通知は、当該受益者のうち当該受託者に氏名又は名称及び住所の知れている者に対してすれば足りる。この場合においては、当該受託者は、その通知すべき事項を官報に公告しなければならない。

（無記名受益権の受益者による権利の行使）

第192条　無記名受益権の受益者は、受益証券発行信託の受託者その他の者に対しその権利を行使しようとするときは、その受益証券を当該受託者その他の者に提示しなければならない。

2　無記名受益権の受益者は、受益者集会において議決権を行使しようとするときは、受益者集会の日の１週間前までに、その受益証券を第108条に規定する招集者に提示しなければならない。

（共有者による権利の行使）

第193条　受益証券発行信託の受益権が２人以上の者の共有に属するときは、共有者は、当該受益権についての権利を行使する者１人を定め、受益証券発行信託の受託者に対し、その者の氏名又は名称を通知しなければ、当該受益権についての権利を行使することができない。ただし、当該受託者が当該権利を行使することに同意した場合は、この限りでない。

第２節　受益権の譲渡等の特例

（受益証券の発行された受益権の譲渡）

第194条　受益証券発行信託の受益権（第185条第２項の定めのある受益権を除く。）の譲渡は、当該受益権に係る受益証券を交付しなければ、その効力を生じない。

（受益証券発行信託における受益権の譲渡の対抗要件）

第195条　受益証券発行信託の受益権の譲渡は、その受益権を取得した者の氏名又は名称及び住所を受益権原簿に記載し、又は記録しなければ、受益証券発行信託の受託者に対抗することができない。

２　第185条第２項の定めのある受益権に関する前項の規定の適用については、同項中「受託者」とあるのは、「受託者その他の第三者」とする。

３　第１項の規定は、無記名受益権については、適用しない。

（権利の推定等）

第196条　受益証券の占有者は、当該受益証券に係る受益権を適法に有するものと推定する。

２　受益証券の交付を受けた者は、当該受益証券に係る受益権についての権利を取得する。ただし、その者に悪意又は重大な過失があるときは、この限りでない。

（受益者の請求によらない受益権原簿記載事項の記載又は記録）

第197条　受益証券発行信託の受託者は、次の各号に掲げる場合には、法務省令で定めるところにより、当該各号の受益権の受益者に係る受益権原簿記載事項を受益権原簿に記載し、又は記録しなければならない。

一　受益証券発行信託の受益権を取得した場合において、当該受益権が消滅しなかったとき。

二　前号の受益証券発行信託の受益権を処分したとき。

２　受益証券発行信託の受託者は、信託の変更によって受益権の併合がされた場合には、併合された受益権について、その受益権の受益者に係る受益権原簿記載事項を受益権原簿に記載し、又は記録しなければならない。

３　受益証券発行信託の受託者は、信託の変更によって受益権の分割がされた場合には、分割された受益権について、その受益権の受益者に係る受益権原簿記載事項を受益権原簿に記載し、又は記録しなければならない。

４　前３項の規定は、無記名受益権については、適用しない。

（受益者の請求による受益権原簿記載事項の記載又は記録）

第198条　受益証券発行信託の受益権を受益証券発行信託の受託者以外の者から取得した者（当該受託者を除く。）は、受益証券発行信託の受託者に対し、当該受益権に係る受益権原簿記載事項を受益権原簿に記載し、又は記録することを請求することができる。

2　前項の規定による請求は、利害関係人の利益を害するおそれがないものとして法務省令で定める場合を除き、その取得した受益権の受益者として受益権原簿に記載され、若しくは記録された者又はその相続人その他の一般承継人と共同してしなければならない。

3　前2項の規定は、無記名受益権については、適用しない。

（受益証券の発行された受益権の質入れ）

第199条　受益証券発行信託の受益権（第185条第2項の定めのある受益権を除く。）の質入れは、当該受益権に係る受益証券を交付しなければ、その効力を生じない。

（受益証券発行信託における受益権の質入れの対抗要件）

第200条　受益証券発行信託の受益権（第185条第2項の定めのある受益権を除く。）の質権者は、継続して当該受益権に係る受益証券を占有しなければ、その質権をもって受益証券発行信託の受託者その他の第三者に対抗することができない。

2　第185条第2項の定めのある受益権の質入れは、その質権者の氏名又は名称及び住所を受益権原簿に記載し、又は記録しなければ、受益証券発行信託の受託者その他の第三者に対抗することができない。

（質権に関する受益権原簿の記載等）

第201条　受益証券発行信託の受益権に質権を設定した者は、受益証券発行信託の受託者に対し、次に掲げる事項を受益権原簿に記載し、又は記録することを請求することができる。

一　質権者の氏名又は名称及び住所

二　質権の目的である受益権

2　前項の規定は、無記名受益権については、適用しない。

（質権に関する受益権原簿の記載事項を記載した書面の交付等）

第202条　前条第1項各号に掲げる事項が受益権原簿に記載され、又は記録された質権者（以下この節において「登録受益権質権者」という。）は、受益証券発行信託の受託者に対し、当該登録受益権質権者についての受益権原簿に記載され、若しくは記録された同項各号に掲げる事項を記載した書面の交付又は当該事項を記録した電磁的記録の提供を請求することができる。

2　前項の書面には、受益証券発行信託の受託者（法人である受託者にあっては、その代表者。次項において同じ。）が署名し、又は記名押印しなければならない。

3　第1項の電磁的記録には、受益証券発行信託の受託者が法務省令で定める署名又は記名押印に代わる措置をとらなければならない。

4　受益証券発行信託の受託者が2人以上ある場合における前2項の規定の適用については、これらの規定中「受益証券発行信託の受託者」とあるのは、

「受益証券発行信託のすべての受託者」とする。

(登録受益権質権者に対する通知等)

第203条　受益証券発行信託の受託者が登録受益権質権者に対してする通知又は催告は、受益権原簿に記載し、又は記録した当該登録受益権質権者の住所（当該登録受益権質権者が別に通知又は催告を受ける場所又は連絡先を当該受託者に通知した場合にあっては、その場所又は連絡先）にあてて発すれば足りる。

2　前項の通知又は催告は、その通知又は催告が通常到達すべきであった時に、到達したものとみなす。

(受益権の併合又は分割に係る受益権原簿の記載等)

第204条　受益証券発行信託の受託者は、信託の変更によって受益権の併合がされた場合において、当該受益権を目的とする質権の質権者が登録受益権質権者であるときは、併合された受益権について、その質権者の氏名又は名称及び住所を受益権原簿に記載し、又は記録しなければならない。

2　受益証券発行信託の受託者は、信託の変更によって受益権の分割がされた場合において、当該受益権を目的とする質権の質権者が登録受益権質権者であるときは、分割された受益権について、その質権者の氏名又は名称及び住所を受益権原簿に記載し、又は記録しなければならない。

第205条　受益証券発行信託の受託者は、前条第１項に規定する場合には、併合された受益権に係る受益証券を登録受益権質権者に引き渡さなければならない。

2　受益証券発行信託の受託者は、前条第２項に規定する場合には、分割された受益権に係る受益証券を登録受益権質権者に引き渡さなければならない。

(受益証券の発行されない受益権についての対抗要件等)

第206条　第185条第２項の定めのある受益権で他の信託の信託財産に属するものについては、当該受益権が信託財産に属する旨を受益権原簿に記載し、又は記録しなければ、当該受益権が信託財産に属することを受益証券発行信託の受託者その他の第三者に対抗することができない。

2　前項の受益権が属する他の信託の受託者は、受益証券発行信託の受託者に対し、当該受益権が信託財産に属する旨を受益権原簿に記載し、又は記録することを請求することができる。

3　受益権原簿に前項の規定による記載又は記録がされた場合における第187条の規定の適用については、同条第１項中「第185条第２項の定めのある受益権の受益者」とあるのは「第206条第１項の受益権が属する他の信託の受託者」と、「当該受益者」とあるのは「当該受益権」と、「記録された受益権原簿記載事項」とあるのは「記録された受益権原簿記載事項（当該受益権が信託財産に属する旨を含む。）」とする。

第３節　受益証券

（受益証券の発行）

第207条　受益証券発行信託の受託者は、信託行為の定めに従い、遅滞なく、当該受益権に係る受益証券を発行しなければならない。

（受益証券不所持の申出）

第208条　受益証券発行信託の受益者は、受益証券発行信託の受託者に対し、当該受益者の有する受益権に係る受益証券の所持を希望しない旨を申し出ることができる。ただし、信託行為に別段の定めがあるときは、その定めるところによる。

2　前項の規定による申出は、その申出に係る受益権の内容を明らかにしてしなければならない。この場合において、当該受益権に係る受益証券が発行されているときは、当該受益者は、当該受益証券を受益証券発行信託の受託者に提出しなければならない。

3　第１項の規定による申出を受けた受益証券発行信託の受託者は、遅滞なく、前項前段の受益権に係る受益証券を発行しない旨を受益権原簿に記載し、又は記録しなければならない。

4　受益証券発行信託の受託者は、前項の規定による記載又は記録をしたときは、第２項前段の受益権に係る受益証券を発行することができない。

5　第２項後段の規定により提出された受益証券は、第３項の規定による記載又は記録をした時において、無効となる。

6　第１項の規定による申出をした受益者は、いつでも、受益証券発行信託の受託者に対し、第２項前段の受益権に係る受益証券を発行することを請求することができる。この場合において、同項後段の規定により提出された受益証券があるときは、受益証券の発行に要する費用は、当該受益者の負担とする。

7　前各項の規定は、無記名受益権については、適用しない。

（受益証券の記載事項）

第209条　受益証券には、次に掲げる事項及びその番号を記載し、受益証券発行信託の受託者（法人である受託者にあっては、その代表者）がこれに署名し、又は記名押印しなければならない。

一　受益証券発行信託の受益証券である旨

二　当初の委託者及び受益証券発行信託の受託者の氏名又は名称及び住所

三　記名式の受益証券にあっては、受益者の氏名又は名称

四　各受益権に係る受益債権の内容その他の受益権の内容を特定するものとして法務省令で定める事項

五　受益証券発行信託の受託者に対する費用等の償還及び損害の賠償に関する信託行為の定め

六　信託報酬の計算方法並びにその支払の方法及び時期
七　記名式の受益証券をもって表示される受益権について譲渡の制限があるときは、その旨及びその内容
八　受益者の権利の行使に関する信託行為の定め（信託監督人及び受益者代理人に係る事項を含む。）
九　その他法務省令で定める事項

2　受益証券発行信託の受託者が２人以上ある場合における前項の規定の適用については、同項中「受益証券発行信託の受託者」とあるのは、「受益証券発行信託のすべての受託者」とする。

（記名式と無記名式との間の転換）

第210条　受益証券が発行されている受益権の受益者は、いつでも、その記名式の受益証券を無記名式とし、又はその無記名式の受益証券を記名式とすることを請求することができる。ただし、信託行為に別段の定めがあるときは、その定めるところによる。

（受益証券の喪失）

第211条　受益証券は、非訟事件手続法（平成23年法律第51号）第100条に規定する公示催告手続によって無効とすることができる。

2　受益証券を喪失した者は、非訟事件手続法第106条第１項に規定する除権決定を得た後でなければ、その再発行を請求することができない。

3　受益証券を喪失した者が非訟事件手続法第114条に規定する公示催告の申立てをしたときは、当該受益証券を喪失した者は、相当の担保を供して、受益証券発行信託の受託者に当該受益証券に係る債務を履行させることができる。

第４節　関係当事者の権利義務等の特例

（受益証券発行信託の受託者の義務の特例）

第212条　受益証券発行信託においては、第29条第２項ただし書の規定にかかわらず、信託行為の定めにより同項本文の義務を軽減することはできない。

2　受益証券発行信託においては、第35条第４項の規定は、適用しない。

（受益者の権利行使の制限に関する信託行為の定めの特例）

第213条　受益証券発行信託においては、第92条第１号、第５号、第６号及び第８号の規定にかかわらず、次に掲げる権利の全部又は一部について、総受益者の議決権の100分の３（これを下回る割合を信託行為において定めた場合にあっては、その割合。以下この項において同じ。）以上の割合の受益権を有する受益者又は現に存する受益権の総数の100分の３以上の数の受益権を有する受益者に限り当該権利を行使することができる旨の信託行為の定めを設けることができる。

一　第27条第１項又は第２項（これらの規定を第75条第４項において準用する場合を含む。）の規定による取消権
二　第31条第６項又は第７項の規定による取消権
三　第38条第１項の規定による閲覧又は謄写の請求権
四　第46条第１項の規定による検査役の選任の申立権

2　受益証券発行信託においては、第92条第１号の規定にかかわらず、次に掲げる権利の全部又は一部について、総受益者の議決権の10分の１（これを下回る割合を信託行為において定めた場合にあっては、その割合。以下この項において同じ。）以上の割合の受益権を有する受益者又は現に存する受益権の総数の10分の１以上の数の受益権を有する受益者に限り当該権利を行使することができる旨の信託行為の定めを設けることができる。
一　第150条第１項の規定による信託の変更を命ずる裁判の申立権
二　第165条第１項の規定による信託の終了を命ずる裁判の申立権

3　受益証券発行信託において、第39条第１項の規定による開示が同条第３項の信託行為の定めにより制限されているときは、前２項の規定は、適用しない。

4　受益証券発行信託においては、第92条第11号の規定にかかわらず、６箇月（これを下回る期間を信託行為において定めた場合にあっては、その期間）前から引き続き受益権を有する受益者に限り第44条第１項の規定による差止めの請求権を行使することができる旨の信託行為の定めを設けることができる。

（２人以上の受益者による意思決定の方法の特例）

第214条　受益者が２人以上ある受益証券発行信託においては、信託行為に別段の定めがない限り、信託行為に受益者の意思決定（第92条各号に掲げる権利の行使に係るものを除く。）は第４章第３節第２款の定めるところによる受益者集会における多数決による旨の定めがあるものとみなす。

（委託者の権利の特例）

第215条　受益証券発行信託においては、この法律の規定による委託者の権利のうち次に掲げる権利は、受益者がこれを行使する。
一　第36条の規定による報告を求める権利
二　第58条第４項（第134条第２項及び第141条第２項において準用する場合を含む。）、第62条第４項（第135条第１項及び第142条第１項において準用する場合を含む。）、第63条第１項、第74条第２項、第131条第４項、第150条第１項、第165条第１項、第166条第１項、第169条第１項又は第173条第１項の規定による申立権
三　第62条第２項、第131条第２項又は第138条第２項の規定による催告権
四　第172条第１項、第２項又は第３項後段の規定による閲覧、謄写若しく

は交付又は複製の請求権
五　第190条第２項の規定による閲覧又は謄写の請求権

第９章　限定責任信託の特例

第１節　総則

（限定責任信託の要件）

第216条　限定責任信託は、信託行為においてそのすべての信託財産責任負担債務について受託者が信託財産に属する財産のみをもってその履行の責任を負う旨の定めをし、第232条の定めるところにより登記をすることによって、限定責任信託としての効力を生ずる。

２　前項の信託行為においては、次に掲げる事項を定めなければならない。
一　限定責任信託の目的
二　限定責任信託の名称
三　委託者及び受託者の氏名又は名称及び住所
四　限定責任信託の主たる信託事務の処理を行うべき場所（第３節において「事務処理地」という。）
五　信託財産に属する財産の管理又は処分の方法
六　その他法務省令で定める事項

（固有財産に属する財産に対する強制執行等の制限）

第217条　限定責任信託においては、信託財産責任負担債務（第21条第１項第８号に掲げる権利に係る債務を除く。）に係る債権に基づいて固有財産に属する財産に対し強制執行、仮差押え、仮処分若しくは担保権の実行若しくは競売又は国税滞納処分をすることはできない。

２　前項の規定に違反してされた強制執行、仮差押え、仮処分又は担保権の実行若しくは競売に対しては、受託者は、異議を主張することができる。この場合においては、民事執行法第38条及び民事保全法第45条の規定を準用する。

３　第１項の規定に違反してされた国税滞納処分に対しては、受託者は、異議を主張することができる。この場合においては、当該異議の主張は、当該国税滞納処分について不服の申立てをする方法でする。

（限定責任信託の名称等）

第218条　限定責任信託には、その名称中に限定責任信託という文字を用いなければならない。

２　何人も、限定責任信託でないものについて、その名称又は商号中に、限定責任信託であると誤認されるおそれのある文字を用いてはならない。

３　何人も、不正の目的をもって、他の限定責任信託であると誤認されるおそれのある名称又は商号を使用してはならない。

4　前項の規定に違反する名称又は商号の使用によって事業に係る利益を侵害され、又は侵害されるおそれがある限定責任信託の受託者は、その利益を侵害する者又は侵害するおそれがある者に対し、その侵害の停止又は予防を請求することができる。

（取引の相手方に対する明示義務）

第219条　受託者は、限定責任信託の受託者として取引をするに当たっては、その旨を取引の相手方に示さなければ、これを当該取引の相手方に対し主張することができない。

（登記の効力）

第220条　この章の規定により登記すべき事項は、登記の後でなければ、これをもって善意の第三者に対抗することができない。登記の後であっても、第三者が正当な事由によってその登記があることを知らなかったときは、同様とする。

2　この章の規定により登記すべき事項につき故意又は過失によって不実の事項を登記した者は、その事項が不実であることをもって善意の第三者に対抗することができない。

（限定責任信託の定めを廃止する旨の信託の変更）

第221条　第216条第１項の定めを廃止する旨の信託の変更がされ、第235条の終了の登記がされたときは、その変更後の信託については、
この章の規定は、適用しない。

第２節　計算等の特例

（帳簿等の作成等、報告及び保存の義務等の特例）

第222条　限定責任信託における帳簿その他の書類又は電磁的記録の作成、内容の報告及び保存並びに閲覧及び謄写については、第37条及び第38条の規定にかかわらず、次項から第九項までに定めるところによる。

2　受託者は、法務省令で定めるところにより、限定責任信託の会計帳簿を作成しなければならない。

3　受託者は、限定責任信託の効力が生じた後速やかに、法務省令で定めるところにより、その効力が生じた日における限定責任信託の貸借対照表を作成しなければならない。

4　受託者は、毎年、法務省令で定める一定の時期において、法務省令で定めるところにより、限定責任信託の貸借対照表及び損益計算書並びにこれらの附属明細書その他の法務省令で定める書類又は電磁的記録を作成しなければならない。

5　受託者は、前項の書類又は電磁的記録を作成したときは、その内容について受益者（信託管理人が現に存する場合にあっては、信託管理人）に報告し

なければならない。ただし、信託行為に別段の定めがあるときは、その定めるところによる。

6　受託者は、第２項の会計帳簿を作成した場合には、その作成の日から10年間（当該期間内に信託の清算の結了があったときは、その日までの間。次項において同じ。）、当該会計帳簿（書面に代えて電磁的記録を法務省令で定める方法により作成した場合にあっては当該電磁的記録、電磁的記録に代えて書面を作成した場合にあっては当該書面）を保存しなければならない。ただし、受益者（２人以上の受益者が現に存する場合にあってはそのすべての受益者、信託管理人が現に存する場合にあっては信託管理人。第８項において同じ。）に対し、当該書類若しくはその写しを交付し、又は当該電磁的記録に記録された事項を法務省令で定める方法により提供したときは、この限りでない。

7　受託者は、信託財産に属する財産の処分に係る契約書その他の信託事務の処理に関する書類又は電磁的記録を作成し、又は取得した場合には、その作成又は取得の日から10年間、当該書類又は電磁的記録（書類に代えて電磁的記録を法務省令で定める方法により作成した場合にあっては当該電磁的記録、電磁的記録に代えて書面を作成した場合にあっては当該書面）を保存しなければならない。この場合においては、前項ただし書の規定を準用する。

8　受託者は、第３項の貸借対照表及び第４項の書類又は電磁的記録（以下この項及び第224条第２項第１号において「貸借対照表等」という。）を作成した場合には、信託の清算の結了の日までの間、当該貸借対照表等（書類に代えて電磁的記録を法務省令で定める方法により作成した場合にあっては当該電磁的記録、電磁的記録に代えて書面を作成した場合にあっては当該書面）を保存しなければならない。ただし、その作成の日から10年間を経過した後において、受益者に対し、当該書類若しくはその写しを交付し、又は当該電磁的記録に記録された事項を法務省令で定める方法により提供したときは、この限りでない。

9　限定責任信託における第38条の規定の適用については、同条第１項各号中「前条第１項又は第５項」とあるのは「第222条第２項又は第７項」と、同条第４項第１号及び第６項各号中「前条第２項」とあるのは「第222条第３項又は第４項」とする。

（裁判所による提出命令）

第223条　裁判所は、申立てにより又は職権で、訴訟の当事者に対し、前条第２項から第４項までの書類の全部又は一部の提出を命ずることができる。

（受託者の第三者に対する責任）

第224条　限定責任信託において、受託者が信託事務を行うについて悪意又は重大な過失があったときは、当該受託者は、これによって第三者に生じた損害を賠償する責任を負う。
2　限定責任信託の受託者が、次に掲げる行為をしたときも、前項と同様とする。ただし、受託者が当該行為をすることについて注意を怠らなかったことを証明したときは、この限りでない。
一　貸借対照表等に記載し、又は記録すべき重要な事項についての虚偽の記載又は記録
二　虚偽の登記
三　虚偽の公告
3　前２項の場合において、当該損害を賠償する責任を負う他の受託者があるときは、これらの者は、連帯債務者とする。
（受益者に対する信託財産に係る給付の制限）
第225条　限定責任信託においては、受益者に対する信託財産に係る給付は、その給付可能額（受益者に対し給付をすることができる額として純資産額の範囲内において法務省令で定める方法により算定される額をいう。以下この節において同じ。）を超えてすることはできない。
（受益者に対する信託財産に係る給付に関する責任）
第226条　受託者が前条の規定に違反して受益者に対する信託財産に係る給付をした場合には、次の各号に掲げる者は、連帯して（第２号に掲げる受　益者にあっては、現に受けた個別の給付額の限度で連帯して）、当該各号に定める義務を負う。ただし、受託者がその職務を行うについて注意を怠らなかったことを証明した場合は、この限りでない。
一　受託者　当該給付の帳簿価額（以下この節において「給付額」という。）に相当する金銭の信託財産に対するてん補の義務
二　当該給付を受けた受益者　現に受けた個別の給付額に相当する金銭の受託者に対する支払の義務
2　受託者が前項第１号に定める義務の全部又は一部を履行した場合には、同項第２号に掲げる受益者は、当該履行された金額に同号の給付額の同項第１号の給付額に対する割合を乗じて得た金額の限度で同項第２号に定める義務を免れ、受益者が同号に定める義務の全部又は一部を履行した場合には、受託者は、当該履行された金額の限度で同項第１号に定める義務を免れる。
3　第１項（第２号に係る部分に限る。）の規定により受益者から受託者に対し支払われた金銭は、信託財産に帰属する。
4　第１項に規定する義務は、免除することができない。ただし、当該給付をした日における給付可能額を限度として当該義務を免除することについて総受益者の同意がある場合は、この限りでない。
5　第１項本文に規定する場合において、同項第１号の義務を負う他の受託者があるときは、これらの者は、連帯債務者とする。

6　第45条の規定は、第1項の規定による請求に係る訴えについて準用する。

（受益者に対する求償権の制限等）

第227条　前条第1項本文に規定する場合において、当該給付を受けた受益者は、給付額が当該給付をした日における給付可能額を超えることにつき善意であるときは、当該給付額について、受託者からの求償の請求に応ずる義務を負わない。

2　前条第1項本文に規定する場合には、信託債権者は、当該給付を受けた受益者に対し、給付額（当該給付額が当該信託債権者の債権額を超える場合にあっては、当該債権額）に相当する金銭を支払わせることができる。

（欠損が生じた場合の責任）

第228条　受託者が受益者に対する信託財産に係る給付をした場合において、当該給付をした日後最初に到来する第222条第4項の時期に欠損額（貸借対照表上の負債の額が資産の額を上回る場合において、当該負債の額から当該資産の額を控除して得た額をいう。以下この項において同じ。）が生じたときは、次の各号に掲げる者は、連帯して（第2号に掲げる受益者にあっては、現に受けた個別の給付額の限度で連帯して）、当該各号に定める義務を負う。ただし、受託者がその職務を行うについて注意を怠らなかったことを証明した場合は、この限りでない。

一　受託者　その欠損額（当該欠損額が給付額を超える場合にあっては、当該給付額）に相当する金銭の信託財産に対するてん補の義務

二　当該給付を受けた受益者　欠損額（当該欠損額が現に受けた個別の給付額を超える場合にあっては、当該給付額）に相当する金銭の受託者に対する支払の義務

2　受託者が前項第1号に定める義務の全部又は一部を履行した場合には、同項第2号に掲げる受益者は、当該履行された金額に同号の給付額の同項第1号の給付額に対する割合を乗じて得た金額の限度で同項第2号に定める義務を免れ、受益者が同号に定める義務の全部又は一部を履行した場合には、受託者は、当該履行された金額の限度で同項第1号に定める義務を免れる。

3　第1項（第2号に係る部分に限る。）の規定により受益者から受託者に対し支払われた金銭は、信託財産に帰属する。

4　第1項に規定する義務は、総受益者の同意がなければ、免除することができない。

5　第1項本文に規定する場合において、同項第1号の義務を負う他の受託者があるときは、これらの者は、連帯債務者とする。

6　第45条の規定は、第1項の規定による請求に係る訴えについて準用する。

（債権者に対する公告）

第229条　限定責任信託の清算受託者は、その就任後遅滞なく、信託債権者に

対し、一定の期間内にその債権を申し出るべき旨を官報に公告し、かつ、知れている信託債権者には、各別にこれを催告しなければならない。ただし、当該期間は、２箇月を下ることができない。
2　前項の規定による公告には、当該信託債権者が当該期間内に申出をしないときは清算から除斥される旨を付記しなければならない。

（債務の弁済の制限）

第230条　限定責任信託の清算受託者は、前条第１項の期間内は、清算中の限定責任信託の債務の弁済をすることができない。この場合において、清算受託者は、その債務の不履行によって生じた責任を免れることができない。
2　前項の規定にかかわらず、清算受託者は、前条第１項の期間内であっても、裁判所の許可を得て、少額の債権、清算中の限定責任信託の信託財産に属する財産につき存する担保権によって担保される債権その他これを弁済しても他の債権者を害するおそれがない債権に係る債務について、その弁済をすることができる。この場合において、当該許可の申立ては、清算受託者が２人以上あるときは、その全員の同意によってしなければならない。
3　清算受託者は、前項の許可の申立てをする場合には、その原因となる事実を疎明しなければならない。
4　第２項の許可の申立てを却下する裁判には、理由を付さなければならない。
5　第２項の規定による弁済の許可の裁判に対しては、不服を申し立てることができない。

（清算からの除斥）

第231条　清算中の限定責任信託の信託債権者（知れているものを除く。）であって第229条第１項の期間内にその債権の申出をしなかったものは、清算から除斥される。
2　前項の規定により清算から除斥された信託債権者は、給付がされていない残余財産に対してのみ、弁済を請求することができる。
3　２人以上の受益者がある場合において、清算中の限定責任信託の残余財産の給付を受益者の一部に対してしたときは、当該受益者の受けた給付と同一の　割合の給付を当該受益者以外の受益者に対してするために必要な財産は、前項の残余財産から控除する。

第３節　限定責任信託の登記

（限定責任信託の定めの登記）

第232条　信託行為において第216条第１項の定めがされたときは、限定責任信託の定めの登記は、２週間以内に、次に掲げる事項を登記してしなければならない。

一　限定責任信託の目的
二　限定責任信託の名称
三　受託者の氏名又は名称及び住所
四　限定責任信託の事務処理地
五　第64条第１項（第74条第６項において準用する場合を含む。）の規定により信託財産管理者又は信託財産法人管理人が選任されたときは、その氏名又は名称及び住所
六　第163条第９号の規定による信託の終了についての信託行為の定めがあるときは、その定め
七　会計監査人設置信託（第248条第３項に規定する会計監査人設置信託をいう。第240条第３号において同じ。）であるときは、その旨及び会計監査人の氏名又は名称

（変更の登記）

第233条　限定責任信託の事務処理地に変更があったときは、２週間以内に、旧事務処理地においてはその変更の登記をし、新事務処理地においては　前条各号に掲げる事項を登記しなければならない。

2　同一の登記所の管轄区域内において限定責任信託の事務処理地に変更があったときは、その変更の登記をすれば足りる。

3　前条各号（第４号を除く。）に掲げる事項に変更があったときは、２週間以内に、その変更の登記をしなければならない。

（職務執行停止の仮処分命令等の登記）

第234条　限定責任信託の受託者の職務の執行を停止し、若しくはその職務を代行する者を選任する仮処分命令又はその仮処分命令を変更し、若しくは取り消す決定がされたときは、その事務処理地において、その登記をしなければならない。

（終了の登記）

第235条　第163条（第６号及び第７号に係る部分を除く。）若しくは第164条第１項若しくは第３項の規定により限定責任信託が終了したとき、又は第216条第１項の定めを廃止する旨の信託の変更がされたときは、２週間以内に、終了の登記をしなければならない。

（清算受託者の登記）

第236条　限定責任信託が終了した場合において、限定責任信託が終了した時における受託者が清算受託者となるときは、終了の日から、２週間以内に、清算受託者の氏名又は名称及び住所を登記しなければならない。

2　信託行為の定め又は第62条第１項若しくは第４項若しくは第173条第１項の規定により清算受託者が選任されたときも、前項と同様とする。

3　第233条第３項の規定は、前２項の規定による登記について準用する。

（清算結了の登記）

第237条　限定責任信託の清算が結了したときは、第184条第１項の計算の承認の日から、２週間以内に、清算結了の登記をしなければならない。

（管轄登記所及び登記簿）

第238条　限定責任信託の登記に関する事務は、限定責任信託の事務処理地を管轄する法務局若しくは地方法務局若しくはこれらの支局又はこれらの出張所が管轄登記所としてつかさどる。

2　登記所に、限定責任信託登記簿を備える。

（登記の申請）

第239条　第232条及び第233条の規定による登記は受託者の申請によって、第235条から第237条までの規定による登記は清算受託者の申請によってする。

2　前項の規定にかかわらず、信託財産管理者又は信託財産法人管理人が選任されている場合には、第232条及び第233条の規定による登記（第246条の規定によるものを除く。）は、信託財産管理者又は信託財産法人管理人の申請によってする。

（限定責任信託の定めの登記の添付書面）

第240条　限定責任信託の定めの登記の申請書には、次に掲げる書面を添付しなければならない。

一　限定責任信託の信託行為を証する書面

二　受託者が法人であるときは、当該法人の登記事項証明書。ただし、当該登記所の管轄区域内に当該法人の本店又は主たる事務所がある場合を除く。

三　会計監査人設置信託においては、次に掲げる書面

イ　就任を承諾したことを証する書面

ロ　会計監査人が法人であるときは、当該法人の登記事項証明書。ただし、当該登記所の管轄区域内に当該法人の主たる事務所がある場合を除く。

ハ　会計監査人が法人でないときは、第249条第１項に規定する者であることを証する書面

（変更の登記の添付書面）

第241条　事務処理地の変更又は第232条各号（第４号を除く。）に掲げる事項の変更の登記の申請書には、事務処理地の変更又は登記事項の変更を証する書面を添付しなければならない。

2　法人である新受託者の就任による変更の登記の申請書には、前条第２号に掲げる書面を添付しなければならない。

3　会計監査人の就任による変更の登記の申請書には、前条第３号ロ又はハに掲げる書面を添付しなければならない。

（終了の登記の添付書面）

第242条　限定責任信託の終了の登記の申請書には、その事由の発生を証する書面を添付しなければならない。

（清算受託者の登記の添付書面）

第243条　次の各号に掲げる者が清算受託者となった場合の清算受託者の登記の申請書には、当該各号に定める書面を添付しなければならない。

一　信託行為の定めにより選任された者　次に掲げる書面

イ　当該信託行為の定めがあることを証する書面

ロ　選任された者が就任を承諾したことを証する書面

二　第62条第１項の規定により選任された者　次に掲げる書面

イ　第62条第１項の合意があったことを証する書面

ロ　前号ロに掲げる書面

三　第62条第４項又は第173条第１項の規定により裁判所が選任した者　その選任を証する書面

2　第240条（第２号に係る部分に限る。）の規定は、清算受託者が法人である場合の清算受託者の登記について準用する。

（清算受託者に関する変更の登記の添付書面）

第244条　清算受託者の退任による変更の登記の申請書には、退任を証する書面を添付しなければならない。

2　第236条第１項に規定する事項の変更の登記の申請書には、登記事項の変更を証する書面を添付しなければならない。

3　第241条第２項の規定は、法人である清算受託者の就任による変更の登記について準用する。

（清算結了の登記の添付書面）

第245条　清算結了の登記の申請書には、第184条第１項の計算の承認があったことを証する書面を添付しなければならない。

（裁判による登記の嘱託）

第246条　次に掲げる場合には、裁判所書記官は、職権で、遅滞なく、限定責任信託の事務処理地を管轄する登記所にその登記を嘱託しなければならない。

一　次に掲げる裁判があったとき。

イ　第58条第４項（第70条（第74条第６項において準用する場合を含む。）において準用する場合を含む。）の規定による受託者又は信託財産管理者若しくは信託財産法人管理人の解任の裁判

ロ　第64条第１項（第74条第６項において準用する場合を含む。）の規定による信託財産管理者又は信託財産法人管理人の選任の裁判

二　次に掲げる裁判が確定したとき。

イ　前号イに掲げる裁判を取り消す裁判
ロ　第165条又は第166条の規定による信託の終了を命ずる裁判

(商業登記法及び民事保全法の準用)

第247条　限定責任信託の登記については、商業登記法（昭和38年法律第125号）第2条から第5条まで、第7条から第15条まで、第17条（第3項を除く。）、第18条から第19条の3まで、第20条第1項及び第2項、第21条から第24条まで、第26条、第27条、第51条から第53条まで、第71条第1項、第132条から第137条まで並びに第139条から第148条まで並びに民事保全法第56条の規定を準用する。この場合において、商業登記法第51条第1項中「本店」とあるのは「事務処理地（信託法（平成18年法律第108号）第216条第2項第4号に規定する事務処理地をいう。以下同じ。）」と、「移転した」とあるのは「変更した」と、同項並びに同法第52条第2項、第3項及び第5項中「新所在地」とあるのは「新事務処理地」と、同法第51条第1項及び第2項並びに第52条中「旧所在地」とあるのは「旧事務処理地」と、同法第71条第1項中「解散」とあるのは「限定責任信託の終了」と、民事保全法第56条中「法人を代表する者その他法人の役員」とあるのは「限定責任信託の受託者又は清算受託者」と、「法人の本店又は主たる事務所の所在地（外国法人にあっては、各事務所の所在地）」とあるのは「限定責任信託の事務処理地（信託法（平成18年法律第108号）第216条第2項第4号に規定する事務処理地をいう。）」と読み替えるものとする。

第10章　受益証券発行限定責任信託の特例

(会計監査人の設置等)

第248条　受益証券発行信託である限定責任信託（以下「受益証券発行限定責任信託」という。）においては、信託行為の定めにより、会計監査人を置くことができる。

2　受益証券発行限定責任信託であって最終の貸借対照表（直近の第222条第4項の時期において作成された貸借対照表をいう。）の負債の部に計上した額の合計額が200億円以上であるものにおいては、会計監査人を置かなければならない。

3　第1項の信託行為の定めのある信託及び前項に規定する信託（以下「会計監査人設置信託」と総称する。）においては、信託行為に会計監査人を指定する定めを設けなければならない。

(会計監査人の資格等)

第249条　会計監査人は、公認会計士（外国公認会計士（公認会計士法（昭和23年法律第103号）第16条の2第5項に規定する外国公認会計士をいう。）を含む。第3項第2号において同じ。）又は監査法人でなければならない。

2　会計監査人に選任された監査法人は、その社員の中から会計監査人の職務を行うべき者を選定し、これを受託者に通知しなければならない。この場合においては、次項第2号に掲げる者を選定することはできない。

3　次に掲げる者は、会計監査人となることができない。

一　公認会計士法の規定により、第222条第4項に規定する書類又は電磁的記録について監査をすることができない者

二　受託者若しくはその利害関係人から公認会計士若しくは監査法人の業務以外の業務により継続的な報酬を受けている者又はその配偶者

三　監査法人でその社員の半数以上が前号に掲げる者であるもの

（会計監査人が欠けた場合の措置）

第250条　会計監査人設置信託において、会計監査人が欠けたときは、委託者及び受益者は、会計監査人が欠けた時から2箇月以内に、その合意により、新たな会計監査人（以下この条において「新会計監査人」という。）を選任しなければならない。

2　前項に規定する場合において、委託者が現に存しないとき、又は会計監査人が欠けた時から2箇月を経過しても同項の合意が調わないときは、新会計監査人の選任は、受益者のみでこれをすることができる。

3　前2項に規定する場合において、受益者が2人以上あるときは、受託者（信託監督人が現に存する場合にあっては、受託者又は信託監督人）は、前2項の規定により新会計監査人を選任するため、遅滞なく、受益者集会を招集しなければならない。

4　第1項又は第2項の規定により新会計監査人が選任されたときは、当該新会計監査人について信託行為に第248条第3項の定めが設けられたものとみなす。

5　会計監査人が欠けた場合には、辞任により退任した会計監査人は、新会計監査人が選任されるまで、なお会計監査人としての権利義務を有する。

（会計監査人の辞任及び解任）

第251条　第57条第1項本文の規定は会計監査人の辞任について、第58条第1項及び第2項の規定は会計監査人の解任について、それぞれ準用する。

（会計監査人の権限等）

第252条　会計監査人は、第222条第4項の書類又は電磁的記録を監査する。この場合において、会計監査人は、法務省令で定めるところにより、会計監査報告を作成しなければならない。

2　会計監査人は、いつでも、次に掲げるものの閲覧及び謄写をし、又は受託者に対し、会計に関する報告を求めることができる。

一　会計帳簿又はこれに関する資料が書面をもって作成されているときは、当該書面

二　会計帳簿又はこれに関する資料が電磁的記録をもって作成されているときは、当該電磁的記録に記録された事項を法務省令で定める方法により表示したもの

3　会計監査人は、その職務を行うに当たっては、次のいずれかに該当する者を使用してはならない。

一　第249条第3項第1号又は第2号に掲げる者

二　受託者又はその利害関係人

三　受託者又はその利害関係人から公認会計士又は監査法人の業務以外の業務により継続的な報酬を受けている者

4　会計監査人設置信託における第222条第4項、第5項及び第8項の規定の適用については、同条第4項中「作成しなければ」とあるのは「作成し、第252条第1項の会計監査を受けなければ」と、同条第5項中「その内容」とあるのは「その内容及び会計監査報告」と、同条第8項中「作成した場合には」とあるのは「作成し、第252条第1項の会計監査を受けた場合には」と、「当該書面)」とあるのは「当該書面)及び当該会計監査報告」とする。

(会計監査人の注意義務)

第253条　会計監査人は、その職務を行うに当たっては、善良な管理者の注意をもって、これをしなければならない。

(会計監査人の損失てん補責任等)

第254条　会計監査人がその任務を怠ったことによって信託財産に損失が生じた場合には、受益者は、当該会計監査人に対し、当該損失のてん補をすることを請求することができる。

2　前項の規定による損失のてん補として会計監査人が受託者に対し交付した金銭その他の財産は、信託財産に帰属する。

3　第42条（第1号に係る部分に限る。）並びに第105条第3項及び第4項（第3号を除く。）の規定は第1項の規定による責任の免除について、第43条の規定は第1項の規定による責任に係る債権について、第45条の規定は第1項の規定による請求に係る訴えについて、それぞれ準用する。この場合において、第105条第4項第2号中「受託者がその任務」とあるのは、「会計監査人がその職務」と読み替えるものとする。

(会計監査人の第三者に対する責任)

第255条　会計監査人設置信託において、会計監査人がその職務を行うについて悪意又は重大な過失があったときは、当該会計監査人は、これによって第三者に生じた損害を賠償する責任を負う。

2　会計監査人設置信託の会計監査人が、第252条第1項の会計監査報告に記載し、又は記録すべき重要な事項について虚偽の記載又は記録をしたときも、前項と同様とする。ただし、会計監査人が当該行為をすることについて

注意を怠らなかったことを証明したときは、この限りでない。
3　前2項の場合において、当該損害を賠償する責任を負う他の会計監査人があるときは、これらの者は、連帯債務者とする。

（会計監査人の費用等及び報酬）

第256条　第127条第1項から第5項までの規定は、会計監査人の費用及び支出の日以後におけるその利息、損害の賠償並びに報酬について準用する。

（受益者集会の特例）

第257条　会計監査人設置信託に係る信託行為に第214条の別段の定めがない場合における第118条の規定の適用については、同条第1項中「同じ。）」とあるのは「同じ。）及び会計監査人」と、同条第2項中「受託者」とあるのは「受託者又は会計監査人」とする。

第11章　受益者の定めのない信託の特例

（受益者の定めのない信託の要件）

第258条　受益者の定め（受益者を定める方法の定めを含む。以下同じ。）のない信託は、第3条第1号又は第2号に掲げる方法によってすることができる。
2　受益者の定めのない信託においては、信託の変更によって受益者の定めを設けることはできない。
3　受益者の定めのある信託においては、信託の変更によって受益者の定めを廃止することはできない。
4　第3条第2号に掲げる方法によって受益者の定めのない信託をするときは、信託管理人を指定する定めを設けなければならない。この場合においては、信託管理人の権限のうち第145条第2項各号（第6号を除く。）に掲げるものを行使する権限を制限する定めを設けることはできない。
5　第3条第2号に掲げる方法によってされた受益者の定めのない信託において信託管理人を指定する定めがない場合において、遺言執行者の定めがあるときは、当該遺言執行者は、信託管理人を選任しなければならない。この場合において、当該遺言執行者が信託管理人を選任したときは、当該信託管理人について信託行為に前項前段の定めが設けられたものとみなす。
6　第3条第2号に掲げる方法によってされた受益者の定めのない信託において信託管理人を指定する定めがない場合において、遺言執行者の定めがないとき、又は遺言執行者となるべき者として指定された者が信託管理人の選任をせず、若しくはこれをすることができないときは、裁判所は、利害関係人の申立てにより、信託管理人を選任することができる。この場合において、信託管理人の選任の裁判があったときは、当該信託管理人について信託行為に第4項前段の定めが設けられたものとみなす。

7　第123条第６項から第８項までの規定は、前項の申立てについての裁判について準用する。

8　第３条第２号に掲げる方法によってされた受益者の定めのない信託において、信託管理人が欠けた場合であって、信託管理人が就任しない状態が１年間継続したときは、当該信託は、終了する。

（受益者の定めのない信託の存続期間）

第259条　受益者の定めのない信託の存続期間は、20年を超えることができない。

（受益者の定めのない信託における委託者の権利）

第260条　第３条第１号に掲げる方法によってされた受益者の定めのない信託においては、委託者（委託者が２人以上ある場合にあっては、そのすべての委託者）が第145条第２項各号（第６号を除く。）に掲げる権利を有する旨及び受託者が同条第四項各号に掲げる義務を負う旨の定めが設けられたものとみなす。この場合においては、信託の変更によってこれを変更することはできない。

2　第３条第２号に掲げる方法によってされた受益者の定めのない信託であって、第258条第５項後段又は第６項後段の規定により同条第４項前段の定めが設けられたものとみなされるものにおいては、信託の変更によって信託管理人の権限のうち第145条第２項各号（第６号を除く。）に掲げるものを行使する権限を制限することはできない。

（この法律の適用関係）

第261条　受益者の定めのない信託に関する次の表の上欄に掲げるこの法律の規定の適用については、これらの規定中同表の中欄に掲げる字句は、同表の下欄に掲げる字句とする。

（一覧表略）

2　受益者の定めのない信託に係る受託者の費用等、損害の賠償及び信託報酬については、第48条第５項（第53条第２項及び第54条第４項において準用する場合を含む。）の規定は、適用しない。

3　受益者の定めのない信託に係る信託の変更については、第149条第２項第１号及び第３項第２号の規定は、適用しない。

4　受益者の定めのない信託に係る信託の併合については、第151条第２項第１号の規定は、適用しない。

5　受益者の定めのない信託に係る信託の分割については、第155条第２項第１号及び第159条第２項第１号の規定は、適用しない。

第12章　雑則

第1節　非訟

（信託に関する非訟事件の管轄）

第262条　この法律の規定による非訟事件は、この条に特別の定めがある場合を除き、受託者の住所地を管轄する地方裁判所の管轄に属する。

2　受託者が2人以上ある場合における前項の規定の適用については、同項中「住所地」とあるのは、「いずれかの住所地」とする。

3　受託者の任務の終了後新受託者の就任前におけるこの法律の規定による裁判所に対する申立てに係る事件は、前受託者の住所地を管轄する地方裁判所の管轄に属する。

4　受託者が2人以上ある場合における前項の規定の適用については、同項中「受託者の任務」とあるのは、「すべての受託者の任務」とし、前受託者が2人以上ある場合における同項の規定の適用については、同項中「住所地」とあるのは、「いずれかの住所地」とする。

5　第6条第1項又は第258条第6項の申立てに係る事件は、遺言者の最後の住所地を管轄する地方裁判所の管轄に属する。

（信託に関する非訟事件の手続の特例）

第263条　この法律の規定による非訟事件については、非訟事件手続法第40条及び第57条第2項第2号の規定は、適用しない。

（最高裁判所規則）

第264条　この法律に定めるもののほか、この法律の規定による非訟事件の手続に関し必要な事項は、最高裁判所規則で定める。

第2節　公告等

（法人である受託者についての公告の方法）

第265条　この法律の規定（第152条第2項、第156条第2項、第160条第2項及び第229条第1項を除く。）による公告は、受託者（受託者の任務の終了後新受託者の就任前にあっては、前受託者）が法人である場合には、当該法人における公告の方法（公告の期間を含む。）によりしなければならない。

（法人である受託者の合併等についての公告の手続等の特例）

第266条　会社法その他の法律の規定によりある法人が組織変更、合併その他の行為をするときは当該法人の債権者が当該行為について公告、催告その他の手続を経て異議を述べることができることとされている場合において、法人である受託者が当該行為をしようとするときは、受託者が信託財産に属する財産のみをもって履行する責任を負う信託財産責任負担債務に係る債権を有する債権者は、当該行為についてこれらの手続を経て異議を述べることができる債権者に含まれないものとする。

2　会社法その他の法律の規定による法人の事業の譲渡に関する規定の適用については、第３条第３号に掲げる方法によってする信託は、その適用の対象となる行為に含まれるものとする。ただし、当該法律に別段の定めがあるときは、この限りでない。

第13章　罰則

（受益証券発行限定責任信託の受託者等の贈収賄罪）

第267条　次に掲げる者が、その職務に関して、賄賂（ろ）を収受し、又はその要求若しくは約束をしたときは、３年以下の懲役又は300万円以下の罰金に処する。これによって不正の行為をし、又は相当の行為をしないときは、５年以下の懲役又は500万円以下の罰金に処する。

一　受益証券発行限定責任信託の受託者（前受託者又は清算受託者を含む。以下同じ。）

二　受益証券発行限定責任信託の信託財産管理者

三　受益証券発行限定責任信託の民事保全法第56条に規定する仮処分命令により選任された受託者の職務を代行する者

四　受益証券発行限定責任信託の信託財産法人管理人

五　受益証券発行限定責任信託の信託管理人

六　受益証券発行限定責任信託の信託監督人

七　受益証券発行限定責任信託の受益者代理人

八　受益証券発行限定責任信託の検査役

九　会計監査人

2　前項に規定する賄賂を供与し、又はその申込み若しくは約束をした者は、３年以下の懲役又は300万円以下の罰金に処する。

3　第１項の場合において、犯人の収受した賄賂は、没収する。その全部又は一部を没収することができないときは、その価額を追徴する。

（国外犯）

第268条　前条第１項の罪は、日本国外においてこれらの罪を犯した者にも適用する。

2　前条第２項の罪は、刑法（明治40年法律第45号）第２条の例に従う。

（法人における罰則の適用）

第269条　第267条第１項に規定する者が法人であるときは、同項の規定は、その行為をした取締役、執行役その他業務を執行する役員又は支配人に対してそれぞれ適用する。

（過料に処すべき行為）

第270条　受託者、第60条第１項に規定する前受託者の相続人等、信託財産管理者、民事保全法第56条に規定する仮処分命令により選任された受託者の職務を代行する者、信託財産法人管理人、信託管理人、信託監督人、受益者代理人又は検査役は、次のいずれかに該当する場合には、100万円以下の過料に処する。ただし、その行為について刑を科すべきときは、この限りでない。

一　この法律の規定による公告若しくは通知をすることを怠ったとき、又は不正の公告若しくは通知をしたとき。

二　この法律の規定による開示をすることを怠ったとき。

三　この法律の規定に違反して、正当な理由がないのに、書類又は電磁的記録に記録された事項を法務省令で定める方法により表示したものの閲覧又は謄写を拒んだとき。

四　この法律の規定による報告をせず、又は虚偽の報告をしたとき。

五　この法律の規定による調査を妨げたとき。

六　第37条第１項、第２項若しくは第５項の書類若しくは電磁的記録又は第120条の議事録（信託行為に第４章第３節第２款の定めるところによる受益者集会における多数決による旨の定めがある場合に限る。）を作成せず、若しくは保存せず、又はこれらに記載し、若しくは記録すべき事項を記載せず、若しくは記録せず、若しくは虚偽の記載若しくは記録をしたとき。

七　第152条第２項若しくは第５項、第156条第２項若しくは第５項又は第160条第２項若しくは第５項の規定に違反して、信託の併合又は分割をしたとき。

八　第179条第１項の規定に違反して、破産手続開始の申立てをすることを怠ったとき。

九　第181条の規定に違反して、清算中の信託財産に属する財産の給付をしたとき。

2　受益証券発行信託の受託者、信託財産管理者、民事保全法第56条に規定する仮処分命令により選任された受託者の職務を代行する者、信託財産法人管理人、信託監督人又は受益権原簿管理人は、次のいずれかに該当する場合には、100万円以下の過料に処する。ただし、その行為について刑を科すべきときは、この限りでない。

一　第120条の議事録（信託行為に第214条の別段の定めがない場合に限る。）又は第186条の受益権原簿を作成せず、若しくは保存せず、又はこれらに記載し、若しくは記録すべき事項を記載せず、若しくは記録せず、若しくは虚偽の記載若しくは記録をしたとき。

二　第187条第１項又は第202条第１項の規定に違反して、書面の交付又は電磁的記録の提供を拒んだとき。

三　第190条第１項の規定に違反して、第186条の受益権原簿を備え置かなかったとき。

四　第207条の規定に違反して、遅滞なく、受益証券を発行しなかったとき。
五　第209条の規定に違反して、受益証券に記載すべき事項を記載せず、又は虚偽の記載をしたとき。

3　限定責任信託の受託者、信託財産管理者、民事保全法第56条に規定する仮処分命令により選任された受託者の職務を代行する者又は信託財産法人管理人は、次のいずれかに該当する場合には、100万円以下の過料に処する。ただし、その行為について刑を科すべきときは、この限りでない。
一　第9章第3節の規定による登記をすることを怠ったとき。
二　第222条第2項の会計帳簿、同条第3項の貸借対照表又は同条第4項若しくは第7項の書類若しくは電磁的記録を作成せず、若しくは保存せず、又はこれらに記載し、若しくは記録すべき事項を記載せず、若しくは記録せず、若しくは虚偽の記載若しくは記録をしたとき。
三　清算の結了を遅延させる目的で、第229条第1項の期間を不当に定めたとき。
四　第230条第1項の規定に違反して、債務の弁済をしたとき。

4　会計監査人設置信託の受託者、信託財産管理者、民事保全法第56条に規定する仮処分命令により選任された受託者の職務を代行する者、信託財産法人管理人又は信託監督人は、第250条第3項の規定に違反して、会計監査人の選任の手続をすることを怠ったときは、100万円以下の過料に処する。ただし、その行為について刑を科すべきときは、この限りでない。

第271条　次のいずれかに該当する者は、100万円以下の過料に処する。
一　第218条第1項の規定に違反して、限定責任信託の名称中に限定責任信託という文字を用いなかった者
二　第218条第2項の規定に違反して、限定責任信託であると誤認されるおそれのある文字をその名称又は商号中に使用した者
三　第218条第3項の規定に違反して、他の限定責任信託であると誤認されるおそれのある名称又は商号を使用した者

附　則

（施行期日）

1　この法律は、公布の日から起算して1年6月を超えない範囲内において政令で定める日から施行する。
〔平成19年9月30日施行（平成19年8月政令231号）〕

（自己信託に関する経過措置）

2　第3条第3号の規定は、この法律の施行の日から起算して1年を経過する日までの間は、適用しない。

（受益者の定めのない信託に関する経過措置）

3　受益者の定めのない信託（学術、技芸、慈善、祭祀（し）、宗教その他公益を目的とするものを除く。）は、別に法律で定める日までの間、当該信託に関する信託事務を適正に処理するに足りる財産的基礎及び人的構成を有する者として政令で定める法人以外の者を受託者としてすることができない。

4　前項の別に法律で定める日については、受益者の定めのない信託のうち学術、技芸、慈善、祭祀、宗教その他公益を目的とする信託に係る見直しの状況その他の事情を踏まえて検討するものとし、その結果に基づいて定めるものとする。

信託法施行令（抄）

平成19年７月４日政令第199号

（受益者の定めのない信託の受託者となることができる法人）

第３条　信託法附則第３項の政令で定める法人は、国、地方公共団体及び次に掲げる要件のいずれにも該当する法人とする。

一　最も遅い事業年度の終了の日（次のイ又はロに掲げる法人にあっては、当該イ又はロに定める日）における純資産の額（貸借対照表上の資産の額から負債の額を控除して得た額をいう。）が5,000万円を超えること。この場合において、当該貸借対照表は、公認会計士（公認会計士法（昭和23年法律第103号）第16条の２第５項に規定する外国公認会計士を含む。）又は監査法人の監査（以下この号において単に「監査」という。）により、虚偽、錯誤及び脱漏のないものである旨の証明を受けたものでなければならない。

イ　最初の事業年度の終了の日から３箇月以内において、当該日における貸借対照表の監査が終了していない法人　当該法人の成立の日

ロ　最も遅い事業年度の終了の日から３箇月以内において、当該日における貸借対照表の監査が終了していない法人（イに掲げる法人を除く。）　当該事業年度の前事業年度の終了の日

二　業務を執行する社員、理事若しくは取締役、執行役、会計参与若しくはその職務を行うべき社員又は監事若しくは監査役（いかなる名称を有する者で　あるかを問わず、当該法人に対しこれらの者と同等以上の支配力を有するものと認められる者を含む。）のうちに、次のいずれかに該当する者がないこと。

イ　禁錮以上の刑に処せられ、その刑の執行を終わり、又は刑の執行を受けることがなくなった日から５年を経過しない者

ロ　信託法、担保付社債信託法（明治38年法律第52号）若しくは金融機関の信託業務の兼営等に関する法律（昭和18年法律第43号）の規定、投資信託及び投資法人に関する法律（昭和26年法律第198号）の規定（同法第３編に規定する投資法人制度に係るものを除く。）、資産の流動化に関する法律（平成10年法律第105号）の規定（同法第２編に規定する特定目的会社制度に係るものを除く。）、著作権等管理事業法（平成12年法律第131号）の規定（同法第２条第１項第２号に規定する委任契約に係るものを除く。）若しくは信託業法（平成16年法律第154号）の規定に違反したことにより、又は刑法（明治40年法律第45号）第204条、第206条、第208条、第208条の２第１項、第222条若しくは第247条の罪、暴力行為

等処罰に関する法律（大正15年法律第60号）第１条、第２条若しくは第３条の罪若しくは暴力団員による不当な行為の防止等に関する法律（平成３年法律第77号）第46条から第49条まで、第50条第１号若しくは第51条の罪を犯したことにより、罰金の刑に処せられ、その執行を終わり、又は執行を受けることがなくなった日から５年を経過しない者

ハ　暴力団員による不当な行為の防止等に関する法律第２条第６号に規定する暴力団員（以下この号において「暴力団員」という。）又は暴力団員でなくなった日から５年を経過しない者

信託法施行規則（抄）

平成19年7月4日法務省令第41号

第33条　次に掲げる規定に規定する法務省令で定めるべき事項は、信託計算規則の定めるところによる。

一　法第37条第1項及び第2項

二　法第222条第2項、第3項及び第4項

三　法第225条

四　法第252条第1項

信託計算規則(抄)

平成19年7月4日法務省令第42号

第1章　総則

(目的)

第1条　この省令は、信託法(平成18年法律第108号。以下「法」という。)の規定により委任された信託の計算に関する事項その他の事項について、必要な事項を定めることを目的とする。

(定義)

第2条　この省令において使用する用語は、法において使用する用語の例による。

2　この省令において「電磁的記録」とは、法第3条第3号に規定する電磁的記録をいう。

(会計慣行のしん酌)

第3条　この省令の用語の解釈及び規定の適用に関しては、一般に公正妥当と認められる会計の基準その他の会計の慣行をしん酌しなければならない。

第2章　信託帳簿及び財産状況開示資料の作成(抄)

(信託帳簿等の作成)

第4条　法第37条第1項の規定による信託財産に係る帳簿その他の書類又は電磁的記録(以下この条及び次条において「信託帳簿」という。)の作成及び法第37条第2項の規定による同項の書類又は電磁的記録の作成については、この条に定めるところによる。

2　信託帳簿は、一の書面その他の資料として作成することを要せず、他の目的で作成された書類又は電磁的記録をもって信託帳簿とすることができる。

3　法第37条第2項に規定する法務省令で定める書類又は電磁的記録は、この条の規定により作成される財産状況開示資料とする。

4　財産状況開示資料は、信託財産に属する財産及び信託財産責任負担債務の概況を明らかにするものでなければならない。

5　財産状況開示資料は、信託帳簿に基づいて作成しなければならない。

6　信託帳簿又は財産状況開示資料の作成に当たっては、信託行為の趣旨をしん酌しなければならない。

(会計帳簿等を作成すべき信託の特例)

第5条　前条の規定にかかわらず、次の各号に掲げる要件のいずれにも該当する信託については、法第222条第2項の会計帳簿を受託者が作成すべき信託帳簿とし、同条第4項の規定により作成すべき書類又は電磁的記録を受託者が作成すべき財産状況開示資料とする。

一　当該信託の受益権（２以上の受益権がある場合にあっては、そのすべての受益権）について法第93条第１項ただし書の規定の適用がなく、かつ、当該受益権について譲渡の制限がないこと。

二　第三者の同意又は承諾を得ることなく信託財産に属する財産のうち主要なものの売却若しくは信託財産に属する財産の全部若しくは大部分の売却又はこれらに準ずる行為を行う権限を当該信託の受託者が信託行為によって有していること。

2　前条の規定にかかわらず、前項に規定する信託においては、信託帳簿及び財産状況開示資料の作成は、次章（第20条及び第３節を除く。）の規定に従って行わなければならない。

信託業法（抄）

平成16年12月３日法律第154号

第１章　総則

（目的）

第１条　この法律は、信託業を営む者等に関し必要な事項を定め、信託に関する引受けその他の取引の公正を確保することにより、信託の委託者及び受益者の保護を図り、もって国民経済の健全な発展に資することを目的とする。

（定義）

第２条　この法律において「信託業」とは、信託の引受け（他の取引に係る費用に充てるべき金銭の預託を受けるものその他他の取引に付随して行われるものであって、その内容等を勘案し、委託者及び受益者の保護のため支障を生ずることがないと認められるものとして政令で定めるものを除く。以下同じ。）を行う営業をいう。

２　この法律において「信託会社」とは、第３条の内閣総理大臣の免許又は第７条第１項の内閣総理大臣の登録を受けた者をいう。

３　この法律において「管理型信託業」とは、次の各号のいずれかに該当する信託のみの引受けを行う営業をいう。

一　委託者又は委託者から指図の権限の委託を受けた者（委託者又は委託者から指図の権限の委託を受けた者が株式の所有関係又は人的関係において受託者と密接な関係を有する者として政令で定める者以外の者である場合に限る。）のみの指図により信託財産の管理又は処分（当該信託の目的の達成のために必要な行為を含む。以下同じ。）が行われる信託

二　信託財産につき保存行為又は財産の性質を変えない範囲内の利用行為若しくは改良行為のみが行われる信託

４　この法律において「管理型信託会社」とは、第７条第１項の内閣総理大臣の登録を受けた者をいう。

５　この法律において「外国信託業者」とは、外国の法令に準拠して外国において信託業を営む者（信託会社を除く。）をいう。

６　この法律において「外国信託会社」とは、第53条第１項の内閣総理大臣の免許又は第54条第１項の内閣総理大臣の登録を受けた者をいう。

７　この法律において「管理型外国信託会社」とは、第54条第１項の内閣総理大臣の登録を受けた者をいう。

８　この法律において「信託契約代理業」とは、信託契約（当該信託契約に基づく信託の受託者が当該信託の受益権（当該受益権を表示する証券又は証書を含む。）の発行者（金融商品取引法（昭和23年法律第25号）第２条第５項

に規定する発行者をいう。）とされる場合を除く。）の締結の代理（信託会社又は外国信託会社を代理する場合に限る。）又は媒介を行う営業をいう。

9　この法律において「信託契約代理店」とは、第67条第１項の内閣総理大臣の登録を受けた者をいう。

10　この法律において「指定紛争解決機関」とは、第85条の２第１項の規定による指定を受けた者をいう。

11　この法律において「手続対象信託業務」とは、次に掲げるものをいう。

一　信託会社及び外国信託会社が営む信託業並びにこれらの者が第21条第１項（第63条第２項において準用する場合を含む。）の規定により営む業務並びに当該信託会社及び外国信託会社のために信託契約代理店が営む信託契約代理業

二　第52条第１項の登録を受けた者が営む信託業及び当該登録を受けた者が第21条第１項の規定により営む業務

三　第50条の２第１項の登録を受けた者が行う信託法（平成18年法律第108号）第３条第３号に掲げる方法によってする信託に係る事務及び当該登録を受けた者が営む信託受益権売買等業務（金融商品取引法第65条の５第１項に規定する信託受益権の売買等を行う業務をいう。以下同じ。）

12　この法律において「苦情処理手続」とは、手続対象信託業務関連苦情（手続対象信託業務に関する苦情をいう。第85条の７、第85条の８及び第85条の12において同じ。）を処理する手続をいう。

13　この法律において「紛争解決手続」とは、手続対象信託業務関連紛争（手続対象信託業務に関する紛争で当事者が和解をすることができるものをいう。第85条の７、第85条の８及び第85条の13から第85条の15までにおいて同じ。）について訴訟手続によらずに解決を図る手続をいう。

14　この法律において「紛争解決等業務」とは、苦情処理手続及び紛争解決手続に係る業務並びにこれに付随する業務をいう。

15　この法律において「手続実施基本契約」とは、紛争解決等業務の実施に関し指定紛争解決機関と信託会社等（信託会社、外国信託会社、第50条の２第１項の登録を受けた者及び第52条第１項の登録を受けた者をいう。第５章の２において同じ。）との間で締結される契約をいう。

第２章　信託会社（抄）

第１節　総則

（免許）

第３条　信託業は、内閣総理大臣の免許を受けた者でなければ、営むことができない。

（登録）

第7条　第3条の規定にかかわらず、内閣総理大臣の登録を受けた者は、管理型信託業を営むことができる。

2　前項の登録の有効期間は、登録の日から起算して3年とする。

3　有効期間の満了後引き続き管理型信託業を営もうとする者は、政令で定める期間内に、登録の更新の申請をしなければならない。

4　前項の登録の更新がされたときは、その登録の有効期間は、従前の登録の有効期間の満了の日の翌日から起算して3年とする。

5　第3項の登録の更新を受けようとする者は、政令で定めるところにより、手数料を納めなければならない。

6　第3項の登録の更新の申請があった場合において、その登録の有効期間の満了の日までにその申請について処分がされないときは、従前の登録は、その有効期間の満了後もその処分がされるまでの間は、なお効力を有する。

第3節　業務

（業務の範囲）

第21条　信託会社は、信託業のほか、信託契約代理業、信託受益権売買等業務及び財産の管理業務（当該信託会社の業務方法書（第4条第2項第3号又は第8条第2項第3号の業務方法書をいう。）において記載されている信託財産と同じ種類の財産につき、当該信託財産の管理の方法と同じ方法により管理を行うものに限る。）を営むことができる。

2　信託会社は、前項の規定により営む業務のほか、内閣総理大臣の承認を受けて、その信託業務を適正かつ確実に営むことにつき支障を及ぼすおそれがない業務であって、当該信託業務に関連するものを営むことができる。

3　信託会社は、前項の承認を受けようとするときは、営む業務の内容及び方法並びに当該業務を営む理由を記載した書類を添付して、申請書を内閣総理大臣に提出しなければならない。

4　信託会社は、第2項の規定により営む業務の内容又は方法を変更しようとするときは、内閣総理大臣の承認を受けなければならない。

5　信託会社は、第1項及び第2項の規定により営む業務のほか、他の業務を営むことができない。

6　第3条の免許又は第7条第1項の登録の申請書に申請者が第1項の規定により営む業務以外の業務を営む旨の記載がある場合において、当該申請者が当該免許又は登録を受けたときには、当該業務を営むことにつき第2項の承認を受けたものとみなす。

（信託業務の委託）

第22条　信託会社は、次に掲げるすべての要件を満たす場合に限り、その受託する信託財産について、信託業務の一部を第三者に委託することができる。
一　信託業務の一部を委託すること及びその信託業務の委託先（委託先が確定していない場合は、委託先の選定に係る基準及び手続）が信託行為において明らかにされていること。
二　委託先が委託された信託業務を的確に遂行することができる者であること。
2　信託会社が信託業務を委託した場合における第28条及び第29条（第３項を除く。）の規定並びにこれらの規定に係る第７章の規定の適用については、これらの規定中「信託会社」とあるのは、「信託会社（当該信託会社から委託を受けた者を含む。）」とする。
3　前２項の規定（第１項第２号を除く。）は、次に掲げる業務を委託する場合には、適用しない。
一　信託財産の保存行為に係る業務
二　信託財産の性質を変えない範囲内において、その利用又は改良を目的とする業務
三　前２号のいずれにも該当しない業務であって、受益者の保護に支障を生ずることがないと認められるものとして内閣府令で定めるもの

（信託業務の委託に係る信託会社の責任）

第23条　信託会社は、信託業務の委託先が委託を受けて行う業務につき受益者に加えた損害を賠償する責めに任ずる。ただし、信託会社が委託先の選任につき相当の注意をし、かつ、委託先が委託を受けて行う業務につき受益者に加えた損害の発生の防止に努めたときは、この限りでない。
2　信託会社が信託業務を次に掲げる第三者（第１号又は第２号にあっては、株式の所有関係又は人的関係において、委託者と密接な関係を有する者として政令で定める者に該当し、かつ、受託者と密接な関係を有する者として政令で定める者に該当しない者に限る。）に委託したときは、前項の規定は、適用しない。ただし、信託会社が、当該委託先が不適任若しくは不誠実であること又は当該委託先が委託された信託業務を的確に遂行していないことを知りながら、その旨の受益者（信託管理人又は受益者代理人が現に存する場合にあっては、当該信託管理人又は受益者代理人を含む。第３号、第29条の３及び第51条第１項第５号において同じ。）に対する通知、当該委託先への委託の解除その他の必要な措置をとることを怠ったときは、この限りでない。
一　信託行為において指名された第三者
二　信託行為において信託会社が委託者の指名に従い信託業務を第三者に委託する旨の定めがある場合において、当該定めに従い指名された第三者
三　信託行為において信託会社が受益者の指名に従い信託業務を第三者に委

託する旨の定めがある場合において、当該定めに従い指名された第三者
（指定紛争解決機関との契約締結義務等）
第23条の２　信託会社は、次の各号に掲げる場合の区分に応じ、当該各号に定める措置を講じなければならない。
一　指定紛争解決機関が存在する場合　一の指定紛争解決機関との間で手続実施基本契約を締結する措置
二　指定紛争解決機関が存在しない場合　手続対象信託業務に関する苦情処理措置（顧客からの苦情の処理の業務に従事する使用人その他の従業者に対する助言若しくは指導を第85条の13第３項第３号に掲げる者に行わせること又はこれに準ずるものとして内閣府令で定める措置をいう。）及び紛争解決措置（顧客との紛争の解決を認証紛争解決手続（裁判外紛争解決手続の利用の促進に関する法律（平成16年法律第151号）第２条第３号に規定する認証紛争解決手続をいう。）により図ること又はこれに準ずるものとして内閣府令で定める措置をいう。）
2　信託会社は、前項の規定により手続実施基本契約を締結する措置を講じた場合には、当該手続実施基本契約の相手方である指定紛争解決機関の商号又は名称を公表しなければならない。
3　第１項の規定は、次の各号に掲げる場合の区分に応じ、当該各号に定める期間においては、適用しない。
一　第１項第１号に掲げる場合に該当していた場合において、同項第２号に掲げる場合に該当することとなったとき　第85条の23第１項の規定による紛争解決等業務の廃止の認可又は第85条の24第１項の規定による指定の取消しの時に、同号に定める措置を講ずるために必要な期間として内閣総理大臣が定める期間
二　第１項第１号に掲げる場合に該当していた場合において、同号の一の指定紛争解決機関の紛争解決等業務の廃止が第85条の23第１項の規定により認可されたとき、又は同号の一の指定紛争解決機関の第85条の２第１項の規定による指定が第85条の24第１項の規定により取り消されたとき（前号に掲げる場合を除く。）　その認可又は取消しの時に、第１項第１号に定める措置を講ずるために必要な期間として内閣総理大臣が定める期間
三　第１項第２号に掲げる場合に該当していた場合において、同項第１号に掲げる場合に該当することとなったとき　第85条の２第１項の規定による指定の時に、同号に定める措置を講ずるために必要な期間として内閣総理大臣が定める期間
（信託の引受けに係る行為準則）
第24条　信託会社は、信託の引受けに関して、次に掲げる行為（次条に規定する特定信託契約による信託の引受けにあっては、第５号に掲げる行為を除

く。）をしてはならない。

一　委託者に対し虚偽のことを告げる行為

二　委託者に対し、不確実な事項について断定的判断を提供し、又は確実であると誤解させるおそれのあることを告げる行為

三　委託者若しくは受益者又は第三者に対し、特別の利益の提供を約し、又はこれを提供する行為（第三者をして特別の利益の提供を約させ、又はこれを提供させる行為を含む。）

四　委託者若しくは受益者又は第三者に対し、信託の受益権について損失を生じた場合にこれを補てんし、若しくはあらかじめ一定額の利益を得なかった場合にこれを補足することを約し、又は信託の受益権について損失を生じた場合にこれを補てんし、若しくはあらかじめ一定額の利益を得なかった場合にこれを補足する行為（第三者をして当該行為を約させ、又は行わせる行為を含み、自己の責めに帰すべき事故による損失を補てんする場合を除く。）

五　その他委託者の保護に欠けるものとして内閣府令で定める行為

2　信託会社は、委託者の知識、経験、財産の状況及び信託契約を締結する目的に照らして適切な信託の引受けを行い、委託者の保護に欠けることのないように業務を営まなければならない。

（金融商品取引法の準用）

第24条の2　金融商品取引法第３章第１節第５款（第34条の２第６項から第８項まで（特定投資家が特定投資家以外の顧客とみなされる場合）並びに第34条の３第５項及び第６項（特定投資家以外の顧客である法人が特定投資家とみなされる場合）を除く。）（特定投資家）、同章第２節第１款（第35条から第36条の４まで（第一種金融商品取引業又は投資運用業を行う者の業務の範囲、第二種金融商品取引業又は投資助言・代理業のみを行う者の兼業の範囲、業務管理体制の整備、顧客に対する誠実義務、標識の掲示、名義貸しの禁止、社債の管理の禁止等）、第37条第１項第２号（広告等の規制）、第37条の２（取引態様の事前明示義務）、第37条の３第１項第２号から第４号まで及び第６号並びに第３項（契約締結前の書面の交付）、第37条の４（契約締結時等の書面の交付）、第37条の５（保証金の受領に係る書面の交付）、第37条の７（指定紛争解決機関との契約締結義務等）、第38条第１号、第２号、第７号及び第８号並びに第38条の２（禁止行為）、第39条第１項、第２項第２号、第３項、第４項、第６項及び第７項（損失補填等の禁止）、第40条第１号（適合性の原則等）並びに第40条の２から第40条の７まで（最良執行方針等、分別管理が確保されていない場合の売買等の禁止、金銭の流用が行われている場合の募集等の禁止、特定投資家向け有価証券の売買等の制限、特定投資家向け有価証券に関する告知義務、のみ行為の禁止、店頭デリバティ

ブ取引に関する電子情報処理組織の使用義務等）を除く。）（通則）及び第45条（第３号及び第４号を除く。）（雑則）の規定は、信託会社が行う信託契約（金利、通貨の価格、金融商品市場（同法第２条第14項に規定する金融商品市場をいう。）における相場その他の指標に係る変動により信託の元本について損失が生ずるおそれがある信託契約として内閣府令で定めるものをいう。以下「特定信託契約」という。）による信託の引受けについて準用する。この場合において、これらの規定中「金融商品取引契約」とあるのは「特定信託契約」と、「金融商品取引業」とあるのは「特定信託契約の締結の業務」と、これらの規定（同法第34条の規定を除く。）中「金融商品取引行為」とあるのは「特定信託契約の締結」と、同法第34条中「顧客を相手方とし、又は顧客のために金融商品取引行為（第２条第８項各号に掲げる行為をいう。以下同じ。）を行うことを内容とする契約」とあるのは「信託業法第24条の２に規定する特定信託契約」と、同法第37条の３第１項第１号中「商号、名称又は氏名及び住所」とあるのは「住所」と、同法第37条の６第１項中「第37条の４第１項」とあるのは「信託業法第26条第１項」と、同法第39条第２項第１号中「有価証券売買取引等」とあるのは「特定信託契約の締結」と、「前項第１号」とあるのは「損失補填等（信託業法第24条第１項第四号の損失の補填又は利益の補足をいう。第３号において同じ。）」と、同項第３号中「有価証券売買取引等」とあるのは「特定信託契約の締結」と、「前項第３号の提供」とあるのは「損失補填等」と、同条第５項中「事故」とあるのは「信託会社の責めに帰すべき事故」と読み替えるものとするほか、必要な技術的読替えは、政令で定める。

（信託契約の内容の説明）

第25条　信託会社は、信託契約による信託の引受けを行うときは、あらかじめ、委託者に対し当該信託会社の商号及び次条第１項第３号から第16号までに掲げる事項（特定信託契約による信託の引受けを行うときは、同号に掲げる事項を除く。）を説明しなければならない。ただし、委託者の保護に支障を生ずることがない場合として内閣府令で定める場合は、この限りでない。

（信託契約締結時の書面交付）

第26条　信託会社は、信託契約による信託の引受けを行ったときは、遅滞なく、委託者に対し次に掲げる事項を明らかにした書面を交付しなければならない。ただし、当該書面を委託者に交付しなくても委託者の保護に支障を生ずることがない場合として内閣府令で定める場合は、この限りでない。

一　信託契約の締結年月日

二　委託者の氏名又は名称及び受託者の商号

三　信託の目的

四　信託財産に関する事項

五　信託契約の期間に関する事項
六　信託財産の管理又は処分の方法に関する事項（第２条第３項各号のいずれにも該当しない信託にあっては、信託財産の管理又は処分の方針を含む。）
七　信託業務を委託する場合（第22条第３項各号に掲げる業務を委託する場合を除く。）には、委託する信託業務の内容並びにその業務の委託先の氏名又は名称及び住所又は所在地（委託先が確定していない場合は、委託先の選定に係る基準及び手続）
八　第29条第２項各号に掲げる取引を行う場合には、その旨及び当該取引の概要
九　受益者に関する事項
十　信託財産の交付に関する事項
十一　信託報酬に関する事項
十二　信託財産に関する租税その他の費用に関する事項
十三　信託財産の計算期間に関する事項
十四　信託財産の管理又は処分の状況の報告に関する事項
十五　信託契約の合意による終了に関する事項
十六　その他内閣府令で定める事項

2　信託会社は、前項の書面の交付に代えて、政令で定めるところにより、委託者の承諾を得て、当該書面に記載すべき事項を電磁的方法（電子情報処理組織を使用する方法その他の情報通信の技術を利用する方法であって内閣府令で定めるものをいう。以下同じ。）により提供することができる。この場合において、当該信託会社は、当該書面を交付したものとみなす。

3　第１項第13号の信託財産の計算期間は、内閣府令で定める場合を除き、１年を超えることができない。

（信託財産状況報告書の交付）

第27条　信託会社は、その受託する信託財産について、当該信託財産の計算期間（信託行為においてこれより短い期間の定めがある場合その他の信託の目的に照らして受益者の利益に適合することが明らかな場合として内閣府令で定める場合には、計算期間より短い期間で内閣府令で定める期間）ごとに、信託財産状況報告書を作成し、当該信託財産に係る受益者に対し交付しなければならない。ただし、信託財産状況報告書を受益者に交付しなくても受益者の保護に支障を生ずることがない場合として内閣府令で定める場合は、この限りでない。

2　前条第２項の規定は、受益者に対する前項の信託財産状況報告書の交付について準用する。

（信託会社の忠実義務等）

第28条　信託会社は、信託の本旨に従い、受益者のため忠実に信託業務その他の業務を行わなければならない。

2　信託会社は、信託の本旨に従い、善良な管理者の注意をもって、信託業務を行わなければならない。

3　信託会社は、内閣府令で定めるところにより、信託法第34条の規定に基づき信託財産に属する財産と固有財産及び他の信託の信託財産に属する財産とを分別して管理するための体制その他信託財産に損害を生じさせ、又は信託業の信用を失墜させることのない体制を整備しなければならない。

（信託財産に係る行為準則）

第29条　信託会社は、その受託する信託財産について、次に掲げる行為をしてはならない。

一　通常の取引の条件と異なる条件で、かつ、当該条件での取引が信託財産に損害を与えることとなる条件での取引を行うこと。

二　信託の目的、信託財産の状況又は信託財産の管理若しくは処分の方針に照らして不必要な取引を行うこと。

三　信託財産に関する情報を利用して自己又は当該信託財産に係る受益者以外の者の利益を図る目的をもって取引（内閣府令で定めるものを除く。）を行うこと。

四　その他信託財産に損害を与え、又は信託業の信用を失墜させるおそれがある行為として内閣府令で定める行為

2　信託会社は、信託行為において次に掲げる取引を行う旨及び当該取引の概要について定めがあり、又は当該取引に関する重要な事実を開示してあらかじめ書面若しくは電磁的方法による受益者（信託管理人又は受益者代理人が現に存する場合にあっては、当該信託管理人又は受益者代理人を含む。）の承認を得た場合（当該取引をすることができない旨の信託行為の定めがある場合を除く。）であり、かつ、受益者の保護に支障を生ずることがない場合として内閣府令で定める場合を除き、次に掲げる取引をしてはならない。

一　自己又はその利害関係人（株式の所有関係又は人的関係において密接な関係を有する者として政令で定める者をいう。）と信託財産との間における取引

二　一の信託の信託財産と他の信託の信託財産との間の取引

三　第三者との間において信託財産のためにする取引であって、自己が当該第三者の代理人となって行うもの

3　信託会社は、前項各号の取引をした場合には、信託財産の計算期間ごとに、当該期間における当該取引の状況を記載した書面を作成し、当該信託財産に係る受益者に対し交付しなければならない。ただし、当該書面を受益者

に対し交付しなくても受益者の保護に支障を生ずることがない場合として内閣府令で定める場合は、この限りでない。

4　第26条第2項の規定は、受益者に対する前項の書面の交付について準用する。

（重要な信託の変更等）

第29条の2　信託会社は、重要な信託の変更（信託法第103条第1項各号に掲げる事項に係る信託の変更をいう。）又は信託の併合若しくは信託の分割（以下この条において「重要な信託の変更等」という。）をしようとする場合には、これらが当該信託の目的に反しないこと及び受益者の利益に適合することが明らかである場合その他内閣府令で定める場合を除き、次に掲げる事項を、内閣府令で定めるところにより公告し、又は受益者（信託管理人又は受益者代理人が現に存する場合にあっては、当該信託管理人又は受益者代理人を含む。以下この条において同じ。）に各別に催告しなければならない。

一　重要な信託の変更等をしようとする旨

二　重要な信託の変更等に異議のある受益者は一定の期間内に異議を述べるべき旨

三　その他内閣府令で定める事項

2　前項第2号の期間は、1月を下ることができない。

3　第1項第2号の期間内に異議を述べた受益者の当該信託の受益権の個数が当該信託の受益権の総個数の2分の1を超えるとき（各受益権の内容が均等でない場合にあっては、当該信託の受益権の価格の額が同項の規定による公告又は催告の時における当該信託の受益権の価格の総額の2分の1を超えるときその他内閣府令で定めるとき）は、同項の重要な信託の変更等をしてはならない。

4　前3項の規定は、次の各号のいずれかに該当するときは、適用しない。

一　信託行為に受益者集会における多数決による旨の定めがあるとき。

二　前号に定める方法以外の方法により当該信託の受益権の総個数（各受益権の内容が均等でない場合にあっては、当該信託の受益権の価格の総額その他内閣府令で定めるもの）の2分の1を超える受益権を有する受益者の承認を得たとき。

三　前2号に掲げる場合のほか、これらの場合に準ずる場合として内閣府令で定める場合に該当するとき。

5　1個の信託約款に基づいて、信託会社が多数の委託者との間に締結する信託契約にあっては、当該信託契約の定めにより当該信託約款に係る信託を一の信託とみなして、前各項の規定を適用する。

（費用等の償還又は前払の範囲等の説明）

第29条の3　信託会社は、受益者との間において、信託法第48条第5項（同法

第54条第４項において準用する場合を含む。）に規定する合意を行おうとするときは、当該合意に基づいて費用等（同法第48条第１項に規定する費用等をいう。）若しくは信託報酬の償還又は費用若しくは信託報酬の前払を受けることができる範囲その他の内閣府令で定める事項を説明しなければならない。

（信託の公示の特例）

第30条　信託会社が信託財産として所有する登録国債（国債に関する法律（明治39年法律第34号）第２条第２項の規定により登録をした国債をいう。）について同法第３条の移転の登録その他内閣府令・財務省令で定める登録を内閣府令・財務省令で定めるところにより信託財産である旨を明示してする場合は、信託法第14条の規定の適用については、これらの登録を信託の登録とみなす。

（信託財産に係る債務の相殺）

第31条　信託会社は、信託財産に属する債権で清算機関（金融商品取引法第２条第29項に規定する金融商品取引清算機関又は外国金融商品取引清算機関をいう。以下この項において同じ。）を債務者とするもの（清算機関が債務引受け等（同法第156条の３第１項第６号に規定する金融商品債務引受業等として、引受け、更改その他の方法により債務を負担することをいう。以下この項において同じ。）により債務者となった場合に限る。）については、他の信託財産に属する債務（清算機関による債務引受け等の対価として負担したものに限る。）と相殺をすることができる。ただし、信託行為に別段の定めがある場合は、この限りでない。

２　前項の規定により相殺を行う信託会社は、当該相殺により信託財産に損害を生じさせたときは、その損害を賠償する責めに任ずる。

第３章　外国信託業者（抄）

（指図権者の忠実義務）

第65条　信託財産の管理又は処分の方法について指図を行う業を営む者（次条において「指図権者」という。）は、信託の本旨に従い、受益者のため忠実に当該信託財産の管理又は処分に係る指図を行わなければならない。

（指図権者の行為準則）

第66条　指図権者は、その指図を行う信託財産について、次に掲げる行為をしてはならない。

一　通常の取引の条件と異なる条件で、かつ、当該条件での取引が信託財産に損害を与えることとなる条件での取引を行うことを受託者に指図すること。

二　信託の目的、信託財産の状況又は信託財産の管理若しくは処分の方針に照らして不必要な取引を行うことを受託者に指図すること。
三　信託財産に関する情報を利用して自己又は当該信託財産に係る受益者以外の者の利益を図る目的をもって取引（内閣府令で定めるものを除く。）を行うことを受託者に指図すること。
四　その他信託財産に損害を与えるおそれがある行為として内閣府令で定める行為

信託業法施行令（抄）

平成16年12月27日政令第427号

（信託業の適用除外）

第1条の2　法第2条第1項に規定する政令で定めるものは、次に掲げる行為であって、信託の引受けに該当するものとする。

一　弁護士又は弁護士法人がその行う弁護士業務に必要な費用に充てる目的で依頼者から金銭の預託を受ける行為その他の委任契約における受任者がその行う委任事務に必要な費用に充てる目的で委任者から金銭の預託を受ける行為

二　請負契約における請負人がその行う仕事に必要な費用に充てる目的で注文者から金銭の預託を受ける行為

三　前2号に掲げる行為に準ずるものとして内閣府令で定める行為

旧信託法

大正11年4月21日法律第62号

【定義】

第1条　本法ニ於テ信託ト称スルハ財産権ノ移転其ノ他ノ処分ヲ為シ他人ヲシテ一定ノ目的ニ従ヒ財産ノ管理又ハ処分ヲ為サシムルヲ謂フ

【遺言による信託】

第2条　信託ハ遺言ニ依リテ之ヲ為スコトヲ得

【信託の公示】

第3条　登記又ハ登録スヘキ財産権ニ付テハ信託ハ其ノ登記又ハ登録ヲ為スニ非サレハ之ヲ以テ第三者ニ対抗スルコトヲ得ス

2　有価証券ニ付テハ信託ハ勅令ノ定ムル所ニ依リ証券ニ信託財産ナルコトヲ表示シ株券及社債券ニ付テハ尚株主名簿又ハ社債原簿ニ信託財産タル旨ヲ記載又ハ記録スルニ非サレハ之ヲ以テ第三者ニ対抗スルコトヲ得ス

3　株券ヲ発行セザル旨ノ定款ノ定アル会社ノ株式ニ付テハ信託ハ株主名簿ニ信託財産タル旨ヲ記載又ハ記録スルニ非ザレバ之ヲ以テ第三者ニ対抗スルコトヲ得ズ

【受託者の職務】

第4条　受託者ハ信託行為ノ定ムル所ニ従ヒ信託財産ノ管理又ハ処分ヲ為スコトヲ要ス

【受託能力】

第5条　未成年者、成年被後見人、被保佐人及破産者ハ受託者ト為ルコトヲ得ス

【信託営業】

第6条　信託ノ引受ハ営業トシテ之ヲ為ストキハ之ヲ商行為トス

【受益者の利益享受】

第7条　信託行為ニ依リ受益者トシテ指定セラレタル者ハ当然信託ノ利益ヲ享受ス但シ信託行為ニ別段ノ定アルトキハ其ノ定ニ従フ

【信託管理人】

第8条　不特定ノ受益者又ハ未タ存在セサル受益者アル場合ニ於テハ裁判所ハ利害関係人ノ請求ニ因リ又ハ職権ヲ以テ信託管理人ヲ選任スルコトヲ得但シ信託行為ヲ以テ信託管理人ヲ指定シタルトキハ此ノ限ニ在ラス

2　信託管理人ハ前項ノ受益者ノ為自己ノ名ヲ以テ信託ニ関スル裁判上又ハ裁判外ノ行為ヲ為ス権限ヲ有ス

3　裁判所ハ事情ニ依リ信託財産中ヨリ相当ノ報酬ヲ信託管理人ニ与フルコトヲ得

【受託者の利益享受の禁止】

第９条　受託者ハ共同受益者ノ１人タル場合ヲ除クノ外何人ノ名義ヲ以テスルヲ問ハス信託ノ利益ヲ享受スルコトヲ得ス

【信託による脱法の禁止】

第10条　法令ニ依リ或財産権ヲ享有スルコトヲ得サル者ハ受益者トシテ其ノ権利ヲ有スルト同一ノ利益ヲ享受スルコトヲ得ス

【訴訟の目的とする信託の禁止】

第11条　信託ハ訴訟行為ヲ為サシムルコトヲ主タル目的トシテ之ヲ為スコトヲ得ス

【信託による詐害行為の取消し】

第12条　債務者カ其ノ債権者ヲ害スルコトヲ知リテ信託ヲ為シタル場合ニ於テハ債権者ハ受託者カ善意ナルトキト雖民法第424条第１項ニ規定スル取消権ヲ行フコトヲ得

２　前項ノ規定ニ依リテ為シタル取消ハ受益者カ既ニ受ケタル利益ニ影響ヲ及ホサス但シ受益者ノ債権カ弁済期ニ到ラサルトキ又ハ受益者カ其ノ利益ヲ受ケタル当時債権者ヲ害スヘキ事実ヲ知リタルトキ若ハ重大ナル過失ニ因リテ之ヲ知ラサリシトキハ此ノ限ニ在ラス

【受託者の占有承継】

第13条　受託者ハ信託財産ノ占有ニ付委託者ノ占有ノ瑕疵ヲ承継ス

２　前項ノ規定ハ金銭其ノ他ノ物又ハ有価証券ノ給付ヲ目的トスル有価証券ニ付之ヲ準用ス

【信託財産の範囲】

第14条　信託財産ノ管理、処分、滅失、毀損其ノ他ノ事由ニ因リ受託者ノ得タル財産ハ信託財産ニ属ス

【信託財産の独立性】

第15条　信託財産ハ受託者ノ相続財産ニ属セス

【信託財産に対する執行等の禁止】

第16条　信託財産ニ付信託前ノ原因ニ因リテ生シタル権利又ハ信託事務ノ処理ニ付生シタル権利ニ基ク場合ヲ除クノ外信託財産ニ対シ強制執行、仮差押若ハ仮処分ヲ為シ又ハ之ヲ競売スルコトヲ得ス

２　前項ノ規定ニ反シテ為シタル強制執行、仮差押、仮処分又ハ競売ニ対シテハ委託者、其ノ相続人、受益者及受託者ハ異議ヲ主張スルコトヲ得此ノ場合ニ於テハ民事執行法（昭和54年法律第４号）第38条及民事保全法（平成元年法律第91号）第45条ノ規定ヲ準用ス

【信託財産の相殺の禁止】

第17条　信託財産ニ属スル債権ト信託財産ニ属セサル債務トハ相殺ヲ為スコトヲ得ス

【混同で消滅しないこと】
第18条　信託財産カ所有権以外ノ権利ナル場合ニ於テハ受託者カ其ノ目的タル財産ヲ取得スルモ其ノ権利ハ混同ニ因リテ消滅スルコトナシ
【受託者の有限責任】
第19条　受託者カ信託行為ニ因リ受益者ニ対シテ負担スル債務ニ付テハ信託財産ノ限度ニ於テノミ其ノ履行ノ責ニ任ス
【受託者の管理義務】
第20条　受託者ハ信託ノ本旨ニ従ヒ善良ナル管理者ノ注意ヲ以テ信託事務ヲ処理スルコトヲ要ス
【金銭の管理方法】
第21条　信託財産ニ属スル金銭ノ管理方法ニ関シテハ勅令ヲ以テ之ヲ定ム
【受託者の権利取得の制限】
第22条　受託者ハ何人ノ名義ヲ以テスルヲ問ハス信託財産ヲ固有財産ト為シ又ハ之ニ付権利ヲ取得スルコトヲ得ス但シ已ムコトヲ得サル事由アル場合ニ於テ裁判所ノ許可ヲ受ケ信託財産ヲ固有財産ト為スハ此ノ限ニ在ラス
2　前項ノ規定ハ受託者カ相続其ノ他包括名義ニ因リ信託財産ニ付権利ヲ承継スルコトヲ妨ケス此ノ場合ニ於テハ第18条ノ規定ヲ準用ス
【管理方法の変更】
第23条　信託行為ノ当時予見スルコトヲ得サリシ特別ノ事情ニ因リ信託財産ノ管理方法カ受益者ノ利益ニ適セサルニ至リタルトキハ委託者、其ノ相続人、受益者又ハ受託者ハ其ノ変更ヲ裁判所ニ請求スルコトヲ得
2　前項ノ規定ハ裁判所ノ定メタル管理方法ニ付之ヲ準用ス
【共同受託者】
第24条　受託者数人アルトキハ信託財産ハ其ノ合有トス
2　前項ノ場合ニ於テ信託行為ニ別段ノ定アル場合ヲ除クノ外信託事務ノ処理ハ受託者共同シテ之ヲ為スコトヲ要ス但シ其ノ1人ニ対シテ為シタル意思表示ハ他ノ受託者ニ対シテモ其ノ効力ヲ生ス
【共同受託者の連帯責任】
第25条　受託者数人アルトキハ信託行為ニ因リ受益者ニ対シテ負担スル債務ハ之ヲ連帯トス信託事務ノ処理ニ付負担スル債務亦同シ
【受託者の管理委任】
第26条　受託者ハ信託行為ニ別段ノ定アル場合ヲ除クノ外已ムコトヲ得サル事由アル場合ニ限リ他人ヲシテ自己ニ代リテ信託事務ヲ処理セシムルコトヲ得
2　前項ノ場合ニ於テハ受託者ハ選任及監督ニ付テノミ其ノ責ニ任ス信託行為ニ依リ他人ヲシテ信託事務ヲ処理セシメタルトキ亦同シ
3　受託者ニ代リテ信託事務ヲ処理スル者ハ受託者ト同一ノ責任ヲ負フ

【受託者の損失補償義務】

第27条　受託者カ管理ノ失当ニ因リテ信託財産ニ損失ヲ生セシメタルトキ又ハ信託ノ本旨ニ反シテ信託財産ヲ処分シタルトキハ委託者、其ノ相続人、受益者及他ノ受託者ハ其ノ受託者ニ対シ損失ノ填補又ハ信託財産ノ復旧ヲ請求スルコトヲ得

【受託者の分別管理義務】

第28条　信託財産ハ固有財産及他ノ信託財産ト分別シテ之ヲ管理スルコトヲ要ス但シ信託財産タル金銭ニ付テハ各別ニ其ノ計算ヲ明ニスルヲ以テ足ル

【同前】

第29条　第27条ノ規定ハ受託者カ前条ノ規定ニ違反シテ信託財産ヲ管理シタル場合ニ之ヲ準用ス

2　前項ノ場合ニ於テ信託財産ニ損失ヲ生シタルトキハ受託者ハ分別シテ管理ヲ為シタル場合ニ於テモ損失ヲ生スヘカリシコトヲ証明スルニ非サレハ不可抗力ヲ理由トシテ其責ヲ免ルルコトヲ得ス

【信託財産の附合・混和・加工】

第30条　信託財産ニ付附合、混和又ハ加工アリタル場合ニ於テハ各信託財産及固有財産ハ各別ノ所有者ニ属スルモノト看做シ民法第242条乃至第248条ノ規定ヲ適用ス

【信託違反の処分行為の取消し】

第31条　受託者カ信託ノ本旨ニ反シテ信託財産ヲ処分シタルトキハ受益者ハ相手方又ハ転得者ニ対シ其ノ処分ヲ取消スコトヲ得但シ信託ノ登記若ハ登録アリタルトキ又ハ登記若ハ登録スヘカラサル信託財産ニ付テハ相手方及転得者ニ於テ其ノ処分カ信託ノ本旨ニ反スルコトヲ知リタルトキ若ハ重大ナル過失ニ因リテ之ヲ知ラサリシトキニ限ル

【同前】

第32条　受益者数人アル場合ニ於テ其ノ１人カ前条ノ規定ニ依リテ為シタル取消ハ他ノ受益者ノ為ニ其ノ効力ヲ生ス

【取消権の消滅時効】

第33条　第31条ニ規定スル取消権ハ受益者又ハ信託管理人カ取消ノ原因アルコトヲ知リタル時ヨリ１月内ニ之ヲ行ハサルトキハ消滅ス処分ノ時ヨリ１年ヲ経過シタルトキ亦同シ

【受託法人の理事の責任】

第34条　受託者タル法人カ其ノ任務ニ背キタルトキハ之ニ干与シタル理事又ハ之ニ準スヘキ者亦連帯シテ其ノ責ニ任ス

【受託者の報酬】

第35条　受託者ハ営業トシテ信託ノ引受ヲ為ス場合ヲ除クノ外特約アルニ非サレハ報酬ヲ受クルコトヲ得ス

【受託者の費用及び損害補償請求権】

第36条　受託者ハ信託財産ニ関シテ負担シタル租税、公課其ノ他ノ費用又ハ信託事務ヲ処理スル為自己ニ過失ナクシテ受ケタル損害ノ補償ニ付テハ信託財産ヲ売却シ他ノ権利者ニ先チテ其ノ権利ヲ行フコトヲ得

2　受託者ハ受益者ニ対シ前項ノ費用又ハ損害ニ付其ノ補償ヲ請求シ又ハ相当ノ担保ヲ供セシムルコトヲ得但シ受益者カ不特定ナルトキ及未タ存在セサルトキハ此ノ限ニ在ラス

3　前項ノ規定ハ受益者カ其ノ権利ヲ抛棄シタル場合ニハ之ヲ適用セス

【受託者の報酬請求権】

第37条　前条ノ規定ハ受託者カ信託財産ヨリ報酬ヲ受クヘキ場合ニ其ノ報酬ニ付之ヲ準用ス受託者カ受益者ヨリ報酬ヲ受クヘキ場合亦同シ

【受託者の権利を行う要件】

第38条　第36条又ハ前条ニ規定スル受託者ノ権利ハ受託者カ第27条又ハ第29条ノ規定ニ依ル損失ノ填補及信託財産復旧ノ義務ヲ履行シタル後ニ非サレハ之ヲ行フコトヲ得ス

【受託者の帳簿具備の義務】

第39条　受託者ハ帳簿ヲ備ヘ各信託ニ付其ノ事務ノ処理及計算ヲ明ニスルコトヲ要ス

2　受託者ハ信託引受ノ時及毎年１回一定ノ時期ニ於テ各信託ニ付財産目録ヲ作ルコトヲ要ス

【書類の閲覧】

第40条　利害関係人ハ何時ニテモ前条ノ書類ノ閲覧ヲ請求スルコトヲ得

2　委託者、其ノ相続人及受益者ハ信託事務ノ処理ニ関スル書類ノ閲覧ヲ請求シ且信託事務ノ処理ニ付説明ヲ求ムルコトヲ得

【裁判所の監督】

第41条　信託事務ハ営業トシテ信託ノ引受ヲ為ス場合ヲ除クノ外裁判所ノ監督ニ属ス

2　裁判所ハ利害関係人ノ請求ニ因リ又ハ職権ヲ以テ信託事務ノ処理ニ付検査ヲ為シ且検査役ヲ選任シ其ノ他必要ナル処分ヲ命スルコトヲ得

【受託者の任務終了】

第42条　受託者カ死亡シタルトキ又ハ破産手続開始ノ決定若ハ後見開始若ハ保佐開始ノ審判ヲ受ケタルトキハ其ノ任務ハ之ニ因リテ終了ス受託者タル法人カ解散シタルトキ亦同シ

2　前項ノ場合ニ於テハ受託者ノ相続人、其ノ法定代理人、破産管財人、後見人、保佐人又ハ清算人ハ新受託者カ信託事務ヲ処理スルコトヲ得ルニ至ル迄信託財産ヲ保管シ且信託事務ノ引継ニ必要ナル行為ヲ為スコトヲ要ス法人合併ノ場合ニ於テ合併ニ因リテ設立シタル法人又ハ合併後存続スル法人亦同シ

【受託者の辞任の制限】

第43条　受託者ハ信託行為ニ別段ノ定アル場合ヲ除クノ外受益者及委託者ノ承諾アルニ非サレハ其ノ任務ヲ辞スルコトヲ得ス

【受託者の資格喪失】

第44条　信託行為ニ依リ特定ノ資格ニ基キ受託者ト為リタル者其ノ資格ヲ喪失シタルトキハ其ノ任務ハ之ニ因リテ終了ス

【受託者の管理の継続】

第45条　第43条又ハ前条ノ規定ニ依リ任務終了シタル者ハ新受託者カ信託事務ヲ処理スルコトヲ得ルニ至ル迄仍受託者ノ権利義務ヲ有ス

【受託者の辞任】

第46条　已ムコトヲ得サル事由アルトキハ受託者ハ裁判所ノ許可ヲ受ケ其ノ任務ヲ辞スルコトヲ得

【受託者の解任】

第47条　受託者カ其ノ任務ニ背キタルトキ其ノ他重要ナル事由アルトキハ裁判所ハ委託者、其ノ相続人又ハ受益者ノ請求ニ因リ受託者ヲ解任スルコトヲ得

【裁判所の管理人選任等の処分】

第48条　第46条又ハ前条ノ規定ニ依リ受託者其ノ任務ヲ辞シ又ハ解任セラレタルトキハ裁判所ハ信託財産ノ管理人ヲ選任シ其ノ他必要ナル処分ヲ命スルコトヲ得

【新受託者の選任】

第49条　受託者ノ任務終了ノ場合ニ於テハ利害関係人ハ新受託者ノ選任ヲ裁判所ニ請求スルコトヲ得

2　前項ノ規定ハ遺言ニ依リ受託者トシテ指定セラレタル者カ信託ノ引受ヲ為サス又ハ之ヲ為スコト能ハサル場合ニ之ヲ準用ス

3　前２項ノ規定ハ信託行為ニ別段ノ定アルトキハ之ヲ適用セス

4　第８条第３項ノ規定ハ受託者ニ付之ヲ準用ス

【信託財産の移転】

第50条　受託者ノ更迭アリタルトキハ信託財産ハ前受託者ノ任務終了ノ時ニ於テ新受託者ニ譲渡サレタルモノト看做ス

2　受託者数人アル場合ニ於テ其ノ１人ノ任務終了シタルトキハ信託財産ハ当然他ノ受託者ニ帰ス

【新受託者の損失補償請求権】

第51条　第27条又ハ第29条ニ規定スル権利ハ新受託者亦之ヲ行フコトヲ得

【新受託者の債務の承継】

第52条　受託者ノ更迭アリタルトキハ新受託者ハ前受託者カ信託行為ニ因リ受益者ニ対シテ負担シタル債務ヲ承継ス

2　前項ノ規定ハ第50条第２項ノ場合ニ之ヲ準用ス

3　信託事務ノ処理ニ付生シタル債権ハ信託財産ノ限度ニ於テ新受託者ニ対シテモ亦之ヲ行フコトヲ得

【執行手続の続行】

第53条　信託財産ニ対スル強制執行、仮差押若ハ仮処分ノ執行又ハ競売手続ハ新受託者ニ対シテ之ヲ続行スルコトヲ得

【前受託者の強制執行権等】

第54条　前受託者ハ第36条第１項ニ規定スル費用若ハ損害ノ補償ヲ受クル権利又ハ第37条ニ規定スル報酬ヲ受クル権利ニ基キ新受託者ニ対シ信託財産ニ付強制執行、仮差押若ハ仮処分ヲ為シ又ハ之ヲ競売スルコトヲ得

2　前受託者ハ前項ノ権利ヲ行フ為信託財産ヲ留置スルコトヲ得

【事務の引継ぎ】

第55条　受託者更迭ノ場合ニ於テハ信託事務ノ計算ヲ為シ受益者又ハ信託管理人ノ立会ヲ以テ事務ノ引継ヲ為スコトヲ要ス

2　受益者又ハ信託管理人カ前項ノ計算ヲ承認シタルトキハ前受託者ノ其ノ受益者ニ対スル引継ニ関スル責任ハ之ニ因リテ解除セラレタルモノト看做ス但シ不正ノ行為アリタル場合ハ此ノ限ニ在ラス

【信託の終了】

第56条　信託行為ヲ以テ定メタル事由発生シタルトキ又ハ信託ノ目的ヲ達シ若ハ達スルコト能ハサルニ至リタルトキハ信託ハ之ニ因リテ終了ス

【信託の解除】

第57条　委託者カ信託利益ノ全部ヲ享受スル場合ニ於テハ委託者又ハ其ノ相続人ハ何時ニテモ信託ヲ解除スルコトヲ得此ノ場合ニ於テハ民法第651条第２項ノ規定ヲ準用ス

【同前】

第58条　前条ノ場合ヲ除クノ外受益者カ信託利益ノ全部ヲ享受スル場合ニ於テ信託財産ヲ以テスルニ非サレハ其ノ債務ヲ完済スルコト能ハサルトキ其ノ他已ムコトヲ得サル事由アルトキハ裁判所ハ受益者又ハ利害関係人ノ請求ニ因リ信託ノ解除ヲ命スルコトヲ得

【同前】

第59条　第57条及前条ノ規定ニ拘ラス信託ノ解除ニ関シ信託行為ニ別段ノ定アルトキハ其ノ定ニ従フ

【信託の解除の効力】

第60条　信託ノ解除ハ将来ニ向テノミ其ノ効力ヲ生ス

【信託終了後の信託財産の帰属】

第61条　第57条又ハ第58条ノ規定ニ依リ信託カ解除セラレタルトキハ信託財産ハ受益者ニ帰属ス

【同前】

第62条　信託終了ノ場合ニ於テ信託行為ニ定メタル信託財産ノ帰属権利者ナキトキハ其ノ信託財産ハ委託者又ハ其ノ相続人ニ帰属ス

【同前】

第63条　信託終了ノ場合ニ於テ信託財産カ其ノ帰属権利者ニ移転スル迄ハ仍信託ハ存続スルモノト看做ス此ノ場合ニ於テハ帰属権利者ヲ受益者ト看做ス

【同前】

第64条　第53条及第54条ノ規定ハ信託ノ終了ニ因リ信託財産カ受益者其ノ他ノ者ニ帰属シタル場合ニ之ヲ準用ス

【信託終了による計算】

第65条　信託終了ノ場合ニ於テハ受託者ハ信託事務ノ最終ノ計算ヲ為シ受益者ノ承認ヲ得ルコトヲ要ス此ノ場合ニ於テハ第55条第二項ノ規定ヲ準用ス

【公益信託】

第66条　祭祀、宗教、慈善、学術、技芸其ノ他公益ヲ目的トスル信託ハ之ヲ公益信託トシ其ノ監督ニ付テハ後六条ノ規定ヲ適用ス

【公益信託の監督】

第67条　公益信託ハ主務官庁ノ監督ニ属ス

【公益信託の引受け】

第68条　公益信託ノ引受ニ付テハ受託者ハ主務官庁ノ許可ヲ受クルコトヲ要ス

【検査、公告】

第69条　主務官庁ハ何時ニテモ公益信託事務ノ処理ニ付検査ヲ為シ且財産ノ供託其ノ他必要ナル処分ヲ命スルコトヲ得

2　受託者ハ毎年１回一定ノ時期ニ於テ信託事務及財産ノ状況ヲ公告スルコトヲ要ス

【公益信託の条項の変更】

第70条　公益信託ニ付信託行為ノ当時予見スルコトヲ得サリシ特別ノ事情ヲ生シタルトキハ主務官庁ハ信託ノ本旨ニ反セサル限リ信託ノ条項ノ変更ヲ為スコトヲ得

【公益信託の受託者の辞任】

第71条　公益信託ノ受託者ハ已ムコトヲ得サル事由アル場合ニ限リ主務官庁ノ許可ヲ受ケ其ノ任務ヲ辞スルコトヲ得

【公益信託についての主務官庁の権限】

第72条　公益信託ニ付テハ第８条第１項第３項、第22条第１項但書及第47条乃至第49条ニ規定スル裁判所ノ権限ハ主務官庁ニ属ス但シ第47条及第49条ニ規定スル権限ニ付テハ職権ヲ以テ之ヲ行フコトヲ得

【公益信託の継続】

第73条　公益信託終了ノ場合ニ於テ信託財産ノ帰属権利者ナキトキハ主務官庁

ハ其ノ信託ノ本旨ニ従ヒ類似ノ目的ノ為ニ信託ヲ継続セシムルコトヲ得

【主務官庁の権限の委任】

第74条　本法ニ規定スル主務官庁ノ権限ハ政令ノ定ムル所ニ依リ其ノ全部又ハ一部ヲ国ニ所属スル行政庁ニ委任スルコトヲ得

【都道府県が処理する事務】

第75条　本法ニ規定スル主務官庁ノ権限ニ属スル事務ハ政令ノ定ムル所ニ依リ都道府県ノ知事其ノ他ノ執行機関ニ於テ其ノ全部又ハ一部ヲ処理スルコトトスルコトヲ得

2　前項ノ場合ニ於テハ主務官庁ハ都道府県ノ執行機関ガ其ノ事務ヲ処理スルニ当リテ依ルベキ基準ヲ定ムルコトヲ得

3　主務官庁ガ前項ノ基準ヲ定メタルトキハ之ヲ告示スルコトヲ要ス

所得税法（抄）

昭和40年３月31日法律第33号

（信託財産に属する資産及び負債並びに信託財産に帰せられる収益及び費用の帰属）

第13条　信託の受益者（受益者としての権利を現に有するものに限る。）は当該信託の信託財産に属する資産及び負債を有するものとみなし、かつ、当該信託財産に帰せられる収益及び費用は当該受益者の収益及び費用とみなして、この法律の規定を適用する。ただし、集団投資信託、退職年金等信託又は法人課税信託の信託財産に属する資産及び負債並びに当該信託財産に帰せられる収益及び費用については、この限りでない。

2　信託の変更をする権限（軽微な変更をする権限として政令で定めるものを除く。）を現に有し、かつ、当該信託の信託財産の給付を受けることとされている者（受益者を除く。）は、前項に規定する受益者とみなして、同項の規定を適用する。

3　第１項において、次の各号に掲げる用語の意義は、当該各号に定めるところによる。

一　集団投資信託　合同運用信託、投資信託（法人税法第２条第29号ロ（定義）に掲げる信託に限る。）及び特定受益証券発行信託をいう。

二　退職年金等信託　法人税法第84条第１項（退職年金等積立金の額の計算）に規定する確定給付年金資産管理運用契約、確定給付年金基金資産運用契約、確定拠出年金資産管理契約、勤労者財産形成給付契約若しくは勤労者財産形成基金給付契約、国民年金基金若しくは国民年金基金連合会の締結した国民年金法第128条第３項（基金の業務）若しくは第137条の15第４項（連合会の業務）に規定する契約又はこれらに類する退職年金に関する契約で政令で定めるものに係る信託をいう。

4　受益者が２以上ある場合における第１項の規定の適用、第２項に規定する信託財産の給付を受けることとされている者に該当するかどうかの判定その他第１項及び第２項の規定の適用に関し必要な事項は、政令で定める。

法人税法（抄）

昭和40年３月31日法律第34号

（定義）（抄）

第２条　この法律において、次の各号に掲げる用語の意義は、当該各号に定めるところによる。

29の２　法人課税信託　次に掲げる信託（集団投資信託並びに第12条第４項第１号（信託財産に属する資産及び負債並びに信託財産に帰せられる収益及び費用の帰属）に規定する退職年金等信託及び同項第２号に規定する特定公益信託等を除く。）をいう。

イ　受益権を表示する証券を発行する旨の定めのある信託

ロ　第12条第１項に規定する受益者（同条第２項の規定により同条第１項に規定する受益者とみなされる者を含む。）が存しない信託

ハ　法人（公共法人及び公益法人等を除く。）が委託者となる信託（信託財産に属する資産のみを信託するものを除く。）で、次に掲げる要件のいずれかに該当するもの

（１）　当該法人の事業の全部又は重要な一部（その譲渡につき当該法人の会社法（平成17年法律第86号）第467条第１項（第１号又は第２号に係る部分に限る。）（事業譲渡等の承認等）の株主総会の決議（これに準ずるものを含む。）を要するものに限る。）を信託し、かつ、その信託の効力が生じた時において、当該法人の株主等が取得する受益権のその信託に係る全ての受益権に対する割合が100分の50を超えるものとして政令で定めるものに該当することが見込まれていたこと（その信託財産に属する金銭以外の資産の種類がおおむね同一である場合として政令で定める場合を除く。）。

（２）　その信託の効力が生じた時又はその存続期間（その信託行為において定められた存続期間をいう。（２）において同じ。）の定めの変更の効力が生じた時（（２）において「効力発生時等」という。）において当該法人又は当該法人との間に政令で定める特殊の関係のある者（（２）及び（３）において「特殊関係者」という。）が受託者であり、かつ、当該効力発生時等において当該効力発生時等以後のその存続期間が20年を超えるものとされていたこと（当該法人又は当該法人の特殊関係者のいずれもがその受託者でなかつた場合において当該法人又は当該法人の特殊関係者がその受託者に就任することとなり、かつ、その就任の時においてその時以後のその存続期間が20年を超えるものとされていたときを含むものとし、その信託財産の性質上その信託財産の管理又は処分に長

期間を要する場合として政令で定める場合を除く。)。

(3) その信託の効力が生じた時において当該法人又は当該法人の特殊関係者をその受託者と、当該法人の特殊関係者をその受益者とし、かつ、その時において当該特殊関係者に対する収益の分配の割合の変更が可能である場合として政令で定める場合に該当したこと。

ニ 投資信託及び投資法人に関する法律第2条第3項に規定する投資信託

ホ 資産の流動化に関する法律第2条第13項に規定する特定目的信託

(信託財産に属する資産及び負債並びに信託財産に帰せられる収益及び費用の帰属)

第12条 信託の受益者(受益者としての権利を現に有するものに限る。)は当該信託の信託財産に属する資産及び負債を有するものとみなし、かつ、当該信託財産に帰せられる収益及び費用は当該受益者の収益及び費用とみなして、この法律の規定を適用する。ただし、集団投資信託、退職年金等信託、特定公益信託等又は法人課税信託の信託財産に属する資産及び負債並びに当該信託財産に帰せられる収益及び費用については、この限りでない。

2 信託の変更をする権限(軽微な変更をする権限として政令で定めるものを除く。)を現に有し、かつ、当該信託の信託財産の給付を受けることとされている者(受益者を除く。)は、前項に規定する受益者とみなして、同項の規定を適用する。

3 法人が受託者となる集団投資信託、退職年金等信託又は特定公益信託等の信託財産に属する資産及び負債並びに当該信託財産に帰せられる収益及び費用は、当該法人の各事業年度の所得の金額及び各連結事業年度の連結所得の金額の計算上、当該法人の資産及び負債並びに収益及び費用でないものとみなして、この法律の規定を適用する。

4 この条において、次の各号に掲げる用語の意義は、当該各号に定めるところによる。

一 退職年金等信託 第84条第1項(退職年金等積立金の額の計算)に規定する確定給付年金資産管理運用契約、確定給付年金基金資産運用契約、確定拠出年金資産管理契約、勤労者財産形成給付契約若しくは勤労者財産形成基金給付契約、国民年金基金若しくは国民年金基金連合会の締結した国民年金法(昭和34年法律第141号)第128条第3項(基金の業務)若しくは第137条の15第4項(連合会の業務)に規定する契約又はこれらに類する退職年金に関する契約で政令で定めるものに係る信託をいう。

二 特定公益信託等 第37条第6項(寄附金の損金不算入)に規定する特定公益信託及び社債、株式等の振替に関する法律(平成13年法律第75号)第2条第11項(定義)に規定する加入者保護信託をいう。

5　受益者が２以上ある場合における第１項の規定の適用、第２項に規定する信託財産の給付を受けることとされている者に該当するかどうかの判定その他第１項から第３項までの規定の適用に関し必要な事項は、政令で定める。

相続税法（抄）

昭和25年３月31日法律第73号

（贈与又は遺贈により取得したものとみなす信託に関する権利）

第９条の２　信託（退職年金の支給を目的とする信託その他の信託で政令で定めるものを除く。以下同じ。）の効力が生じた場合において、適正な対価を負担せずに当該信託の受益者等（受益者としての権利を現に有する者及び特定委託者をいう。以下この節において同じ。）となる者があるときは、当該信託の効力が生じた時において、当該信託の受益者等となる者は、当該信託に関する権利を当該信託の委託者から贈与（当該委託者の死亡に基因して当該信託の効力が生じた場合には、遺贈）により取得したものとみなす。

２　受益者等の存する信託について、適正な対価を負担せずに新たに当該信託の受益者等が存するに至つた場合（第４項の規定の適用がある場合を除く。）には、当該受益者等が存するに至つた時において、当該信託の受益者等となる者は、当該信託に関する権利を当該信託の受益者等であつた者から贈与（当該受益者等であつた者の死亡に基因して受益者等が存するに至つた場合には、遺贈）により取得したものとみなす。

３　受益者等の存する信託について、当該信託の一部の受益者等が存しなくなつた場合において、適正な対価を負担せずに既に当該信託の受益者等である者が当該信託に関する権利について新たに利益を受けることとなるときは、当該信託の一部の受益者等が存しなくなつた時において、当該利益を受ける者は、当該利益を当該信託の一部の受益者等であつた者から贈与（当該受益者等であつた者の死亡に基因して当該利益を受けた場合には、遺贈）により取得したものとみなす。

４　受益者等の存する信託が終了した場合において、適正な対価を負担せずに当該信託の残余財産の給付を受けるべき、又は帰属すべき者となる者があるときは、当該給付を受けるべき、又は帰属すべき者となつた時において、当該信託の残余財産の給付を受けるべき、又は帰属すべき者となつた者は、当該信託の残余財産（当該信託の終了の直前においてその者が当該信託の受益者等であつた場合には、当該受益者等として有していた当該信託に関する権利に相当するものを除く。）を当該信託の受益者等から贈与（当該受益者等の死亡に基因して当該信託が終了した場合には、遺贈）により取得したものとみなす。

５　第１項の「特定委託者」とは、信託の変更をする権限（軽微な変更をする権限として政令で定めるものを除く。）を現に有し、かつ、当該信託の信託財産の給付を受けることとされている者（受益者を除く。）をいう。

6　第１項から第３項までの規定により贈与又は遺贈により取得したものとみなされる信託に関する権利又は利益を取得した者は、当該信託の信託財産に属する資産及び負債を取得し、又は承継したものとみなして、この法律（第41条第２項を除く。）の規定を適用する。ただし、法人税法（昭和40年法律第34号）第２条第29号（定義）に規定する集団投資信託、同条第29号の２に規定する法人課税信託又は同法第12条第４項第１号（信託財産に属する資産及び負債並びに信託財産に帰せられる収益及び費用の帰属）に規定する退職年金等信託の信託財産に属する資産及び負債については、この限りでない。

（受益者連続型信託の特例）

第９条の３　受益者連続型信託（信託法（平成18年法律第108号）第91条（受益者の死亡により他の者が新たに受益権を取得する旨の定めのある信託の特例）に規定する信託、同法第89条第１項（受益者指定権等）に規定する受益者指定権等を有する者の定めのある信託その他これらの信託に類するものとして政令で定めるものをいう。以下この項において同じ。）に関する権利を受益者（受益者が存しない場合にあつては、前条第５項に規定する特定委託者）が適正な対価を負担せずに取得した場合において、当該受益者連続型信託に関する権利（異なる受益者が性質の異なる受益者連続型信託に係る権利（当該権利のいずれかに収益に関する権利が含まれるものに限る。）をそれぞれ有している場合にあつては、収益に関する権利が含まれるものに限る。）で当該受益者連続型信託の利益を受ける期間の制限その他の当該受益者連続型信託に関する権利の価値に作用する要因としての制約が付されているものについては、当該制約は、付されていないものとみなす。ただし、当該受益者連続型信託に関する権利を有する者が法人（代表者又は管理者の定めのある人格のない社団又は財団を含む。以下第64条までにおいて同じ。）である場合は、この限りでない。

2　前項の「受益者」とは、受益者としての権利を現に有する者をいう。

（受益者等が存しない信託等の特例）

第９条の４　受益者等が存しない信託の効力が生ずる場合において、当該信託の受益者等となる者が当該信託の委託者の親族として政令で定める者（以下この条及び次条において「親族」という。）であるとき（当該信託の受益者等となる者が明らかでない場合にあつては、当該信託が終了した場合に当該委託者の親族が当該信託の残余財産の給付を受けることとなるとき）は、当該信託の効力が生ずる時において、当該信託の受託者は、当該委託者から当該信託に関する権利を贈与（当該委託者の死亡に基因して当該信託の効力が生ずる場合にあつては、遺贈）により取得したものとみなす。

2　受益者等の存する信託について、当該信託の受益者等が存しないこととなつた場合（以下この項において「受益者等が不存在となつた場合」という。）

において、当該受益者等の次に受益者等となる者が当該信託の効力が生じた時の委託者又は当該次に受益者等となる者の前の受益者等の親族であるとき（当該次に受益者等となる者が明らかでない場合にあつては、当該信託が終了した場合に当該委託者又は当該次に受益者等となる者の前の受益者等の親族が当該信託の残余財産の給付を受けることとなるとき）は、当該受益者等が不存在となつた場合に該当することとなつた時において、当該信託の受託者は、当該次に受益者等となる者の前の受益者等から当該信託に関する権利を贈与（当該次に受益者等となる者の前の受益者等の死亡に基因して当該次に受益者等となる者の前の受益者等が存しないこととなつた場合にあつては、遺贈）により取得したものとみなす。

3　前２項の規定の適用がある場合において、これらの信託の受託者が個人以外であるときは、当該受託者を個人とみなして、この法律その他相続税又は贈与税に関する法令の規定を適用する。

4　前３項の規定の適用がある場合において、これらの規定により第１項又は第２項の受託者に課される贈与税又は相続税の額については、政令で定めるところにより、当該受託者に課されるべき法人税その他の税の額に相当する額を控除する。

第９条の５　受益者等が存しない信託について、当該信託の契約が締結された時その他の時として政令で定める時（以下この条において「契約締結時等」という。）において存しない者が当該信託の受益者等となる場合において、当該信託の受益者等となる者が当該信託の契約締結時等における委託者の親族であるときは、当該存しない者が当該信託の受益者等となる時において、当該信託の受益者等となる者は、当該信託に関する権利を個人から贈与により取得したものとみなす。

50音索引

50音索引（第１編の掲載用語）　※かっこ内はカテゴリー名

あ

か

さ

は

ま

サービス・インフォメーション

通話無料

①商品に関するご照会・お申込みのご依頼
TEL 0120(203)694／FAX 0120(302)640

②ご住所・ご名義等各種変更のご連絡
TEL 0120(203)696／FAX 0120(202)974

③請求・お支払いに関するご照会・ご要望
TEL 0120(203)695／FAX 0120(202)973

●フリーダイヤル(TEL)の受付時間は、土・日・祝日を除く9:00～17:30です。

●FAXは24時間受け付けておりますので、あわせてご利用ください。

パッとわかる　信託用語・法令コンパクトブック

2020年11月25日　初版発行

監　　修　一般社団法人民事信託活用支援機構
発 行 者　田　中　英　弥
発 行 所　第一法規株式会社
〒107-8560　東京都港区南青山 2-11-17
ホームページ　https://www.daiichihoki.co.jp/
装　　丁　タクトシステム株式会社

信託用語法令　ISBN978-4-474-07241-1　C2032　(3)